상호작용효과를
적용한
상황적합연구

상호작용효과를 적용한 상황적합연구

정재진 지음

한국학술정보㈜

차례

제1부

주요 이론 정리

제1장_ 상황이론

1. 상황이론의 성립

　시스템이론의 도입은 경영 및 조직현상에 대한 이해도는 높였지만, 현실적인 문제해결에는 한계를 보이고 있다. 즉 시스템이론은 조직운영과 관련된 해결책을 얻기에는 지나치게 추상이고 복잡한 개념이다. 그래서 이론적으로 다소 정교함이 떨어지더라도 실천적 문제해결능력이 높은 이론이 필요하게 되었다. 이러한 배경 속에서 나오게 된 것이 바로 '상황이론'이다. 상황이론은 시스템이론의 추상성과 일반성을 극복하고 조직이나 경영을 보다 현실적으로 변형시킨 것으로, 조직유효성이 높아지기 위해서는 하위시스템 간의 적합관계, 조직과 환경 간의 적합관계가 모색되어야 한다고 본다. 조직유효성의 향상에 영향을 미치는 요소로 구조시스템이 있다. 이에 따라 상황이론은 구조시스템이 조직유효성에 중요한 영향을 미친다는 전제 아래 구조와 환경, 구조와 기술, 구조와 규모와의 관련성을 중점적으로 연구해 가고 있다. 즉 상황이론적 접근법은 특정한 상황에서 성공할 확률이 가장 높은 조직설계전략을 제시하는 데 목적을 두었다.

　일반 시스템이론의 추상성과 일반성의 극복을 통한 현실적인 이론을 개발하고자 하는 배경을 바탕으로 상황이론은 상황이 달라지면 효율적인 조직화의 방법이 달라진다는 기본 전제를 가지고 있다.

　상황이론이 일반화되게 된 것은 로렌스(Lawrence)와 로쉬(Lorsch)

(1967)의 연구가 계기로 되었다. 그들에 따르면 상황이론에는 다음과 같은 전제조건이 있다고 지적하였다.

① 경험적 자료의 체계적 수집을 기초로 한 조직에 관한 연구일 것.
② 다변량적 연구일 것.
③ 상이한 조건하에서 조직이 어떻게 기능하는가를 설명하려는 의미에서 조건적일 것.
④ 조직에 초점을 맞추고 있는 한 특정한 조사방법, 특정한 학문영역, 혹은 개념적 틀에 구속되지 않을 것.

2. 상황이론의 연구모형

상황이론이란 조직구조나 관리체계가 외부환경, 조직의 규모 또는 기술에 의해 영향을 받는다는 이론이다. 즉 조직외부의 환경이 조직과 조직의 하위시스템에 어떠한 영향을 미치며, 조직 전체시스템과 하위시스템이 어떠한 관계를 이룰 때 조직의 유효성이 높아질 수 있는가, 그리고 각 변수 간의 적합적인 관계란 환경요인과 조직 전체 또는 각 하위시스템이 어떤 관계에 있을 때를 말하는 것인가 하는 문제를 해명하려는 이론이다. 그리고 더 나아가서 상황에 가장 적합한 조직의 구조를 설계할 수 있는 어떤 정책(policy)을 발견하려고 한다.

상황이론의 고유변수로는 다음 3가지가 있다.

① 상황변수-조직을 둘러싼 상황의 특성을 나타내는 일반적인 환

경, 기술, 규모 등의 변수.
② 조직특성변수-조직의 내부특성을 나타내는 조직구조, 관리체계 등의 변수.
③ 조직유효성변수-조직의 성과 또는 능률 등을 나타내는 변수.

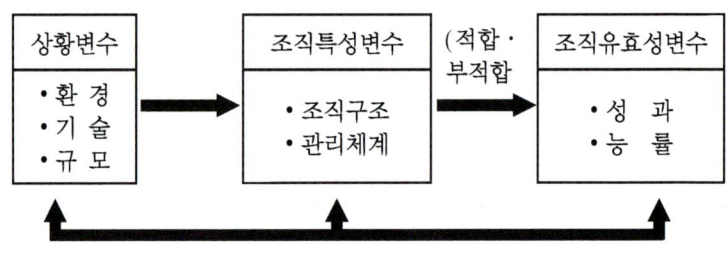

[그림 1-1] 상황이론의 연구모형

상황이론의 모든 연구들은 전형적으로 위의 세 변수로 구성되어 있다고 할 수 있다. 이때 이들 변수 간의 관계에 관한 상황이론의 기본적인 개념은 적합 또는 부적합이라는 개념이다.

이와 같이 상황, 조직특성, 조직유효성이라고 하는 세 변수들 간의 관계에서 상황과 조직특성의 적합성(congruence)이 조직의 유효성을 결정한다는 기본적인 사고를 가지고 상황과 조직특성 간의 적합적 관계를 다루려는 관점을 상황이론이라고 한다.

여기서 조직유효성을 측정할 수 있는 지표에 대한 접근법에는 목표접근법(goal approach)과 시스템접근법(system approach)이 있다. 목표접근법은 조직유효성을 조직이 설정한 목표를 달성하는 정도로 파악하는 것으로서 조직유효성에 대한 대표적인 관점이다. 그러나 이 개념만으로는 조직의 효과적인 정도를 파악하는 데 미흡하다. 왜냐하면, 단기적으로는 목표를 달성하지만 조직의 분위기가 파괴되거나, 종업원들의 불만이 누적된다면 조직이 잘되는 것으로 볼 수 없기 때문이다. 그리하여 제기된 것이 시스템접근법이다. 이는 목표보다는 그것에 도달하는 수단이나 과정을 중시하는 접근법이다. 즉 목표를 달성하는 과정에서 얼마나 구성원이 만족하고 화목한가, 그리고 환경과의 관계는 바람직한가 하는 것을 평가하는 것이다. 이 두 접근법은 〈표〉에서 요약한 것처럼 나름대로 장·단점이 있다.

<표 1-1> 조직유호성에 대한 두 접근법의 비교

접근법 내용	목표접근법	시스템접근법
가정	• 조직의 궁극적 목표를 지님 • 목표의 내용이 한정되어 있어 목표에 대한 일반적인 합의가 있음 • 목표에 대한 진전도는 측정 가능	• 목표보다 과정이 중요 • 환경과의 우호적 관계가 조직의 생존에 중요
측정지표	• 생산성, 이윤, 매출액, 투자수익률, 매출액이익률	• 직무만족, 조직몰입, 근로생활의 질, 이직률, 결근률
문제점	• 누구의 목표냐 하는 문제 • 공식목표와 실질목표의 문제 • 단기목표냐 장기목표냐의 문제 • 다원적 목표간의 비중 문제	• 측정지표 정의의 문제 • 과정의 강조에 따른 문제(잘 지는 것보다 이기는 것이 중요) • 이것도 결국 수단목표라 할 수 있음
경영자에의 관심	• 실제목표 설정 • 애매하지 않은 측정가능목표 강조	• 조직의 장기적인 건강과 생존 고려

참고: 조직행위론, 신유근 외 3인

목표접근법은 결과(end)만을 강조함으로써 과정에 대한 상대적 비중이 낮다. 따라서 조직유효성에 대한 보다 완전한 파악을 위해서는 두 접근법을 절충하는 자세가 필요하다.

3. 상황이론의 연구결과

(1) 환경과 조직구조

조직의 환경이란 조직을 둘러싸고 있는 경계 밖의 모든 것을 말하며, 일반적으로 과업환경과 일반환경으로 구분된다. 환경이 조직구조에 미치는 영향에 따라 분류기준이 상이하다. 번스(Burns)와 스토커(Stalker)는 정보의 불확실성과 복잡성을 기준으로 분류하고 시장여건과 기술정보의 변화에 따라 관리시스템도 변화함을 밝혔다. 한편 로렌스와 로쉬는 환경의 경제적 시장여건의 변화와 정보의 확실성 여부에 따라 환경을 분류하고, 환경의 불확실성을 동태성과 다양성이라는 두 가지 차원에서 설명하고 있다. 동태성이란 변화의 정도를 의미하고, 다양성이란 복잡성의 정도를 뜻한다. 또 하위환경을 시장환경, 기술·정치적 환경, 과학적 환경으로 분류하고 있다. 에머리와 트리스트는 환경대응적인 전략을 기준으로 환경을 분류하고, 환경이 단순하고 안정적인 상태에서 복잡하고 불안정적인 상태로 변화하는 과정을 설명해 주었다. 또 환경을 안정적·임의적 환경, 안정적·집락적 환경, 혼란·반응적 환경, 격동의 장이라는 4가지 유형으로 분류하였다.

(2) 기술과 조직구조

기술(technology)이라고 할 때, 그것이 조직의 외부환경을 이루는 기술적 환경으로 볼 수도 있고 조직의 하위시스템을 이루는 내부의 기술로도 볼 수 있다. 또한 내부기술이라 하더라도 기술이 갖는 의미나 분류방법은 각각의 연구관점에 따라 다를 수 있다. 우드워드(woodward)를 중심으로 한 에섹스(Sorth-East Essex) 공과대학의 연구에서는 역사성 혹은 복잡성의 정도로 구조 및 관리체계와의 관계를 다루고 있다. 퓨흐(D. Pugh)를 비롯한 애스톤 그룹은 기술을 업무기술, 자재기술, 지식기술의 3가지로 분류하였다. 톰슨은 장치형 기술, 중개형 기술, 집약형 기술의 3가지로 구분하였다. 장치형 기술은 석유정제·철강업 등의 기술, 중개형 기술은 은행·보험회사 등의 기술, 집약형 기술은 종합병원과 같이 그 대상을 변화시키기 위해서 다양한 기능이 모여야 하는 것들에 대한 기술을 의미한다. 페로는 기술을 어떠한 대상을 변화시키기 위하여 이루어지는 모든 활동이라고 정의하였다.

(3) 규모와 조직구조

규모의 측정지표로서 종업원의 수를 가장 많이 사용하지만 조직의 규모를 종업원이 아닌 그 조직이 소유한 자산이나 매출액으로도 볼 수 있다. 애스톤 그룹은 조직구조와 상호 관련을 갖는 변수를 택한 결과 규모가 조직구조를 설명하는 데 있어 가장 중요한 변수라는 것을 발견하였다. 블라우(R. M. Blau) 등의 연구에서는 규모가 구조에 커다란 영향을 미친다는 애스톤 그룹의 연구결과를 뒷받침하고, 규모가 구조의 결정에 있어 극히 큰 비중을 차지하고 있다고 주장한다. 차일드(J. Child)는 조직의 구조가 기술·규모·작업장의 수 등에 의해 어떻게 영향을 받는가를 조사하였다. 그 결과 기술보다 규모가 구조에 더 큰 영향을 미치고 제조업의 경우 그 영향은 더 크다는 사실도 밝혀냈다.

4. 상황이론의 평가

상황이론이 조직론의 연구에 폭넓게 받아들여지는 이유는 다음과 같은 강점을 지니고 있기 때문이다.

(1) 경영자들이 조직 구성요소들의 주요 특성과 그 관련성을 체계적으로 연구할 수 있는 개념체계를 제공해 준다. 이러한 연구는 조직구성 요소 간의 관련성이 한 조직의 구체적 행위에 어떻게 연관되는지를 보여 줄 수 있다.

(2) 상황이론은 이론과 실무를 연결하여 준다. 즉 상황 분석 정보는 일단의 경영상의 도구를 선택하게 하거나 구체적인 경영상의 조치를 취할 수 있는 믿을 만한 기준이 된다. 여기서 제시된 관리방식은 최선의 관리방식이 아니라 특정 상황에 적용될

수 있는 일단의 대안들이다.

(3) 상황이론은 조직에 변화를 유도할 기초를 마련해 준다. 조직이 바람직한 방향으로 변화되고, 균형을 유지하기 위해서는 어떤 변화가 발생되어야 하는가에 관한 정보를 제공해 준다.

그러나 한편으로 이와 같은 상황이론도 다음과 같은 문제점이 있다.

(1) 이 이론은 조직변수 및 환경변수들의 관련성을 연구하기 때문에 다른 이론들보다 복잡하다.

(2) 상황이론은 조직의 여러 구성요소들의 쌍방 간에 적합관계의 정도가 높을수록 조직행위가 보다 효과적이 될 것이라는 가정을 갖고 있다. 그러나 실제 그렇다는 지적도 있지만 이를 뒷받침할 만한 구체적 증거가 그리 많지 않다.

(3) 이 이론은 조직이 환경변화에 대처함에 있어 적극전략보다는 반응전략을 제시하고 있다는 비판을 받고 있다. 경영자들은 이 이론을 통해서 창조적인 노력을 통해 목적감각과 방향감각을 제시해 주는 적극전략을 제공해 주기를 원하지만, 상황이론은 그렇지 못하다.

(4) 조직의 적합관계를 분석한 결과 경영자들은 교정조치를 필요로 하는 부적합을 알기는 하겠지만, 이들 부적합을 교정하는 데 필요한 관리상의 기술을 이 이론은 마련해 주지 못하고 있다는 점이다.

5. 상황이론과 조직행동론의 관련성

초기의 경영이론과 관료제론에서는 조직의 구조가 조직의 외부환경이나 조직 내부의 여러 하위시스템의 관계와는 상관없이 일반적으로 보편적인 타당성을 가지고 있는 것으로 생각하였다. 그러나 최근의 개방 체계적 관점에 입각한 상황이론의 연구발전에 힘입어 조직의 구조가 외부환경이나 조직 내의 다른 하위체계의 영향을 받아 달라진다는 사실들이 밝혀지게 되었다. 즉 조직구조는 외부환경과 조직의 기술체제나 규모 등에 의해 영향을 받는다는 것이다.[1]

상황이론은 사회·문화·기술·경제·법·정치 등의 외부환경은 조직의 여러 特性에 영향을 미치고, 조직 내의 技術시스템은 구조나 사회·심리적인 하위시스템에 영향을 미친다는 기본 전제하에서 출발하였다. 이렇게 시스템적인 관점에서 조직외부의 어떤 환경이 조직(시스템)과 그 下位시스템에 어떠한 영향을 미치며, 組織(시스템)과 下位시스템이 어떠한 관계를 이룰 때 조직의 有效性이 높아질 수 있는가, 그리고 각 변수 간의 적합적인 관계란 환경요인과 조직 또는 각 下位시스템이 어떤 관계에 있을 때 성립되는 것인가 하는 문제 등을 해명하려는 것이 바로 상황이론인 것이다.

상황이론은 조직행동론의 연구에 대한 새로운 분석의 관점을 제시해 주었을 뿐만 아니라 거시적 조직행동론의 성립과 전개에 매우 중요한 배경이 되고 이 理論은 조직행동론은 물론 경영학 전반에 걸쳐서 더욱 영향력 있는 이론으로 성장할 예정이다. 상황이론이 몇

---

1) 金宗才, 「組織行爲論」(서울: 博英社, 1986), pp.17~18.

가지 문제점을 안고 있음에도 불구하고 조직행동론의 연구에 폭넓게 받아들여지는 이유는 다음과 같은 長點을 지니고 있기 때문이다.[2]

첫째, 이 이론은 경영자들이 조직 구성요소들의 주요 特性과 그 관련성을 체계적으로 연구할 수 있는 한 개념체계를 제공해 준다. 이러한 연구는 조직 구성요소 간의 관련성이 한 조직의 구체적 행위에 어떻게 연관되는지를 밝혀 줄 수 있다.

둘째, 이 이론은 이론과 실무를 연결하여 준다. 즉 이러한 분석으로부터 획득된 정보는 일단의 경영상의 도구를 선택하거나, 구체적인 경영상의 조치를 취할 때 믿을 만한 기준이 된다. 뿐만 아니라 한 가지의 최선의 관리방식을 제시하는 전통적 경영이론과는 달리 상황이론은 특정 상황에 적용될 수 있는 일단의 대체적인 행동안들을 제시해 준다.

셋째, 상황이론은 조직에 변화를 유도할 수 있는 기초를 마련해 준다. 조직 변화의 동태적인 균형을 유지하기 위해서는 어떤 변화를 발생시켜야 되는가에 관한 정보를 제공해 주는 것이다.

이와 같은 상황이론의 강점은 우리가 조직행동론을 연구하는 데 있어서 다음과 같은 분석적인 視角을 갖도록 공헌한다.[3]

첫째, 상황이론을 근거로 하여 조직행동의 분석단위를 보다 구체화할 수 있게 된다. 즉 시스템의 영역을 개인·집단·조직 전체로

---

2) K.H. Chung and L.C. Megginson, Organizational Behavior: Developing Managerial Skills(New York Harper & Row, 1981), pp.42~43.
3) D. A. Nadler and M. L. Tushman, "A Diagnostic Model for Organizational Behavior", in J.R. Hackman, E. E. Lawler, and L. W. Porter (eds.), Perspective on Behavior in Organizations(New York McGraw-Hill, 1977), p.94.

나누어 볼 수 있게 되며, 이 시스템의 각 구성요소를 대상으로 삼아 분석할 수 있게 된다.

둘째, 상황이론은 조직의 적합관계를 분석하는 데 유용하다. 즉 우리가 조직의 구성요소에 대하여 이해를 하는 것도 중요하지만, 이러한 이해를 바탕으로 하여 구성요소 간에 존재하는 동태적 관계 역시 이해해야만 한다. 상황이론은 우리에게 이 관계가 적합적일 수도 또는 부적합적일 수도 있다는 것을 알려 준다. 모든 구성요소의 질들이 적합적일 때 조직은 효과적인 기능 발휘를 할 가능성이 커질 것이다. 구체적으로는 조직의 구성요소 간의 다양하고 복잡한 관계를 동시에 연구한다는 것은 어렵기 때문에 그 관계를 한 번에 한 쌍씩 살펴보는 것이 좋다. 즉 이러한 관계를 개인과 조직관계, 개인과 과업관계, 개인과 집단관계, 과업과 집단관계, 과업과 조직관계, 조직과 집단관계, 조직과 환경관계로 나누어 볼 수 있는데 상황이론이 바로 이러한 분석을 의미 있게 해 준다.

셋째, 상황이론은 조직문제의 원천인 부적합성의 소재를 발견할 수 있게 해 준다. 조직의 적합관계를 분석하다 보면 조직문제의 원천에 관한 情報가 나오게 된다. 상황이론의 입장에서는 조직 내의 역기능적 행동들을 조직상의 어떤 부적합관계와 연관을 시킨다. 예를 들어 종업원은 그들 직무와 작업 요건 간의 부적합이나 작업 요건과 관련적 실천 간의 부적합관계 때문에 좌절감을 느끼는 것으로 파악된다. 하나나 둘 정도의 부적합관계만으로는 조직문제의 源泉을 밝혀 주지 못하지만 전반적인 적합분석은 조직시스템에서의 가장 중요한 문제점이 무엇인지를 알려 준다.

넷째, 상황이론은 조직문제의 적합관계를 획득·유지할 수 있게

해 준다. 일단 조직의 부적합의 원천이 확인되면 경영자는 적절한 행동을 취할 수 있다. 만일 어떤 중요한 부적합관계가 조직의 유효성을 감소시킨다면 경영자는 적절한 교정조치를 취함으로써 적합관계를 획득·유지할 수 있게 한다.

다섯째, 상황이론은 이렇게 거시 조직행동론에 공헌한 외에도, 조직 내의 모든 개인의 행위나 집단의 행위가 상황의 고려 없이는 제대로 이해될 수 없다는 점을 강조함으로써 조직행동론이 상황론적 접근방법(contingency ap-proach)을 취하도록 하였다.4)

제2장_ 적합성 관련 연구

1. 적합성

상황이론은 조직의 다변수적인 성격을 강조하여, 특정 환경과 다변수적인 조건하에서 조직이 어떻게 운영되는가를 이해하려는 것으로써, 특정 상황에 있어서 가장 적합한 조직 설계와 경영시스템을 제시하는 데 그 목적이 있다[김문식, 정준수, 1998]. 상황이론에 입각한 많은 연구들의 기본 공통적 연구 명제는 조직의 성과는 둘 혹

---

4) 金宗才, 전개서, pp.19~20.

은 그 이상의 요인들 간의 적합성의 결과이다[Van de Ven과 Drazin, 1985]. 이와 같이 적합성은 중요한 개념이지만, 연구자마다 상이한 의미로 또는 불명확하게 사용하고 있다. Van de Ven 등[1985]은 선택 접근법, 상호 작용 접근법, 시스템 접근법 등의 세 가지 측정방법에 따라 적합성을 정의하고, 각각에 따라 상이한 이론개발, 실증절차를 거쳐야 한다고 하였다. 그러나 이러한 방식으로 적합성을 이론적으로 규명할 수는 있지만, 실증적으로 분석하기 곤란하다.

이처럼 기존의 상황접근법에 대한 문제점이 제기되면서 적합성의 개념 정립을 위한 연구가 이루어져 왔다. Venkatraman and Camillus[1984]는 적합성에 대한 개념을 분류하기 위해서는 적합성을 적합성의 개념화(conceptualization of fit)와 적합성의 영역(domain of fit)이라는 두 가지 차원으로 구분하여야 함을 주장하였다.

첫째, 적합성의 개념화는 전략과 부합되는 요인의 내용에 초점을 맞추느냐 혹은 적합성에 도달하는 전략수립과정에 초점을 두느냐에 따라 각각 적합성의 내용과 적합성의 과정으로 분류하고 있다.

둘째, 적합성의 영역은 상황변수의 포함 정도를 가지고 분류하고 있으며, 즉 조직내부 특성만을 고려하느냐, 조직외부 요소들만을 고려하느냐 혹은 둘 다를 포함하여 고려하느냐에 따라 세 가지 영역으로 나누고 있다.

또한 상황이론의 적합성에 관한 여러 가지 접근법이 전략 경영론에서도 사용되고 있다. Drazin과 Van de Ven[1985]는 상황이론의 적합성 개념을 전략연구에 사용하면서, 첫째 선택 접근법, 둘째 상호 작용 접근법, 셋째 시스템 접근법을 제시하였다. 각 접근법에 따라 상황변수 간의 관계가 다르게 설정될 수 있으며, 또한 실증적 결과도 달라진다.

첫째, 선택 접근법은 단순히 상황변수(환경, 기술, 규모 등)와 조직구조 간의 상황관계만을 가정함으로써 이러한 관계가 성과에 미치는 영향은 일관성 이론(congruence theory)의 범주에 속한다.

둘째, 상호 작용 접근법은 적합성을 성과에 대한 상황요인과 조직구조 간의 상호 작용 효과로 해석한다. 따라서 상황요인과 조직구조 간의 일관성이 아니라 상호요인과 조직구조의 상호 작용으로부터 조직성과의 변화를 설명하는 데 초점을 두고 있다.

셋째, 시스템 접근법은 상황변수와 조직구조 및 성과의 관계에 대한 이해는 조직설계를 이해하기 위하여 총체적으로 고려되어야 하는 여러 가지 상황요인과 구조적 대안들 및 성과를 동시에 고려함으로써 증진될 수 있다고 주장한다. 그러므로 시스템 접근법은 상황요인, 조직구조 및 성과의 제 차원들 간의 일관된 유형을 검증하기 위해서는 다변량적 유형분석(pattern analysis)이 필요하다는 점을 강조하고 있다.

한편, Venkatraman[1989]는 지금까지의 논의를 바탕으로 전략연구의 적합성에 관한 개념적 분류를 하였는데, 그는 적합성 개념을 적합성의 관점에 따라 여섯 가지 즉, 조절(moderation), 매개(mediation), 프로파일 편차(profile deviation), 조화(matching), 공변화(covariation), 통합체(gest alt)로 분류하고 각각에 대한 구체적인 통계적 검증도구까지도 제시함으로써 적합성에 관한 연구의 발전에 기여하였다. 그는 적합성을 분류하기 위한 틀로서 다음과 같은 두 가지 차원을 제시하였다.

첫째, 적합성의 기능적 관계의 정도를 나타내는 것으로써, 이것은 이론적 관계를 보다 엄밀히 정의하기 위해서는 상황변수들의 수가 제한되어야 하며, 반면에 관계의 정도를 덜 구체화하면 많은 상황변수를 고려할 수 있을 것임을 나타내어 준다.

둘째, 상황변수의 적합성 관계에서 성과변수의 유무에 관한 것으로서, 이것은 적합성 관계를 조직성과와 같은 특정 기준에 의거하여 파악하느냐 그렇지 않으면 어떤 기준에 관계없이 적합성의 개념을 파악하느냐 하는 것을 나타내어 준다.

이처럼 적합성의 기능적 관계의 정도와 적합성 관계에 성과변수의 사용여부에 따른 두 차원에 의해서 여섯 가지의 적합성 관점이 도출될 수 있다. 첫째, 조절로서의 적합성(fit of moderation) 관점은 독립변수가 기준변수인 성과에 미치는 영향은 제3의 변수인 조절변수의 수준에 따라 달라지며, 따라서 독립변수와 조절변수 간의 적합성이 기준변수의 결정요인이 된다고 파악하고 있다.

둘째, 매개로서의 적합성(fit as mediation) 관점은 독립변수와 기준변수 간의 관계를 연결하는 매개변수의 존재를 구체화하고 있으며 주로 경로분석과 같은 방법으로 간접적인 영향으로 적합성 관계를 파악하고 있다.

셋째, 종합적 편차로서의 적합성(fit as profile deviation) 관점은 적합성이 구체화된 종합적인 윤곽(profile)이 모여 있는 정도를 의미하는 것으로써, 어떤 이상적인 윤곽을 구체화한 후, 변수들 간의 적합성 관계가 성과에 미치는 영향을 검증하였다.

넷째, 부합으로서의 적합성(fit as mat ching) 관점은 어떤 기준변수에 의거하지 않고 적합성 관계를 구체화하고 있으며, 전략을 환경과 조직 내부자원의 조화로써 파악하는 전통적인 전략개념에서 도출되었다.

다섯째, 공변량으로서의 적합성(fit as covariation) 관점은 이론적으로 관련된 변수들의 집단 간의 공변량 내지는 내적 일관성에 초점을 맞추며, 일관성을 구성차원들 간의 공변량 정도에 의해서 파악하는 것이다.

여섯째, 총체적 형태로서의 적합성(fit as gestalt s) 관점은 일련의 이론적 속성 간의 내적 일관성 정도에 의해 통일적 형태를 규명하는 데 초점을 두고 있다.

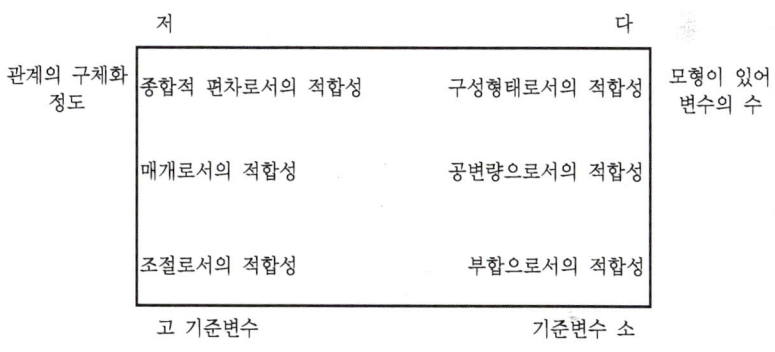

자료원: N. Venkatraman: "The Concept of Fit in Strategy Research: Toward Verbal and Statistical Correspondence," Academy of Management Review, Vol.14, No.3, 1989, P.45.

[그림 3-1] 적합성에 대한 제 관점의 분류

적합성에 관한 기존 연구에서는 주로 두 변수 간의 적합성을 적용하여 이들 변수들 간의 적합성이 존재하는지를 검증하였다.[5]

기존의 적합성 연구는 두 변수 간의 상호 작용만 고려하여 상황을 너무 단순화하였다는 비판이 있다(신건권,1993[6]), Choe, 1998[7])). 이에 따라 최근에는 복잡한 상황에 맞춰 복수의 변수를 동시에 적용하는 다양한 접근방법이 도입되고 있다. 복잡한 상황에 따라 다양한 변수를 동시에 적용한 적합성이 두 변수 간의 적합성을 적용한 적합성보다 상황에 대한 설명력이 높은 것으로 나타났다(Choe,1998).

적합성 연구에 주로 다중회귀분석을 적용하는 경우가 많다. 두 변수 간의 적합성을 분석하기 위한 다중회귀분석의 분석식은 대체로 다음과 같은 형태를 나타내고 있다.

$$Y = a + \beta_i \cdot C_i + \sum_j \gamma_j I_j + \sum_j \delta_j (C_i I_i) + \varepsilon$$

Y : 성과 측정치

C_i: 상황변수 I

I_j: j 번째 정보특성 차원

$C_i I_j$: 상황변수 i, j 번째 회계정보특성 변수간 상호작용 항

α: 상수

β, γ, δ: 회귀계수

---

5) Drazin & Ven de van(1985)의 연구에서는 두 변수들 간의 적합성을 적용한 접근법을 선택적 접근법(Selection Approach)이라고 하며, 주로 상황변수와 구조변수 간 일치관계를 규명하는 데 초점을 맞추었다.

6) 신건권. 1994. 상황변수와 관리회계정보시스템의 산출정보 특성 간 적합도가 성과에 미치는 영향, 박사학위논문. 서강대학교.

7) Choe(1998)의 연구에서 삼방향 상호 작용 항이 기존의 이 방향 상호 작용 항보다 높은 상황 설명력을 나타내고 있다. 즉 그의 연구에서 작업환경과 조직구조 그리고 관리회계정보 특성 간의 삼방향 상호 작용 항이 기존의 이 방향 상호 작용 항보다 정보만족도나 정보이용도에 대한 영향을 보다 더 잘 설명하고 있다.

세 변수 간 적합성을 분석하기 위한 다중회귀분석의 분석식은 다음과 같은 형태를 나타내고 있다.

$$Y = \alpha + \beta_1 DIF + \beta_2 INV + \beta_3 MAI + \beta_4 DIF \times INV$$

$$+ \beta_5 DIF \times MAI + \beta_6 INV \times MAI + \beta_7 DIF \times INV$$

$$\times MAI + \epsilon \quad (\text{식 4})$$

Y : 성과변수 DIF : 차별화전략
INV : 경영혁신 MAI : 관리회계정보특성
α : 상수 $\beta_1 - \beta_7$: 회귀계수

제2부

기초적 개념

제1장_ 시스템이론

1. 시스템의 정의와 속성

시스템이란 일반적으로 '복잡하지만 통일된 전체를 이루는 상호 관련된 부분의 집합'으로 '조직화된 또는 복잡한 전체, 복잡한 전체를 구성하는 사물이나 부분의 집합' 또는 '구성인자 간의 유형화되고 기계적인 관계로 구성된 것'으로 정의한다. 시스템은 크게 보아 추상적(abstract) 시스템과 물리적(Physical) 시스템으로 나눌 수 있는데, 추상적인 시스템은 '상호 종속적인 생각이나 개념들의 정돈된 배열(Orderly arrangement)'로 정의된다. 이러한 시스템은 우리말로는 체계라는 말로 쓰이는 것이 보통이다. 한편 물리적인 시스템은 간단히 '공통의 목적을 향해 상호 작용하는 요소들의 집합'으로 정의될 수 있다. 이러한 내용들을 바탕으로 시스템에 대해서 종합적으로 정의하면 '복잡한 환경 내에서 전체적인 목표를 달성하기 위해 독립적으로 또는 공동으로 적용하는 상호 관련된 부분의 집합이다.'로 정의할 수 있다.

시스템의 속성에는 목표(goals), 전체성(wholism), 개방성(openness), 상호 관련성(inter-relatedness), 통제 메커니즘(control mechanism)이 있다.

(1) 목표

조직과 시스템은 목표지향적인 속성을 가지고 있다. 조직의 목표
는 다원적이어서 이를 조직화하는 과정이나 시스템이 복잡해지는 원
인이 된다. 조직의 목표는 전체 시스템의 목표 외에 하위시스템의
목표도 존재하게 되며, 하위시스템의 목표는 상호 관련이 있다.

(2) 전체성

전체는 부분의 합 이상이라는 개념으로, 이는 시스템 내부의 분화
에 따른 통합의 중요성을 나타내는 것이다. 이와 같은 시스템의 전
체적인 관점은 시스템의 적절한 기능이 그 시스템을 구성하는 여러
요소들의 상호 종속성에 바탕을 두고 있다는 점을 반영하고 있다.
이를 달리 상승효과 또는 시너지(synergy)효과라고 하는데, 이는 '전
체로서 그것을 구성하는 부분의 합을 초과하는 성질'을 의미한다.

(3) 개방성

환경과 부단히 상호 작용하는 것은 개방시스템의 본질적 특징이
다. 조직이 존속, 성장하기 위해서는 조직 외적인 여건과 상호 작용
하면서 동태적인 균형(dynamic equilibrium)을 유지해야 한다.

(4) 상호 관련성

상호 관련성은 시스템과 환경의 상호 작용뿐만 아니라 시스템 내 여러 부분 간의 상호 작용과 상호 의존성에 관한 것이다. 즉 한 하위시스템의 산출은 다른 하위시스템의 투입이 되는 등의 관계가 존재한다.

(5) 통제 메커니즘

시스템은 시간이 지나면서 점차 기능이 쇠약해져 결국은 정지되어 버리는 경향이 있다. 이를 물리학적으로 엔트로피(entropy)의 정가경향이라고 하는데, 이는 '무작위 또는 무질서의 상태'를 의미한다. 시스템이 유지·존속되기 위해서는 피드백을 통한 자기 통제적 수단을 지녀야 한다. 이는 조직에 투입된 것과 산출되는 것을 끊임없이 분석하고 조정하는 피드백을 통해서 유지된다.

2. 시스템이론

시스템이론은 생물학에서 먼저 발전된 것으로서 어떤 존재를 어떤 관계 속에서 파악하려는 관점이다. 이러한 관점이 경영학에 도입되면서 시스템이론은 조직연구자들에게 두 가지 관점을 제공하였다. 첫째, 이전에 경영학에서는 조직을 폐쇄체계로 보았던 것을 시스템이론의 도입으로 조직을 외부환경과 상호 관련성을 가진 개방체계로 파악하게 하였다. 둘째, 시스템이론의 도입은 경영조직에 나타나는 복잡한 개념들을 체계적으로 이해할 수 있도록 조직을 몇 개의 하위 시스템으로 구분시켜 주었다.

(1) 폐쇄체계와 개방체계의 비교

폐쇄체계와 개방체계의 구별을 명확히 한 사람은 일반 시스템이론 쪽에서는 버탈란피(Bertlalanffy)라 할 수 있고, 조직론적인 측면에서는 굴드너(Gouldner)이다. 굴드너는 조직을 합리적인 모형과 자연적인 시스템모형으로 분류하였는데, 이것이 각각 폐쇄체계와 개방체계에 해당하는 말이다.

폐쇄체계(closed system)의 특징은 시스템이 환경으로부터 격리되어 있어 시스템의 구성부분만이 존재하고 그 자체로서 모든 것이 충족된다고 가정한다. 그래서 환경의 영향은 무시되거나, 그 영향이 고려된다고 해도 거의 중요성을 갖지 않는 것으로 간주된다.

과학적 관리이론이나 고전적인 관리이론, 관료제론 또는 인간관계론 등에 대한 가장 큰 비판의 하나는 이들 이론들이 폐쇄체계라는 비현실적인 가정을 조직이론에서 세우고 있었다는 데 가해지고 있다.

개방체계(open system)의 특징은 시스템의 경계를 넘어서 시스템의 구성부분이 외부환경과 상호 작용하는 체계를 의미하는데, 개방체계는 관련요소가 많아짐으로 해서 더욱 복잡해진다. 또한 개방체계는 자원, 에너지, 정보를 받아들이고 이를 전환하여 재화와 서비스의 형태로 산출한다. 이때 계속적으로 피드백(feedback)이 이루어져서 환경과의 균형 상태를 유지하게 한다.

(2) 하위시스템의 구분

시스템이론은 조직에서 나타나는 여러 가지 복잡한 개념들을 체계적으로 이해할 수 있도록 조직을 몇 개의 하위시스템(subsystem)으로 구분시켜 주었다. 조직은 목표·가치 하위시스템, 사회적·심리적 하위시스템, 기술적 하위시스템, 구조적 하위시스템, 관리적 하위시스템이 상호 작용하면서 하나의 전체 시스템을 형성한다.

① 목표·가치 하위시스템(goal and values subsystem)은 조직의 가장 중요한 하위시스템으로서 조직은 사회적·문화적 환경으로부터 많은 가치를 받아들이게 된다. 이때 기본적인 것은 조직은 전체 사회의 하나의 하위시스템으로서 전체 사회시스템의 목표를 달성하는 데 기여해야 한다는 점을 강조한다.

② 사회적·심리적 하위시스템(psycho-social subsystm)은 개인의 행위와 동기, 지위·역할, 집단역할 등을 이루고, 과업·기술·구조와 같은 내부조직 구성 요소뿐 아니라 외부환경의 영향도 받게 된다.

③ 기술적 하위시스템(technical subsystem)은 과업수행을 위해 필요한 지식을 말하며, 투입을 산출로 전환하는 데 사용되는 기법을 포함한다. 또 특정 활동에 따라 다양한 형태를 띤다.

④ 구조적 하위시스템(structure subsystem)은 조직과업의 분화와 이의 조정 필요성에 따른 통합, 그리고 권한이나 커뮤니케이션,

작업의 흐름 등과 관련된 것이다. 조직구조는 기술적 하위시스템과 사회적·심리적 하위시스템 간의 공식화를 제공한다.
⑤ 관리적 하위시스템(managerial subsystem)은 조직을 환경에 관련시키고 목표를 정하며, 필요한 행동을 계획·조직·통제함으로써 전체조직을 통괄한다.

제2장_ 전략경영론

1. 전략경영론의 발전과정

1960년대까지만 하더라도 기업경영자의 주된 관심사는 주로 기업의 내부문제였지만, 오일쇼크를 계기로 기업환경의 중요성에 대한 인식이 증대되었다. 왜 어떤 기업들은 지속적으로 번창하며, 어떤 기업들은 쇠퇴하거나 마침내 문을 닫게 되는가? 이러한 문제에 대한 해답을 전략경영(strategic management)이 제시하고 있다.

경영정책과 전략경영은 유사한 의미로 사용되기도 하고 구분되기도 한다. 60년대까지는 경영정책이란 용어가 보편적으로 사용되었다. 경영정책은 경영정책 대학이나 대학원에서 가르치는 하나의 교과목 정도로 인식되었다.

60·70년대에 들어서 기업의 환경적응의 중요성이 강조되고, 기업

의 규모가 급성장하고, 기업의 복잡성이 증대되면서 전략이나 정책의 효과적 실행이 중요한 과제로 대두되었다. 1977년 미국 경영학회의 경영정책 및 계획분과 주관하의 컨퍼런스(conference)에서 경영정책을 발전적으로 통합하는 하나의 학문분야 내지는 패러다임으로서 '전략경영'을 주창하였다. 오늘날에 와서는 전략경영은 독립된 학문분야로 발전하고 있다. 1960~1970년대에 챈들러(Chandler, 1962), 앤소프(Ansoff, 1965), 앤드루스(Andrews, 1971) 등이 전략에 대한 선구적인 연구들을 이루었다. 이 시기의 특징은 크게 두 가지로 요약될 수 있다. 첫째, 환경의 급속한 변화로 인해 환경에 적응하지 못한 많은 기업들이 도태됨에 따라 기업의 환경적응의 중요성에 대한 인식이 증대되었다. 둘째, 기업의 다각화 등으로 인해 기업의 규모가 급성장하였으며, 이는 기업의 복잡성을 초래함으로써, 전략 또는 정책 수립뿐만 아니라, 이를 조직 내에서 효과적으로 실행하는 것이 중요한 과제로 대두되었다.

경영정책(Business policy)은 전반적인 경영의 관점에서 기업 내 여러 기능 부문들의 활동을 적절히 통합하는 데 목적이 있다. 특히 경영정책은 기업 내부에 대해 주로 관심을 갖고 관련 정책을 수행한다.

전략경영(Strategic Management)은 전략의 수립뿐만 아니라 전략의 실행 및 전략의 통제과정도 포함하여, 기업 내부의 강·약점을 바탕으로 한 기업의 환경적응 과정을 중요시한다. 오늘날 전략경영은 경영정책을 통합하고 대체하는 개념으로 선호되고 있다.

2. 전략의 이해

(1) 전략의 다양한 정의

전략은 조직에 있어서 일련의 주요 의사결정이나 행동에서 나타나는 어떤 유형(pattern)이다. 또한 전략은 일련의 점진적인 의사결정의 산물이다. 특히 전략은 조직 내에서 전략적 의사결정이 이루어지는 과정에 초점을 둔다.

또한 전략은 조직의 장기적인 목표와 목적을 결정하고, 이를 달성하기 위해 필요한 일련의 행동을 선택하고 자원을 배분하는 것으로, 목표의 설정과 이를 달성하기 위한 수단들을 총칭한다. 그러나 전략의 개념에서 목표와 수단을 구분할 필요가 없다.

한편 전략은 환경의 제약하에서 목표달성을 위해 조직이 사용하는 주요 수단으로서 환경과 자원동원의 상호 작용 유형이다. 전략은 목표달성을 위한 수단이다. 목표달성과 전략수립은 엄연히 구별되는 개념이다. 위의 정의에서 나타나는 전략의 본질은 환경에 대한 조직의 대응이라는 공통점을 가지고 있다.

(2) 전략 개념의 구성요소

전략의 구성요소로는 사업영역, 자원동원, 경쟁우위, 시너지로 구성되어 있다. 사업영역(scope)은 조직과 환경과의 상호 작용의 정도를 나타내는 것으로서 조직의 사업영역 내지는 활동영역을 의미한다. 자원동원(resource deployments)은 조직의 목표달성을 위해 자원이나 능력을 결합하고 배분하는 것을 말한다. 경쟁우위(competitive advantage)는 조직의 활동영역과 자원동원에 대한 의사결정을 통해서 해당 기업이 경쟁자에 비해 지니는 독특한 경쟁적 위상을 말한다. 시너지(synergy)는 기업의 활동영역 선택과 자원동원을 통해 기업이 추구하는 상승효과(synergy effect)를 의미한다.

(3) 전략의 형성과정

기업에서 전략은 어떤 과정을 거쳐 형성(formation)되는가? 이에 대해서는 여러 가지 관점과 해석이 있다. 전략형성과정(strategy formation process)을 합리적·분석적 과정(rational-analytical process)으로 파악하는 관점에서는 전략은 분석적·의도적인 과정을 통해 수립된다고 본다. 이러한 관점은 합리적인 계획수립과정과 이 과정에서 특정 분석도구와 기법의 적용을 통해 전략이 수립된다고 본다. 전략에 대한 초기의 연구들은 대체로 이러한 관점에서 전략을 파악하였으며, 서구의 많은 전략교과서들도 이러한 관점을 반영하여 전략을 수립(formulation)과 실행(implementation)으로 나누고, 전략수립과정과 실행과정을 여러 가지 구성요소들로 세분화하여 분석적으로 접근하고 있다.

한편 전략은 조직 내에서 개발·형성되므로 그 과정에서 의사결정자의 이해관계나 조직문화 및 외부기관으로부터의 압력 등과 비합리적인 요소에 영향을 받기도 한다. 뿐만 아니라 전략은 어떤 공식적인 계획(전략적 계획)이 없어도 조직 내에서 나타날 수 있다. 즉 의도(intent)가 없어도 전략은 나타날 수 있다. 이러한 전략형성과 관련

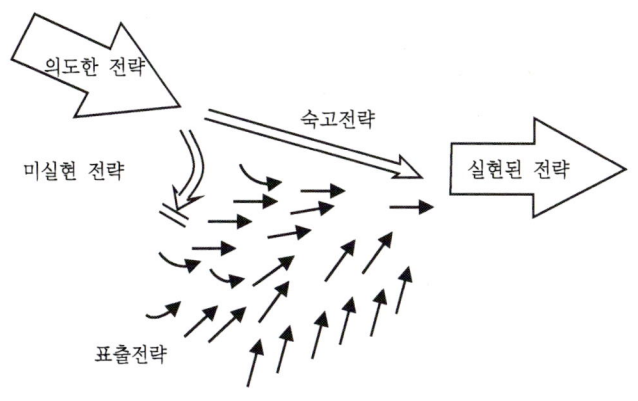

참고: 조직행위론, 신유근 외 3인 공저

[그림 2-1] 전략의 형성과정

하여 전략을 숙고전략(deliberate strategy)과 표출전략(emergent strategy)
으로 구분할 수 있다. 숙고전략은 전략이 의도한 대로 이루어졌을
경우를 말하며, 표출전략은 사전적인 계획이나 의도가 없이 의사결
정이나 행동에서 관찰되는 일관된 유형을 의미한다. 이를 나타내면
[그림 2-1]과 같다.

[그림 2-1]에서 의도한 전략(intended strategy)은 합리적인 목표와
계획하에 수립된 전략을 말한다. 의도한 전략이 계획한 대로 행동이
이루어지고 실행되면 숙고전략이 되고, 의도한 대로 전략이 실현되
지 않는 경우는 미실현전략(unrealized strategy)이 된다. 표출전략은
애초에 의도하지는 않았지만 의도한 전략이 실행되는 과정에서 여러
의사결정의 결과로부터 나타나는 전략을 말한다. 한편, 실현된 전략
(realized strategy)이란 숙고전략과 아울러 표출전략을 함께 포함하는

개념이다. 이로 미루어 볼 때 전략은 단지 계획(의도한 전략) 이상의 것으로서 실제로 대부분의 조직에서 전략은 숙고전략과 표출전략의 결합이라고 할 수 있다. 숙고전략이 조직에 어떤 의도적인 방향성을 제시해 주는 것이라면 표출전략은 조직의 학습과정을 통해 자연스럽게 표출되는 것이라고 할 수 있다. 따라서 표출전략이 훨씬 개방적이고 유연하며, 적응적인 전략이 될 수 있다. 몇몇 연구결과도 표출전략이 의도한 전략보다 종종 성공적이며, 보다 적절할 수 있다는 사실을 제시하고 있다. 그러므로 전략경영자는 조직 내에서 전략이 표출되는 과정에 대한 이해가 필요하며 필요한 경우 전략의 표출과정에 적절히 개입하여 부적절한 표출전략은 배제하고 적절한 표출전략은 육성하여야 한다.

(4) 전략개념과 분석수준

전략은 분석수준에 따라 전사적 전략(corporate strategy), 사업부 전략(business strategy) 및 기능전략(functional strategy)의 세 가지로 나눌 수 있다. 이는 전략적 의사결정이 이루어지는 조직의 계층에 따른 구분이기도 하다.

전사적 전략은 기업의 사업영역을 선택하고 여러 사업부들을 효과적으로 관리하기 위한 전략을 말한다. 사업영역의 선택 문제란 신규사업에 진입 및 기존 사업으로부터 철수에 대한 의사결정과 진입·철수 방법에 대한 전략이다. 또한 기업이 선택한 사업을 효과적으로 관리하기 위해 주로 여러 사업부 간의 시너지 창출 및 상호 보완성 추구, 사업부 지원 및 통제방법 결정을 결정한다.

사업부 전략은 특정 사업영역 내에서 경쟁우위를 획득하고 이를 지속적으로 유지하기 위해 어떻게 효과적으로 경쟁해 나갈 것인가와 관련된 전략이다. 그리고 특정 사업 부분의 구체적인 경쟁방법을 결정하는 전략이다. 그래서 사업부 전략을 특히 경쟁전략이라고 부르기도 한다.

기능전략은 기업 내의 생산, 마케팅, 재무, 인사 등과 같은 기업의 각 기능 부문 내에서 자원 활용의 효율성을 제고하기 위한 전략이다. 사업부 전략으로부터 도출, 상위의 전략을 효과적으로 실행하기 위한 수단으로 적용된다. 위의 각 전략은 상위 수준의 전략에 의해 제약을 받으며, 상위 전략은 하위 수준 전략의 목표와 지침이 된다.

(5) 전략경영의 과정과 의의

전략경영은 조직의 전략과 관련된 의사결정과 행동에 대한 계획, 지휘, 조직화 및 통제의 전 과정을 말한다. 전략경영과정은 기업에서 전략이 개발되거나 형성되는 과정과 이들 전략이 조직 내에서 여러 요인들과 상호 작용하면서 실행되는 과정 및 이에 대한 통제에 이르기까지의 전 과정을 말한다. 전략경영과정은 ① 전략수립, ② 전략실행 ③ 전략통제의 순서를 거쳐 수행된다.

① 전략수립(strategy formulation)은 기업의 사명과 목표 선택, 조직의 환경과 기업의 내부능력을 분석하여 적절한 전략을 선택하는 과정.

② 전략실행(strategy implementation)은 각 기능 부문별 세부전략 (기능전략) 수립, 전략의 효과적 실행을 위한 조직구조·조직

문화 및 인사제도 등의 재설계 과정.

③ 전략통제(strategic control)는 전략목표의 달성 여부와 전략수립 및 실행과정에 대한 점검, 문제점 규명 및 수정과정.

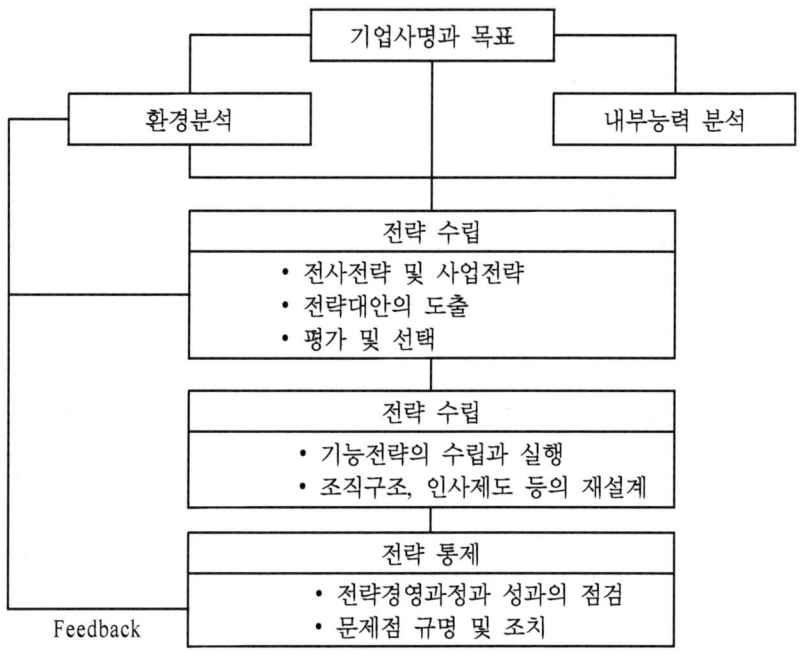

[그림 2-2] 전략경영 과정

3. 전략경영의 구성요소

여기서는 전략경영과정에 대한 전반적인 이해를 위해 주요 구성요소들을 간략하게 서술하고자 한다.

① 기업사명과 목표-전략수립과정에서 제일 먼저 기업사명과 목
  표 수립이 이루어진다. 기업사명이란 다른 기업과 구별되는 기
  업의 독특한 존재의의와 그 활동영역을 규정하는 것으로 최고
  경영자의 가치반영이 적용된다. 목표는 이윤극대화 등과 같이
  기업이 중장기적으로 달성하고자 하는 바를 구체화한 것.
② 환경 분석-환경 분석의 목적은 조직의 전략적 기회와 위협
  요인을 규명하는 데 있다.
③ 내부능력 분석-기업이 보유하고 있는 유·무형의 자원에 대한
  분석을 통해 기업의 강점과 약점을 도출하는 데 주요 목적이
  있다.
④ 전략분석과 선택-내부능력 분석으로부터 도출된 대안의 분석
  에 의해 전략선택이 이루어진다. 특히 전략분석과정을 SWOT
  분석이라고 하는데, 조직의 강점(strength), 약점(weakness), 환
  경의 기회(opportunity), 위협(threat)에 대한 분석을 통해 전략선
  택이 이루어지도록 한다.
⑥ 전사적 전략-여러 사업부가 있는 다각화된 기업의 경우 경영
  층의 주된 관심사는 전사적 전략에 있다. 수직적 통합과 다각
  화, 다각화된 기업의 관리방법 등에 관심을 갖는다.
⑦ 전략의 실행-전략적 분석과정을 통해 수립되거나 형성된 전사
  적 전략이나 사업부 전략이 소기의 목적을 달성하기 위해서는
  애초에 의도한 대로 전략이 조직 내에서 효과적으로 실행되어
  야 한다. 전략의 효과적 실행에 대한 요인들은 전략의 구체적

실천수단이 되는 기능전략, 그리고 전략의 실행과 밀접한 관계를 가지는 조직적 요인으로서 조직구조, 리더십, 기업문화 및 보상시스템 등을 들 수 있다.

⑧ 전략의 통제 - 전략통제는 전략경영과정이 효과적으로 이루어지고 있는지를 점검하여 문제점을 규명하고 이를 개선함으로써 전략목표의 효과적 달성을 도모하기 위한 것이다.

4. 전략경영의 특성과 이점

(1) 전략경영의 특성

① 전략경영은 기업 전체의 목표 설정, 대규모 자원동원 등과 같은 경영자 특히 최고경영자의 주요 역할이다.

② 전략경영은 조직의 장기적인 목표달성을 추구하고, 미래의 바람직한 상태를 달성하기 위한 미래지향적 경영과정이다.

③ 전략경영은 환경에 적응하고 더 나아가서는 환경을 창조하는 지속적인 과정이다. 즉 환경적응이 근본 목적이다. 환경적응이 전략경영을 통해 가능한 이유는 기업이 외부환경과 상호 작용하는 개방시스템(open system)으로서, 환경요인에 영향을 받기도 하고, 주기도 한다. 그리고 전략경영은 단절적인 활동이 아니라 지속적인 과정으로 이해되어야 한다.

④ 전략경영은 조직의 목표를 달성하기 위해 조직의 전체적인 관

점에서 자원개발과 활용을 다룬다. 따라서 마케팅, 생산 또는 운영, 재무, 연구개발, 조직 및 인사 등의 상호관계와 그 통합에 초점을 둔다.

⑤ 전략적 계획에 따르는 문제점은 전략적 관점에 근거한 경영자의 통찰력이나 직관과 같은 전략적 사고(strategic thinking)에 의해 극복될 수 있다.

5. 전략적 선택이론

(1) 상황이론과 전략적 선택이론의 관계

상황이론은 시스템 구조적 관점을 취하고 있으며, 환경·기술·규모 등과 같은 상황변수가 조직구조를 결정한다고 하는 단순하고 결정론적인 관점을 강조하고 있다. 전략적 선택이론은 상황이론의 연구와 동일한 분석수준을 취하지만 인간 본성의 기본 가정에서는 결정론이 아닌 임의론을 지향하고 있다. 전략적 선택이론은 조직과 환경의 연결 역할을 하는 최고경영자의 역할이 매우 강조된다. 즉 경영자들은 필요할 때 조직특성을 환경에 적응시킬 뿐만 아니라 환경 그 자체를 기존조직에 적합하도록 조정할 수도 있다는 것이다. 전략적 선택이론은 차일드에 의해서 정립되고 있으며, 차일드는 조직설계를 결정론적으로 설명하고 있는 구조적 상황이론을 비판하고 있다. 그에 의하면 조직설계에 관한 의사결정은 단순한 상황적응의 문제만이 아니라 관련 당사자들의 가치지향을 포함한 전략적 문제이며, 관련 당사자들이 참여하는 정치적 과정(political process)의 산물이라고 한다. 차일드는 챈들러의 연구결과에 근거해서 전략경영론(strategy imperative)을 지지하는 포괄적인 논의를 제시하였다. 차일드는 경영자의 의사결정에 자유재량이 어느 정도 한정되어 있으나 경영자들은 여전히 선택을 하는 데 있어서 상당한 정도의 자유재량을 갖고 있다고 주장한다. 경영자들이 목표, 인원 및 통제기법들을 선택할 수 있는 것처럼 그들은 또한 조직구조를 선택할 수 있다. 이 때 제약요인으로 작용하는 것은 경쟁자, 노조 또는 정부기관들과 같은 외부요인들이다. 그러나 이러한 요인들은 조직구조를 직접적으로 제약하기보다는 경영자의 선택(managerial choice)에 의해서 매개되고 있다. 이러한 일련의 관계를 [그림 2-3]과 같이 일관성 있게 나타낼 수 있다.

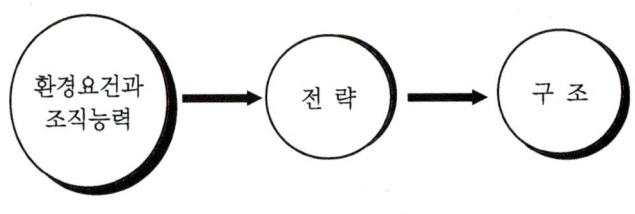

[그림 2-3] 전략경영론

이상에서 살펴본 전략적 선택 관점의 기본지향점에 따라 기존의 결정론적 상황이론을 재구성해 보면 [그림 2-3]과 같이 나타낼 수 있다. 그림에서는 상황요인과 조직구조 간의 경영자를 개입시키면서 경영자의 평가와 의사결정이 조직구조의 설계에 있어서 매개역할을 하고 있음을 알 수 있으며, 이것이 전략적 선택이론의 기본입장이라고 할 수 있다.

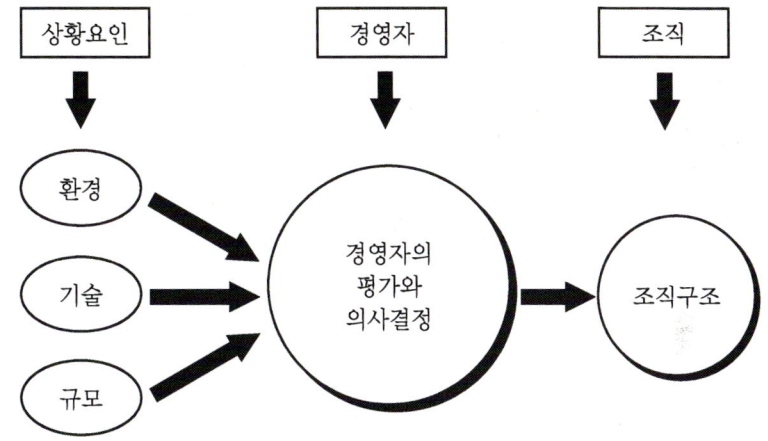

[그림 2-4] 차일드의 결정론적 이론의 재구성

그러나 구조적 상황이론을 비판하고 경쟁적 패러다임으로 등장한 전략적 선택이론이 강조하는 경영자가 누리는 자유재량의 범위가 실제로 그렇게 크지 않다는 현실을 감안할 때, 전략적 선택 관점 또한 현실의 조직변화를 설명하는 데에는 한계가 있다. 미시적 수준에서 일어나는 현실의 조직변화 현상을 충분히 설명할 수 있기 위해서는 시스템·구조적 관점의 상황이론과 전략적 선택이론이 상호 보완적인 입장을 취할 필요가 있다.

(2) 전략적 선택이론의 성립

전략적 선택이론은 트리스트 등의 저서 「조직선택」의 출판을 계기로 하여 등장한 사고의 흐름이다. 트리스트는 그의 저서에서 사회-기술적 연구가들은 작업조직을 설계하는 데는 유일한 최선의 방법이 존재한다는 것을 반박하였다. 한편 트리스트와 뱀포스는 방법의 설계에 있어서 상당한 자유재량이 허용될 수 있음을 증명하였다. 그리고 차일드의 연구에서는 구조적 상황이론은 환경, 기술 및 규모에 의해서 제시된 기술적 요청의 산물로서, 조직설계를 결정론적으로 설명하는 것을 비판한다. 전략적 선택이론에 따르면 환경과 구조는 창조되며, 권력을 소유하고 있는 사람들의 의미를 구체화하는 것이 된다. 차일드는 전략적 선택개념을 도입하였는데, 이 개념은 의사결정자들이 일정한 선택의 재량을 가지고 있다는 것을 강조하고 있다. 차일드의 논의는 다음과 같이 요약된다. 즉 의사결정자는 환경 결정론자나 기술 결정론자들이 주장하는 것보다 많은 자율성을 내재하고 있으며, 조직은 때때로 그들의 환경을 조정하고 통제할 수 있는 권력을 소유하고 있다. 그리고 특정한 사상(events)에 대한 지각과 평가가 조직행동 간에 중요한 매개적 연결 역할을 수행한다.

(3) 전략적 선택이론의 모형

전략적 선택이론이란 전략적 선택문제에 있어서 의사결정자의 선택력을 중시하는 개념이다. 전략적 선택이론의 개념모형을 체계화하면 다음과 같다.

① 현실의 경영자들은 최적의 성과수준을 추구하는 것이 아니라 만족할 만한 적절한 성과수준을 결정한다.
② 현실의 대기업이나 중소기업은 환경의 영향을 적극적으로 관리하고 조작할 수 있다.
③ 객관적 환경의 특성보다 경영자에 의해서 주관적으로 지각되고 평가된 결과에 따라 내부조직의 구조와 과정이 확립된다.

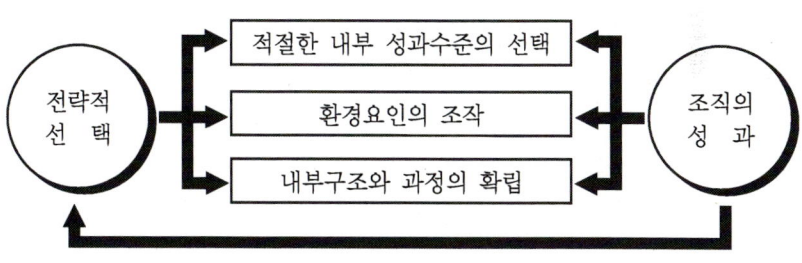

[그림 2-5] 전략적 선택의 개념모형

제3장_ 사업부 전략

1. 전략과 경쟁우위

전략의 주요 목적은 경쟁우위를 획득하고 이를 지속적으로 유지하는 것이다. 여기서 경쟁우위(competitive advantage)란 고객에 대해 경쟁자보다 높은 가치 창출의 대가로 시장에서 경쟁자보다 상대적 우위를 차지하는 것을 말한다. 기업은 경쟁우위를 통해 경쟁자보다 더 높은 성과를 실현하거나 또는 이를 실현할 수 있는 잠재력을 가지게 된다.

기업의 경쟁우위 확보의 원천이 되는 요소로는 뛰어난 품질, 고객 서비스, 경쟁자에 비해 낮은 원가, 강한 유통망, 지리적 위치, 상표 인지도, 신제품 개발 능력 등을 말한다. 동일한 제품을 경쟁사보다 저렴한 가격으로 공급하는 것을 원가우위(cost advantage)라 하고, 고객이 더 큰 가격을 지불할 가치가 있는, 경쟁사와 차별적인 제품을 공급하는 것을 차별화 우위(differentiation advantage)라 한다.

2. 전략사업단위

특정 사업에 대한 전략적 의사결정이 일관성 있게 수립되고 실행

될 수 있는 사업단위를 전략사업단위라고 한다. 이러한 전략사업단위는 명확한 전략을 가지고 있으며 그 사업단위의 성과에 책임을 지는 경영자가 있는 하나의 조직단위이다.

전략사업단위의 요건으로 다음과 같은 것이 있다. 첫째, 전략사업단위는 다른 전략사업단위와 구별될 수 있는 독자적인 사업과 분명한 목표가 있어야 한다. 둘째, 전략사업단위는 분명한 경쟁자를 가져야 하며, 시장에서 독자적인 능력을 가진 경쟁자로서 자격이 있어야 한다. 셋째, 전략사업단위의 경영자는 기술, 생산, 마케팅, 자금 등의 수단을 사용하여 전략과 성과에 대해 책임을 지고 해당 사업단위의 이익에 영향을 미칠 수 있는 요인들을 통제할 수 있어야 한다.

기업의 전략사업단위는 여러 가지 형태이다. [그림 3-1]은 기업 자체가 하나의 전략사업단위가 되는 것으로 한 가지 제품만을 생산하거나, 여러 제품을 생산하더라도 제품의 특성이나 시장환경, 경쟁자 등이 유사한 경우가 이에 해당된다. 대체로 중소기업의 경우에 흔히 나타난다.

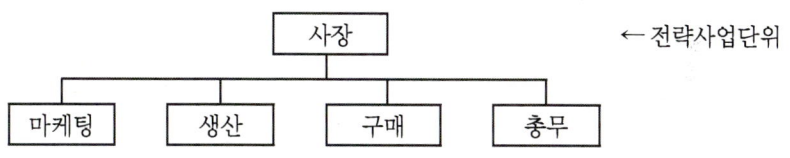

(1) 기업＝전략사업단위(한 가지 제품 생산, 중소기업)

[그림 3-1] 전략사업단위 유형

[그림 3-2]는 기업 내 각 사업부가 전략사업단위로서의 역할을

하는 것으로서 사업부제를 택하고 있는 기업에서 흔히 볼 수 있다.

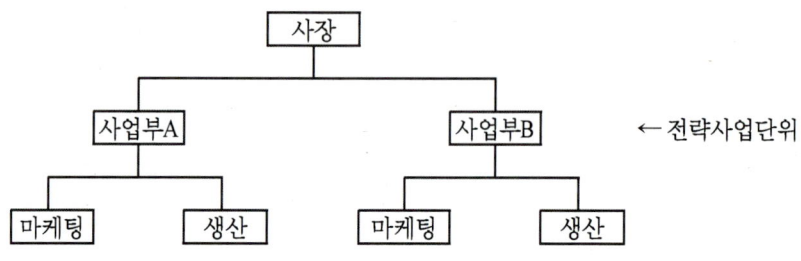

⑵ 사업부 = 전략사업단위

[그림 3-2] 전략사업단위 유형

[그림 3-3]은 사업부가 몇 개의 전략사업단위로 구성되어 있는 것으로서 대체로 기업규모가 크고, 각 사업부가 여러 가지 제품을 관할하는 경우에 볼 수 있다.

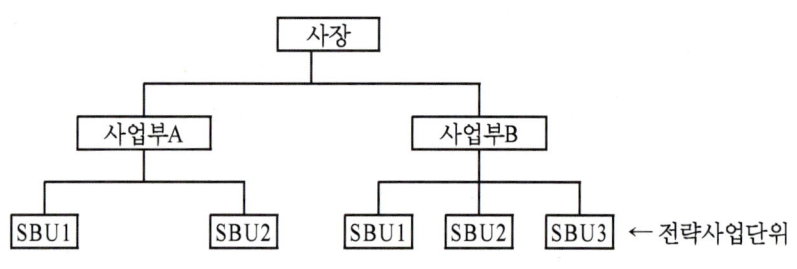

※ SBU는 전략사업단위임

⑶ 세분화된 전략사업단위: (사업부 산하의) 전략사업단위

[그림 3-3] 전략사업단위 유형

오늘날 전반적으로 경쟁이 치열해지고 있으며 경쟁자도 다양해지고 있다. 그리고 전략사업단위의 선정은 효과적 경쟁전략의 수립에 직접적인 영향을 미친다. 그리고 적절한 전략사업단위의 선정은 전사전략의 수립 및 실행에도 중요한 영향을 미친다. 이에 따라 전략사업단위의 선정은 외부환경요인과 기업내부 측면에서의 유사성 여부를 고려하여 설정하는 것이 바람직하다. 또한 어느 수준에서 전략사업단위를 설정할 것인가 하는 것도 필요하다. 그리고 가능하면 조직구조와 일치하도록 하는 것이 바람직하다.

3. 전략의 도출과 SWOT분석

(1) SWOT분석의 개념

SWOT분석은 기업의 환경 분석과 내부능력 분석의 결과를 결합함으로써 전략 방향을 도출할 수 있다. SWOT란 기업의 강점(strengths), 약점(weaknesses), 환경의 기회(opportunity)와 위협(threats)의 영문 첫 글자를 조합한 표현이다.

SWOT분석에서 효과적인 전략이란 환경의 기회와 기업의 강점은 최대한 활용하면서 기업의 약점과 환경의 위협을 최소화하는 것이라는 전제를 바탕으로 전략분석단계에서 전략대안을 도출하기 위한 기본방향을 제시해 주는 역할을 한다.

전략수립과정에서 SWOT분석은 [그림 3-4]처럼 기업의 사명과 목표가 설정되고, 환경과 내부능력에 대한 평가가 이루어진 후, 전략 선택을 위한 사전단계인 전략분석(strategy analysis)단계에서 전략대안을 도출하기 위한 기본방향을 제시해 주는 역할을 한다.

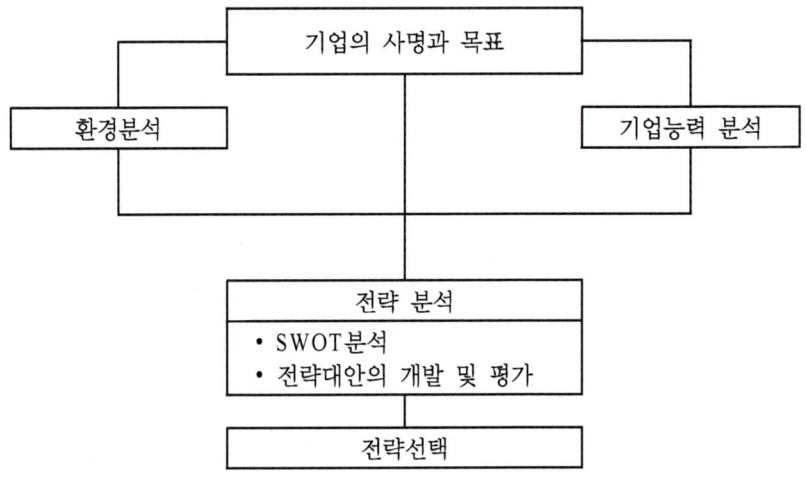

[그림 3-4] 전략수립과정에 있어서 SWOT분석의 역할

(2) SWOT분석에 의한 전략방향의 도출

SWOT을 이용하여 〈표 3-1〉과 같은 매트릭스를 도출할 수 있다. 현재 기업의 상황이 그림의 네 가지 중 어디에 해당하는가에 따라 요구되는 전략 방향이 달라진다.

<표 3-1> SWOT매트릭스

	기회	위협
강점	I	II
약점	III	IV

1) I 상한의 기업

① 가장 호의적인 상황으로 내부의 강점이 많은 경우.
② 공격적이며 성장 지향적인 전략이 바람직하다.

2) II 상한의 기업

① 기업의 강점은 많지만 환경의 여건이 불리한 상황이다.
② 다각화 전략이 바람직하다.

3) III 상한의 기업

① 시장의 기회는 풍부하나 내부능력의 취약성으로 기회 활용
이 제약받고 있는 상황이다.
② 내부약점의 단기적 개선을 통해 기회를 적극적으로 포착하
는 것이 필요하다. (합작투자, M&A활용)

4) IV 상한의 기업

① 가장 불리한 상황.
② 방어적 전략－사업축소, 전략방향 재조정.

제4장_ 본원적 전략

1. 본원적 전략의 유형

　본원적 전략(generic strategy: 경쟁전략, 본원적 경쟁전략)이란 기업이 특정 산업에서 경쟁자에 대해 경쟁우위를 획득함으로써 산업 내에서 평균 이상의 성과를 얻기 위한 경쟁방법을 말한다. 따라서 본원적 전략은 사업부 수준(business－level)에서의 전략으로서 경쟁전략(competitive strategy) 또는 본원적 경쟁전략이라고도 한다.

　본원적 전략은 경쟁우위의 원천이 원가우위냐 차별화우위냐에 따라, 그리고 경쟁영역이 산업 전체인지 산업 내의 특정 영역인지에 따라 [그림 4－1]과 같이 세 가지 유형으로 나뉜다. 이 세 가지 전략은 제조업, 서비스업, 기업이나 비영리기관이든 관계없이, 즉 산업의 특성과 무관하게 나타날 수 있으므로 '본원적(generic)'이라고 한다.

　기본적으로 세 가지 본원적 전략은 경쟁우위의 원천이 다른데, 이는 경쟁우위를 얻을 수 있는 전략적 목표영역의 선택과 목표영역 내에서 창출 가능한 경쟁우위 형태를 선택하는 측면을 포함한다. 즉 원가주도와 차별화 전략은 산업의 광범위한 영역에서 경쟁우위를 추구하는 반면, 집중화전략은 세분화된 영역에서 원가우위 또는 차별화우위를 추구한다. 각 본원적 전략의 실행에 필요한 행동은 산업별로 다양하며, 특정 산업에서 실행 가능한 본원적 전략도 마찬가지이다. 어떠한 전략에서도 경쟁우위가 중심이 되며 경쟁우위를 얻기 위해서 기업은 신중하게 전략적 선택을 해야 한다.

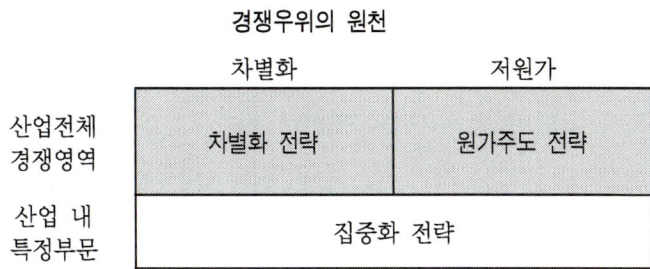

경쟁우위의 원천

	차별화	저원가
산업전체 경쟁영역	차별화 전략	원가주도 전략
산업 내 특정부문	집중화 전략	

자료: Michael Porter, Competitive Strategy: Techniques for Analysing Industries and Competitors(New York: Free Press, 1980), p.39.

[그림 4-1] 본원적 전략의 유형

2. 원가주도전략

원가주도전략(cost leadership strategy)은 원가우위에 영향을 미치는 여러 가지 수단을 이용하여 특정 산업에서의 원가우위를 통해 경쟁우위를 획득하려는 전략을 말한다. 이러한 원가주도전략은 두 가지 측면에서 우위를 확신할 수 있다. 첫째, 경쟁사보다 낮은 가격으로 제품을 공급함으로써 시장점유율을 제고할 수 있다. 둘째, 경쟁사와 유사한 가격으로 제품을 공급하는 경우 원가가 낮기 때문에 더 높은 이윤을 창출할 수 있다.

(1) 원가우위의 원천

원가주도전략은 기업의 원가우위에 바탕을 두고 있다. 기업의 원가지위(cost position)는 일련의 구조적인 요인에 의해 결정되며, 이러한 구조적 요인이 원가우위의 원천이 된다. 기업의 원가구조를 결정하는 요인으로는 규모의 경제, 학습효과, 공정혁신, 제품설계, 설비가동률, 입지조건, 사업부 간의 상호 관련성 등을 들 수 있다. 이러한 요인의 상대적 중요성은 산업의 특성이나 산업 내 기업들의 전략에 따라 달라진다. 원가우위의 원천이 되는 요인을 제시하면 다음과 같다.

1) 규모의 경제(economies of scale)란 생산규모의 증대에 따라 단위당 원가가 하락하는 것을 의미하는데, 전통적으로 규모의 경제는 제조업의 생산부문에 주로 적용되어 왔으나 구매, 유통, 연구개발, 광고 등의 분야에도 적용될 수 있다. 한편, 규모가 증가함에 따라 나타나는 복잡성 때문에 기업 활동에서 규모의 비경제가 나타날 수 있는데, 패션산업, 큰 조직에서 능률이 저하되는 특성을 가진 전문서비스업 등이 그런 경우이다.

2) 학습효과(learning effects)

구성원들의 학습에 따라 원가가 감소하는 것을 학습효과(learning effects)라 한다. 예를 들면, 반복 작업에 의한 숙련은 그 작업에 소요되는 시간을 줄이고, 동시에 작업의 오류를 방지함으로써 제품원가를 감소시키게 된다. 학습효과에 따라 원가를 낮출 수 있는 방법은 다양하다. 예컨대, 반복 작업에 의한 숙련, 설비배치의 변경, 일정계획의 개선, 노동생산성 향상, 생산을 용이하게 만드는 제품설계의 변경, 공정에 적합한 원자재 구매 등이 있다.

3) 설비가동률(capacity utilization)의 경우를 보면, 원가, 특히 고정비가 클 경우 가동률이 높으면 상대적으로 고정비의 비율이 낮아져 원가가 감소하게 된다. 철강 산업이나 화학 산업과 같은 자본집약적 산업의 경우에 설비가동률은 원가우위의 핵심요인이 된다.

4) 제품설계(product design)는 생산성 향상에 큰 영향을 미침으로써 원가에 영향을 미친다. 자동차산업의 경우 제품설계는 생산공정의 단축이나 자동화의 정도에 영향을 미치며, 또한 부품 수를 감소시키기도 하므로 효과적 제품설계는 원가절감의 동인이 될 수 있다.

5) 투입비용(input costs)은 생산 활동에 투입되는 원재료를 경쟁사보다 값싸게 조달하거나 혹은 적기에 조달함으로써 원가우위를 획득할 수 있다.

6) 공정기술(process technology)은 생산공정을 단축시킴으로써 원가를 절감할 수 있다.

7) 입지(location)의 경우 근로자의 인건비, 원자재, 에너지 및 기타 요소들의 가격이 달라지며, 원재료의 조달이나 제품출하에, 다른 물류비용에도 커다란 차이가 있다.

원가주도자(cost leader)는 대체로 제품차별화 수준이 낮고 평균적인 고객을 주 대상으로 하며 또한 시장세분화(market segmentation)도 크게 염두에 두지 않는다. 왜냐하면, 서로 상이한 세분시장의 욕구에 맞는 제품개발에는 추가적인 비용이 소요되어 원가우위 기반이 상실될 수 있기 때문이다.

원가우위를 확보하고 있는 기업은 [그림 4-2]의 산업 내 다섯 가지 경쟁요인에 대해 효과적으로 대응할 수 있다.

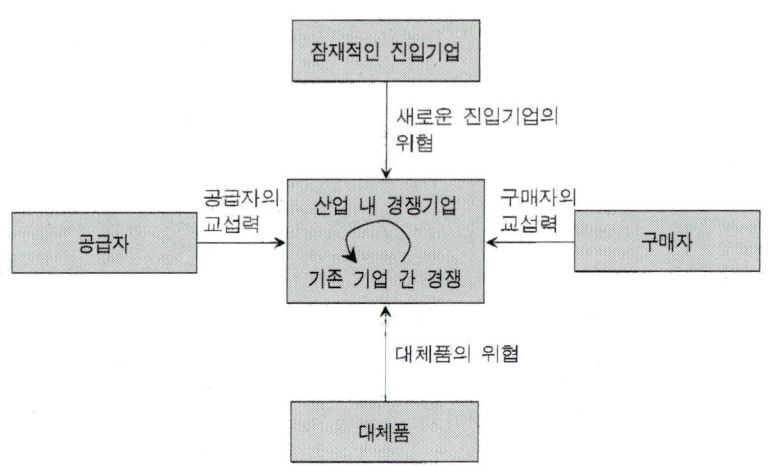

자료: Michael E. Porter, *Competitive Strategy: Techniques for Analyzing Industries and Competitors* (New York: Free Press, 1980), p. 4.

[그림 4-2] 산업내의 경쟁결정요인

(1) 대 기존 경쟁기업에 대해서는 치열한 가격경쟁이 유발되더라도 원가우위를 바탕으로 경쟁을 지속할 수 있다.

(2) 대 잠재적 경쟁자에 대해서는 원가주도자의 규모의 경제성이 진입장벽으로 작용한다.

(3) 구매자가 강한 교섭력을 통해 가격을 인하시킬 수 있는 폭은 차하위의 원가우위 경쟁자(the next most cost-efficient competitor)가 제시하는 가격선을 넘기 어렵기 때문에 이 경우에도 일정 이윤은 확보될 수 있다.

(4) 대 공급자에 대해서는 원가상승 압박에 대응할 수 있는 신축성이 있기 때문에 유력한 공급회사들의 영향력으로부터 자유로울 수 있다.

⑸ 대 대체품에 대해서는 대체품과의 가격경쟁에서 경쟁사보다 유리한 위치를 확보할 수 있다.

한편 원가주도전략이 효과적인 상황은 다음과 같다.

⑴ 산업 내 기업들 간의 경쟁이 주로 가격경쟁에 바탕을 두고 이루어지는 경우.

⑵ 제품이 표준화된 일용품(commodity goods)으로서 구매자들이 시장에서 쉽게 구입할 수 있는 경우.

⑶ 제품을 차별화할 수 있는 여지가 별로 없거나 제품의 차별화가 고객에게 큰 의미가 없는 경우.

⑷ 대부분의 고객들이 제품을 동일한 목적으로 사용하므로 제품에 대한 요구조건이 별 차이가 없는 경우.

⑸ 제품의 교체비용이 낮은 경우.

⑹ 고객의 규모가 크고 가격인하에 대한 강한 교섭력을 가지는 경우.

원가주도전략에 의존하는 기업들은 다음과 같은 위험요인들에 의해 원가우위를 지속적으로 유지하기 어려울 수 있다.

1) 새로운 기술의 등장.

2) 신규 진입기업이나 후발기업들의 모방.

3) 원가절감에만 신경 쓰다가 소비자 기호의 변화에 적절히 대응하지 못하는 경우.

4) 원가 상승으로 경쟁기업들의 차별화효과를 상쇄시킬 만한 가격 차이를 유지할 수 없는 경우.

3. 차별화 전략

차별화 전략(differentiation strategy)의 목적은 제품이나 서비스를 차별화하는 것, 즉 고객에게 자사의 제품이 독특한 것으로 인식되도록 함으로써 경쟁우위를 획득하는 것이다.

차별화 전략을 사용하는 기업들은 고객의 욕구나 행동을 주의 깊게 파악하고, 그들이 무엇에 가치를 두는지 면밀히 분석한다. 차별화 방법은 다양하지만 제품의 품질이나 기술 등과 같은 기술적 요인에 의한 기술차별화(technological differentiation)와 상표, 광고, 고객서비스 등과 같은 마케팅활동에 의한 마케팅차별화(marketing differentiation)의 두 측면으로 대별될 수 있다. 성공적인 차별화는 다음과 같은 이점이 있다.

⑴ 높은 제품가격의 설정.
⑵ 경쟁사보다 더 많은 제품판매를 통한 시장점유율 증대.
⑶ 자사 제품에 대한 고객충성도의 제고.

차별화는 차별화를 달성하는 데 소요되는 비용보다 더 높은 가격으로 제품판매를 가능하게 함으로써 수익성 향상에 기여한다. 반면, 고객이 차별화의 가치를 인정하지 않는 경우에는 무의미해지며, 차별화의 달성에 필요한 추가적 비용보다 더 높은 가격을 고객에게 부담시킬 수 없을 때에는 수익성의 저하를 초래한다.

한편, 제품차별화의 방법에는 디자인과 상표이미지의 차별화, 우수한 기술이나 제품의 특성 이용, 고객서비스 제고, 기업의 명성이나 신뢰성 활용, 부품조달의 편리성 제공 등이 있다.

차별화 전략이 특히 효과적인 상황은 다음과 같다.

⑴ 제품이나 서비스를 차별화하는 다양한 방법들이 존재하며, 많은 구매자들이 이러한 차별화를 가치 있는 것으로 인식하는 경우.

⑵ 고객의 욕구가 다양하고 사용목적이 서로 다른 경우.

⑶ 경쟁기업들이 유사한 차별화를 추구하지 않으며, 자사의 차별화를 모방하기 힘든 경우.

차별화는 결국 고객에게 경쟁사와 다른 '독특한 무엇'을 제공하는 것을 의미한다. 그러므로 기업 활동의 모든 측면이 차별화의 잠재적 원천으로 작용할 수 있다. 기업이 통제 가능한 차별화의 잠재적 원천을 제시하면 다음과 같다.

① 제품의 외관이나 성능.

② 고객서비스.

③ 특정 마케팅 활동의 집중도(광고, 판촉, 유통망 등).

④ 원재료의 품질.

⑤ 입지조건.

⑥ 종업원의 경험과 숙련도.

⑦ 특정 활동을 수행하는 방법(주문 처리의 자동화 등).

차별화 전략에 따르는 위험은 다음과 같다.

① 과도한 차별화로 인해 원가우위를 이룩한 경쟁기업의 제품보다 지나치게 가격이 높은 경우에는 고객들은 차별화된 제품의 효용보다는 훨씬 저렴한 제품을 택하게 된다.

② 구매자가 제품에 대해 많은 정보를 알고 있어서 합리적인 판단을 하게 될수록, 구매자의 차별화 요인에 대한 욕구가 감소

한다.

③ 차별화가 제품의 디자인이나 물리적 특성에 기초하고 있는 경우에는 비교적 경쟁사가 모방하기 쉽기 때문에 커다란 위험이 수반된다.

4. 집중화전략

집중화전략(focus strategy)은 특정 구매자집단이나, 특정 제품 또는 지역적으로 제한된 시장만을 집중적인 목표로 삼는 것이다. 그래서 집중화전략은 특정 시장영역을 대상으로 한다. 집중화전략의 요체는 고객들이 독특한 욕구를 가지고 있는 시장에서의 적소(market niche)를 선택하는 것이다. 여기서 적소란 지리적 영역, 제품 사용에 있어서의 특정 욕구, 고객유형 등에 의해 정의될 수 있다. 집중화전략을 사용하는 기업은 규모가 작고 한정된 제품／시장영역 내에서 차별화 혹은 원가우위를 통해 경쟁우위를 획득할 수 있다. 따라서 집중화전략은 다시 원가 집중화(cost focus)와 차별적 집중화(differentiation focus)로 나눌 수 있다.

집중화하는 기업은 세분시장을 배타적이고 집중적으로 공략함으로써 경쟁우위를 획득할 수 있다. 즉 목표산업의 크기와는 관계없이 집중화의 본질은 산업평균과 상이한 세분시장을 공략하는 데 있다.

집중화 기업들의 산업 내 특성은 다음과 같다.

⑴ 경쟁자들의 경쟁 회피, 구매자의 교섭력 약화.

⑵ 기업 활동이 고객과 밀착되어 이루어짐으로써 고객욕구의 변화에 대응하기 쉽다.

집중화전략이 효과적인 상황은 다음과 같다.
⑴ 산업 내 이질적인 세분시장들이 상당수 존재하는 경우.
⑵ 세분시장이 산업 내 선도기업들의 성공에 중요하지 않을 경우.
⑶ 세분시장의 성장잠재력이 크거나 수익성이 높은 경우.

한편 집중화전략에 따르는 위험은 다음과 같다.
① 기술변화나 소비자기호의 변화에 의해 적소시장(niche market)이 갑자기 사라지고 전체산업에 동화되는 경우.
② 차별화 기업들이 집중화 기업들의 고객욕구를 충족시킬 수 있는 제품을 공급하는 경우.
③ 경쟁기업이 집중화 기업들의 목표가 되는 특정 시장영역 내에서 더욱 세분된 목표시장을 설정하고 이를 공략함으로써 보다 집중적인 전략을 추구하는 경우.
④ 넓은 시장을 대상으로 경쟁하는 기업들과의 가격 차이가 특정 시장에 집중하여 얻는 원가상의 이점이나 차별화를 상쇄하는 경우.

5. 어중간한 상태

① 어중간한 상태(stuck in the middle)-세 가지 본원적 전략 중 어느 것도 명확히 선택하지 못하거나 혹은 본원적 전략 중의 어느 하나를 선택하더라도 내부능력이 취약하여 이를 제대로 실행하지 못하는 기업들의 상태를 말한다. 대체로 이러한 상태의 기업은 수익성이 낮다. 또한 본원적 전략 중의 어느 하나를 추구하다가 잘못된 의사결정이나 환경변화로 인해 애초의 전략을 유지하지 못하고 기우뚱하는 과정에서 발생한다.

어중간한 상태의 기업은 그 산업이 아주 매력적인 구조를 갖고 있거나 또는 경쟁기업도 어중간한 상태에 있으면 높은 수익을 올릴 수 있다. 이러한 상태의 기업은 본원적 전략 중 어느 하나를 적극적으로 추구하지 못하고 근본적인 전략적 결단을 내리지 않고서는 장기적으로 지탱하기 어렵다. 본원적 전략 중에서 어떤 것을 선택하느냐 하는 문제는 필연적으로 기업의 능력과 한계에 달려 있다.

어중간한 상태의 기업을 성공적으로 관리하기 위해서는 다음과 같은 두 가지 측면에 더욱 관심을 기울여야 한다.

ㄱ 제품, 시장 내 내부자원이나 능력 축적에 대한 기업의 의사결정이 전략의 속성과 일관성을 갖도록 이루어져야 한다.

ㄴ 기업이 보유하고 있는 경쟁우위의 원천이 변화하는 환경에 지속적으로 조정 유지될 수 있도록 환경에 대한 끊임없는 조사·분석이 뒤따라야 한다.

6. 차별화와 원가우위의 동시 추구

전통적으로 차별화는 상이한 시장부문에 따라 상이한 제품을 공급해야 하므로, 제조원가가 상승하고 많은 마케팅비용이 수반된다. 따라서 차별화는 높은 원가로 달성 가능한 것으로 인식되어 왔다. 마찬가지로 원가우위를 유지하기 위해서는 차별화노력을 최소한으로 유지하여야 한다고 생각된다.

오늘날 새로운 기술도입이나 기술혁신을 통해 원가우위나 차별화를 특히 다음과 같은 상황하에서 동시에 달성할 수 있다.

첫째, 유연생산기술(flexible manufacturing technology)은 낮은 원가로 동시에 여러 가지 차별적인 제품생산을 가능하게 한다. 또한 정보기술을 활용한 BPR(business process reengineering)의 적용은 생산공정 및 주문처리 과정을 획기적으로 단축시킴으로써 원가절감과 더불어 신속한 납기로 차별화를 가능하게 한다.

둘째, 원가구조가 제품디자인, 기술수준, 서비스 등의 요소보다는 시장점유율에 의해 주로 결정될 때 원가우위와 차별화는 동시에 달성될 수 있다.

셋째, 특정 기업이 다른 회사나 사업부 등과 상호 관련성을 가지고 있고 다른 경쟁자들은 그렇게 할 수 없는 경우에 원가우위와 차별화는 동시에 달성될 수 있다.

넷째, 경쟁 기업이 어중간한 상태에 있으면 원가우위 전략이나 차별화를 동시에 추구할 수 있으나 이 상태는 일시적일 수 있다.

차별화와 원가우위를 동시에 달성하는 능력을 가진 기업은 새로운 혁신을 이룩한 창조적인 기업이어야 한다. 차별화와 원가우위를 동시에 추구함에 있어서 그 혁신이 모방될 가능성을 인식하지 못한다면, 경쟁자도 혁신을 이루었을 때 곤란에 빠질 가능성이 더욱 커진다.

차별화와 원가우위의 동시 추구 전략을 성공하면 큰 성과가 보장되며 시장에서 지배적인 위치를 차지할 수 있다.

기업은 항상 궁극적인 경쟁우위가 될 전략을 선택할 준비를 해야 하고, 원가우위 전략과 차별화 전략의 동시 추구에 따른 위험에 능동적으로 대처할 수 있어야 한다.

제5장_ 회계정보시스템과 정보특성 연구

1. 회계정보시스템의 정보특성

회계정보시스템은 전체 정보시스템에 대한 하부 시스템으로, 정보시스템의 특성이 회계정보시스템의 특성이라 볼 수 있다. 특히 정보시스템의 특성은 정보시스템의 설계변수가 될 수 있다. 회계정보시스템은 기업의 외부 이해관계자 및 내부 경영자들의 의사결정을 위한 각종 정보를 산출하고 전달하는 시스템으로서, 회계정보시스템에 의하여 제공되는 정보의 질적 특성에 의해 정보의 가치나 유용성을 결정짓는데, 결국 회계정보시스템의 정보의 질적 특성에 의해 정보시스템 자체의 가치 또는 성과와 결부되게 된다.

회계정보시스템의 정보특성으로서 과거 / 미래정보, 내부 / 외부정보, 재무 / 비재무정보, 정보보고형식, 정보초점, 정보원천, 정보시점, 정보제공빈도, 정보의 양, 추가정보요구, 정보의 질, 정보유형, 정보가치, 정보범위, 정보의 적시성, 정보의 통합도 등을 들고 있다.

회계정보시스템의 정보특성들을 다룬 기존 연구자들로서는 Der-mer[1973], Gordon과 Miller[1976], Gordon, Larcker 그리고 Tuggle[1978], McGee, Shields 그리고 Birnberg[1978], Euwsi-Mensah[1981], Larcker[1981], Gordon과 Narayanan[1984] 그리고 Chenhall과 Morris[1986] 등이 있다.

<표 5-1> 회계정보특성

연구자	회계 정보 특성
Dermer [1973]	과거 / 미래정보, 내부 / 외부정보, 재무 / 비재무정보
Gordon and Miller[1976]	정보의 양, 보고의 집중화, 보고빈도, 보고방법, 과거 / 미래정보, 재무 / 비재무정보
Gordon, Larcker and Tuggle[1978]	정보체제(표현형태), 정보초점, 정보원천, 정보의 시점, 정보의 제공빈도, 보고방식
McGee, Shields and Bernberg[1978]	정보의 양, 추가정보요구, 정보의 시점
Euwsi-Mensah[1981]	정보의 질, 정보의 이용 가능성, 정보 원천, 정보 유형, 정보 가치, 정보의 시점
Larcker[1981]	내부 / 외부정보, 과거 / 미래정보, 재무 / 비재무정보
Gordon and Narayanan[1984]	정보의 원천(내부 / 외부), 정보의 형태(재무 / 비재무), 정보제공시기(사전 / 사후)
Chenhall and Morris[1986]	정보의 범위, 정보의 적시성, 정보 집약도, 정보의 통합도

Chenhall과 Morris[1986]는 기존 연구자들의 정보특성들을 잘 정리·요약해 놓고 있기 때문에 오늘날까지 회계정보시스템과 관련한 연구에서 많이 원용하고 있다. Chenhall과 Morris[1986]가 분류한 각 회계정보특성 결정요인은 〈표 5-2〉와 같다.

<표 5-2> Chenhall과 Morris의 회계정보특성결정요인

정보특성영역	결정요인
정보의 범위	외부정보, 비수량/비재무정보, 전략적 정보, 미래 지향적 예측 정보
정보의 적시성	정보의 제공 빈도, 정보의 제공 속도
정보의 집약도	기간별 요약, 기능별 요약, 분석 또는 의사 결정 모형
정보의 통합도	책임 단위별 목표부여, 책임 단위 간의 상호 작용에 대한 보고

2. 회계정보시스템의 상황분석

1970년대 중반 Otley(1980)에 의해 상황이론을 회계정보시스템의 연구에 활용하기 시작했다. Gordon과 Miller[1976]는 회계정보시스템 설계와 관련하여 상황적 설계 접근법이라는 개념을 처음으로 제시하였는데, 상황이론적 접근법은 기업환경이 어떻게 변화하든지 간에 이에 공통적으로 적용할 수 있는 회계정보시스템은 존재하지 않는다는 데에서부터 출발하며, 특정 기업의 환경적 특징에 따라 적합한 회계정보시스템 유형이 정의되어야 한다는 것이다.

초기의 상황이론 연구는 주로 상황요인과 회계정보시스템의 특성 간의 상호 관련성을 규명하는 데 초점을 두었으며, 그 후 상황요인과 회계정보시스템의 시스템특성 간의 적합도가 시스템 성과에 미치는 영향을 규명하기 위한 단계로 발전하였다. 최근에는 상황요인과 회계정보시스템의 특성 간의 적합성을 도출하는 다양한 방법을 적용하여 성과에 미치는 영향을 규명하고자 한다.

회계정보시스템의 상황연구의 포괄적 모형을 제시하면 [그림 5-1]과 같다[한인구 et. al., 1992].

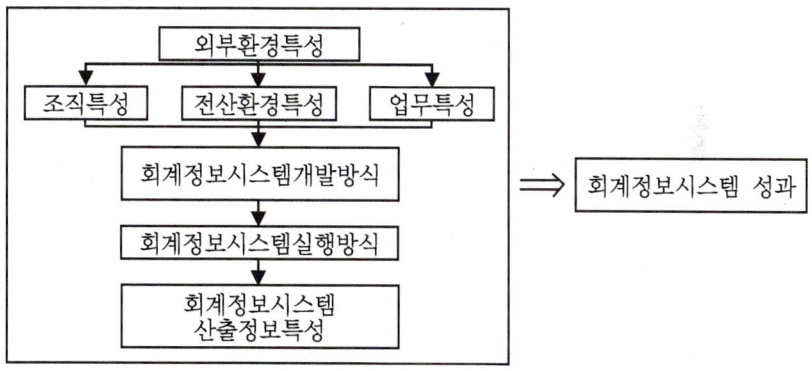

[그림 5-1] 회계정보시스템의 상황연구 모형

3. 상황변수와 회계정보특성들 간의 관계 연구

상황변수와 회계정보특성 간의 관계 연구에 적용되는 상황변수로서는 앞서 논의한 바와 같이 환경, 전략, 조직구조, 업무특성 등 다양한 변수들이 존재한다.

외부환경은 기업의 전략 경영에 영향을 미칠 뿐만 아니라 조직구조에도 영향을 미침을 이론 연구를 통해서 검정되었다. 기업이 직면하고 있는 외적 환경 변화에 따라서 기업의 회계정보시스템에 대한 정보요구가 달라지는 것으로 인식하고, 경쟁정도, 시장환경 및 제약요소의 변화 등에 의해서 측정되는 환경 불확실성의 인지 정도는 회계정보시스템의 정보특성에 영향을 미친다는 것이 검정되었다.

기업이 다양한 전략을 추진함에 있어서 불확실성의 문제에 직면하게 되는데, 이들 불확실성의 문제는 곧 정보시스템의 정보특성과 운영속성에 영향을 미치게 된다는 것이다. 경영전략과 정보특성 간의 관계 연구 결과를 살펴보면, 기업마다 사용된 경영전략의 유형이 다르고 정보특성의 유형이 달라 일관된 결론을 내리기는 어렵지만 경영전략과 정보특성 간에는 유의적인 상관관계가 존재하는 것으로 나타나고 있다.

조직에서의 업무특성을 상황변수로 채택한 연구의 배경을 살펴보면, 조직은 독자적으로 영업활동이 진행되는 것이 아니라 기업을 둘러싼 외부환경 즉, 고객, 경쟁사 및 공급자는 물론 영업활동을 규제하는 정부기관들은 기업들의 전반적인 목표, 사업전략 및 조직구조에 영향을 미치게 되며, 조직업무 환경에도 영향을 미친다는 것이다 [Dill, 1958, Duncan, 1972].

Gordon과 Miller[1976]는 회계정보시스템의 설계 시 환경, 조직 및 의사 결정 스타일 속성의 중요성을 고려할 것을 주장하고, 특히 환경변수를 동태적 환경, 이질적 환경, 적대적 환경 등 세 가지 범주로 나누어 회계정보시스템 성과에 미치는 영향을 실증 분석하였다. 연구결과, 동태적 환경하에서는 경영자에게 비재무적 정보 및 예측정보를 더욱 많이 제공하고 또한 정보의 제공빈도도 높아지며, 이질

적 환경하에서는 세부정보를, 적대적 환경하에서는 정보제공 빈도
가 높고 비재무적인 정보를 제공하는 것으로 나타났다. 그리고 기
업환경이 동적이고, 이질적일 경우 재무적 / 비재무적 정보, 요약된
예측정보를 제공하여야 한다고 주장하였다. 그들의 연구를 위해
[그림 5-2]와 같은 연구모형을 수립하였다.

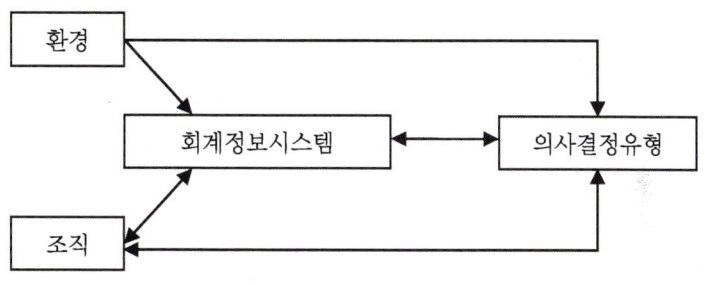

[그림 5-2] Gordon과 Miller의 연구모형

Ewusi-Mensah[1981]는 외부환경 요인(통제가능성, 부분적 통제가
능성, 통제 불가능성)과 회계정보 특성인 정보의 질, 정보의 이용가
능성, 정보가치, 정보의 원천, 정보보고형식, 반응시간, 시점, 의사결
정에 대한 영향관계를 실증 분석한 결과, 환경 불확실성이 높은 통
제 불가능 상태하에서는 미래 정보, 외부 정보, 질적 정보 등이 요
구된다고 주장하였다.

Gordon과 Narayanan[1984]은 인지된 환경 불확실성을 상황변수로
선정하고 회계정보특성과의 관계를 검증하였다. 환경의 불확실성을
정의하여 측정함에 있어서 기업의 가격경쟁을 하나의 결정요인으로
사용하였다. 기업의 인지된 기업환경이 불확실할수록 회계정보는 그

요구 범위가 넓어져 비재무적 정보, 외부정보 및 사전정보를 추가로 필요로 함을 밝혀냈다.

Chenhall과 Morris[1986]는 그들의 연구를 수행하기 위하여 [그림 5-3]와 같은 연구모형을 수립하여 외부환경의 불확실성, 조직의 상호의존성 및 조직구조의 분권화와 회계정보특성들 간의 관계를 연구하였다. 연구결과, 환경 불확실성의 인지도와 외부정보, 비재무적 예측정보, 정보의 제공빈도 및 정보의 적시성 간에 유의적인 상관관계가 있는 것으로 나타났으며, 분권화와 집합된 정보 및 통합된 정보 간의 관계에서도 역시 유의적인 것으로 나타났다. 그러나 분권화와 광범위한 정보 즉, 외부, 비재무적, 사전적 정보와 적시적 정보 즉, 제공빈도와는 유의적이지 않은 것으로 나타났다.

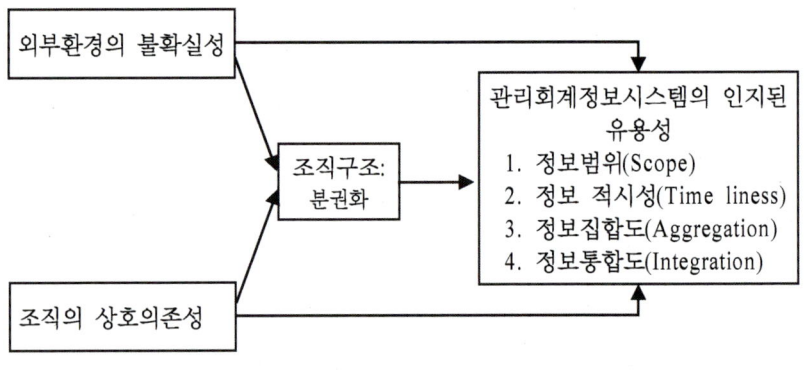

[그림 5-3] Chenhall과 Morris의 연구 모형

Gordon, Larcker 그리고 Tuggle[1978]은 업무특성과 정보특성변수인 정보체제, 정보초점, 정보원천, 정보시점, 정보의 제공빈도, 정보

의 제공형태 간의 상관관계를 실증 분석하였다. 연구결과 업무가 일상적이고 반복적일 때는 내부정보, 과거정보, 주기적 정보, 부분적이고 세분화된 정보가 필요하며, 업무 자체가 복잡하고 난이도가 높아질수록 외부정보, 미래정보, 수시정보와 요약되고 통합된 정보가 필요하다고 주장하였다.

4. 상황변수와 회계정보(시스템)특성 간의 적합도가 성과에 미치는 영향 연구

오늘날 상황변수들과 정보특성 간의 적합성이 조직성과와 정보시스템 성과에 미치는 영향에 관한 연구가 많이 이루어지고 있다.

Abernethy와 Guthrie[1994]는 [그림 5-4]의 연구모형과 같이 전략유형, MIS의 설계특성과 기업성과와의 관계를 검증하기 위한 변수로서 정보범위(외부정보 / 비재무정보 / 미래정보)와 전략유형(공격형전략, 방어형 전략)을 선택하고, 이들 간의 적합 관계가 경영성과에

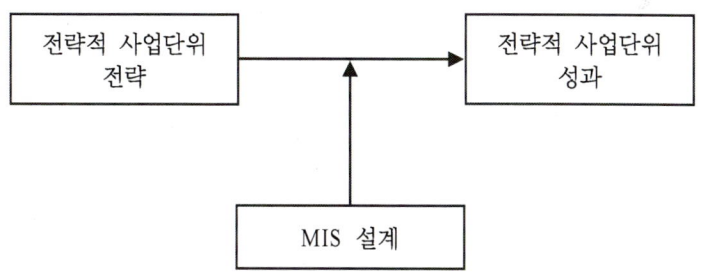

[그림 5-4] Abernethy와 Guthrie의 연구모형

미치는 영향을 상호접근법을 통하여 연구하였다. 연구결과, 전략이 조직구조의 설계 및 행정 절차 수행에 중요한 변수임을 밝히고, 관리 시스템이 경영층의 기업적, 기계공학적 의사결정을 지원하도록 설계될 때 조직의 유효성이 제고된다고 주장하였다. 특히 방어형 전략을 추구하는 기업보다 공격형 전략을 추구하는 기업에서의 광범위한 정보가 성과에 더 큰 영향을 미치며, 또한 공격형 전략을 추구하는 기업이 외부정보 즉, 비재무적, 미래지향적인 정보를 필요로 함을 알 수 있었다.

최종민과 이진주[1990]는 조직규모, 업무특성(업무난이도와 다양도) 및 조직구조(공식화와 집권화)의 상황변수와 회계정보시스템의 정보특성 간 적합도가 시스템성과에 미치는 영향을 실증적으로 분석하였다. 연구결과, 업무의 예측가능성은 정보원천 및 통합도와 유의적인 관계를 나타내 업무수행 결과를 예측하기 어려울수록 즉 예측가능성이 낮을수록 외부정보, 통합도가 높은 정보를 제공하는 것으로 나타났다. 업무의 다양도는 원천 및 시점과는 정(+)의 상관관계, 통합도와는 부(-)의 상관관계를 보였다.

전영승[1992]은 회계정보시스템의 외적 상황요인(환경 불확실성의 인지 정도, 조직특성, 업무특성, 전산환경)과 정보특성(사용자 참여와 영향도의 시스템 이행방식, 정보형태, 원천, 시점, 제공빈도, 요약 및 통합도) 간의 적합도가 정보시스템의 이용자 만족도에 미치는 영향을 실증적으로 검증하였다. 연구결과, 부분적으로 상황변수와 정보특성 간의 적합도가 높을 때 시스템 성과는 높아지는 것으로 나타났다. 시스템 개발과정에 대한 사용자 참여도는 실행성과에 큰 영향을 미치는 것으로 나타났다.

최종민[1993]은 회계정보시스템성과에 영향을 미치는 상황변수들과 계 정보시스템 정보특성들 간의 관계에 대한 영향연구에서 상황변수들과 AIS 정보특성들 간의 관계가 AIS 성과에 영향을 미친다고 주장하였다. 즉 업무의 난이도가 증대될 때, 집약도 높은 정보제공이 AIS 만족도를 높이는 것으로 나타났으며, 업무의 다양도, 업무의 난이도 및 업무의 새로움이 높아질 때, 광범위하고 집약도 높은 정보를 적시에 제공하게 될 때, AIS 이용도가 증대되는 것으로 나타났다. 그리고 업무의 난이도나 업무의 새로움이 높을 경우, 넓은 범위의 정보나 적시성 높은 정보제공이 기술적 성공도를 높이는 것으로 나타났다.

5. 영향 변수와 회계정보특성 및 성과 간의 관계 연구

정보시스템 성과에 영향을 미치는 주요 영향변수로서 지금까지 고려된 변수들을 살펴보면 이용자 참여도, 이용자교육훈련, 최고경영층의 지원 등이 있다.

Gallagher[1974]는 비용예산(EAB: expense and budget)시스템과 경영정보시스템 성과 측정치인 재무적 성과 및 비재무적 성과(의미상 차이 검증) 간의 관계를 실증 분석한 결과 시스템 설계 시 사용자 참여가 유의적인 관계가 있는 것으로 나타났다.

Doll[1985]은 회계정보시스템 성과에 영향을 미치는 영향변수로서 최고경영층의 참여와 지원이라는 단일 변수항목과 성과측정 변수인 시스템 개발 계획 시 설정한 6가지 목표들의 달성 정도와의 상관관계를 현장연구를 중심으로 실증 분석한 결과 최고경영층의 지원이 시스템 개발 성공도에 영향을 미치는 것으로 나타났다.

Sanders와 Courtney[1985]는 의사결정지원시스템(DSS)의 성공에 영향을 미치는 영향변수로서 최고경영층의 지원을 들고, DSS의 성공(의사결정 만족도, 전반적 만족도)에 미치는 영향 관계를 분석하였다. 연구결과, 의사결정지원시스템의 성공에 영향을 미치는 몇 가지의 조직 환경변수를 발견하였는데, 그중 최고경영자의 지원이 DSS의 실행에 영향을 미치는 것으로 나타났다.

Kim과 Lee[1986]는 사용자 참여와 시스템 성공 간의 주요 본질을 이해하기 위하여 기존의 연구 결과들을 기초로 상황접근법을 이용하여 연구를 수행하였는데, 시스템 성과에 영향을 미치는 상황요인으로서 이용자 참여를 들고, 업무환경, 시스템 주도자, 조직 환경변수로서 이용자 태도, 최고경영층의 지원과 약속을 조절변수로 고려하여, 이들 변수와 각 시스템 개발단계(5단계)별 상관관계를 조사하였다. 연구결과, 복잡한 시스템에의 사용자 참여는 시스템 이용도와 높은 상관관계가 있는 것으로 나타났으며, 사용자 집단은 최고경영층의 적극적인 지원을 유도할 수 있는 노력을 기울여야 한다고 주장하였다.

6. 기타 상황변수를 이용한 연구

Gorry와 Scott Morton[1971]은 경영의사결정 유형과 정보의 관계에 따라 필요로 하는 정보유형이 달라진다고 보았는데, 운영통제에서 관리적 통제로, 관리적 통제에서 전략적 계획 방향으로 나아감에 따라, 내부정보보다는 외부정보가, 비주기적인 수시 정보제공보다는 주기적 정보제공이, 부분적 정보보다는 집합적 정보가, 정확도가 높은 정보보다는 정확도가 낮은 정보가, 그리고 범위가 좁은 정보보다는 폭넓은 정보가 요구됨을 제시하였다.

Lucas[1975]는 미국 은행기업들을 대상으로 회계정보시스템 성과에 영향을 주는 주요 변수로서 정보이용과 분석활동으로 보고, 이러한 변수와 회계정보시스템 성과에 영향을 주는 것으로서 의사결정 유형(decision style), 태도(attitude), 상황 및 개인(situation / personal) 요소를 선정하여, 이들의 상호관계가 회계정보시스템의 효과에 미치는 영향을 검증하였다. 연구결과, 진취적인 의사결정과 성과, 그리고 관리자의 목표 설정에의 참여가 성과 간에 유의적인 것으로 나타났다. 의사결정 유형과 회계정보이용도와의 관계에서는 회계정보시스템으로부터 산출된 회계정보를 적게 이용하는 것으로 나타났으며, 태도와 이용도 간의 관계에서는 산출정보에 대한 호의적인 태도를 가진 관리자일수록 이용도가 높은 것으로 나타났고, 의사결정 유형과 관리자의 행동과의 관계에 있어서는 회계정보시스템으로부터 나온 산출정보보다는 자기 자신이 관리하는 보고서를 더 많이 이용하는 것으로 나타났다.

제6장_ 조직구조의 연구

1. 조직구조[8]

　　조직구조론은 조직화 과정을 연구함에 있어서 조직화(organizing)의 기본변수와 여기에 영향을 미치는 외생적 또는 내생적 상황변수는 무엇인가를 따지는 매우 중요한 이론이다. 일반적으로 조직의 복잡성·공식화·집권화·통합 등은 조직구조의 기본적인 구성요소, 곧 기본변수라 하고, 상황요인 가운데 내생적인 것으로는 전략 및 권력통제의 정도, 외생적인 것으로는 기술·조직규모·환경 등이 손꼽히고 있다. 이러한 여러 요소들이 조직을 구조화하는 데 매우 중요한 위치를 차지하고 있으며 이 구조가 얼마만큼 적합하게 연결되느냐에 따라 조직 목적의 달성 여부가 결정된다 해도 지나친 말이 아니다.

<표 6-1> Chenhall과 Morris의 회계정보특성결정요인

변수의 구분	변수
기본변수	복잡성·공식화·집권화·통합
상황변수 외생적 변수 내생적 변수	 조직 규모·기술·환경 전략·권력 통제의 정도

---

8) 양창삼, 조직이론, 박영사, 1994.를 바탕으로 정리하였음.

오늘날 조직은 상황 및 환경과의 적합관계를 유지하는 것이 우선적으로 요구되고 있는 실정이다. 조직이 상황 적응적으로 설계될 필요가 있다든가, 조직의 구조가 다른 하위체계와 유기적으로 연관되어야 한다든가, 조직구조가 미래지향적으로 설계되어야 한다든가 하는 것들은 모두 조직의 구조적 변화를 촉구하는 말들이다. 이러한 면에서 볼 때 조직구조의 결정적 요소들이 무엇이며, 이러한 요소들이 어떠한 연관성을 가지고 있으며, 이러한 요소들의 결합으로 어떤 형태의 조직구조가 설계될 수 있는가를 아는 것은 매우 중요하다.

조직의 구조를 살펴봄에 있어서 여기에서 거론되는 여러 요인들, 곧 변수들은 분석의 필요에 따라 하나씩 구분하여 설명되고 있지만, 조직에서는 독자적으로 존재하기보다 전체적인 구조체계 속에서 서로 연관되며 서로 영향을 주고받는다는 것을 잊어서는 안 된다. 조직구조는 정태적인 것이 아니라 동태적이기 때문이다.

아래의 그림은 이것의 통합적인 관계를 나타낸 것이다.

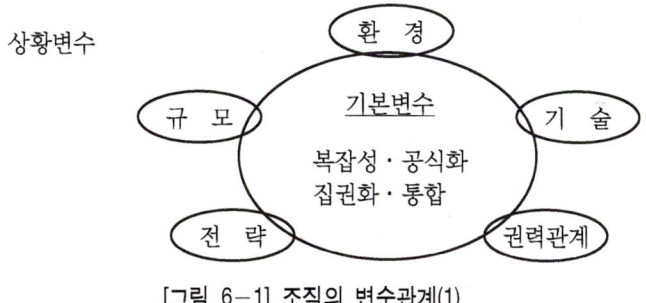

[그림 6-1] 조직의 변수관계(1)

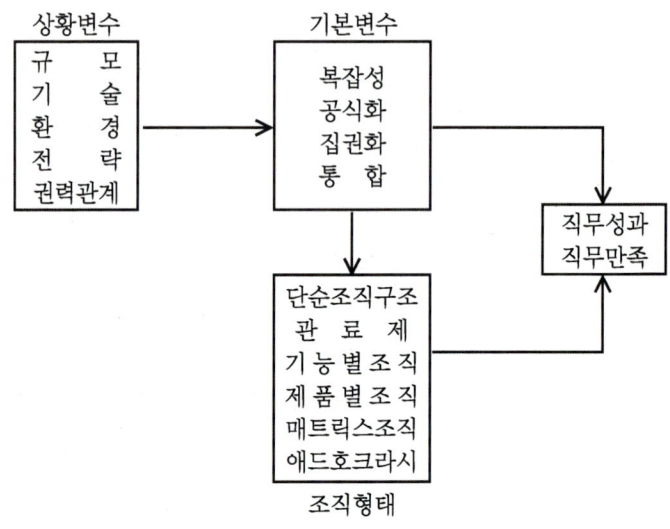

상황변수
| 규 모 |
| 기 술 |
| 환 경 |
| 전 략 |
| 권력관계 |

기본변수
| 복잡성 |
| 공식화 |
| 집권화 |
| 통 합 |

| 직무성과 직무만족 |

| 단순조직구조 |
| 관 료 제 |
| 기 능 별 조 직 |
| 제 품 별 조 직 |
| 매트릭스조직 |
| 애드호크라시 |

조직형태

[그림 6-2] 조직의 변수관계(2)

2. 조직구조의 기본변수

조직구조의 기본변수란 조직구조를 형성하고 있는 핵심적인 차원 (core dimensions), 다시 말해서 조직화의 기본적인 변수들이 무엇인 가를 따지는 것으로 복잡성(complexity)·공식화(formalization)·집권 화(centralization)·통합(Integration)이 가장 기본적 요소로 인정을 받 고 있다. 복잡성은 조직의 분화 정도에, 공식화는 직무의 표준화 정 도에, 집권화는 의사결정 권한 정도에, 그리고 통합은 분산된 조직 활동의 조정 및 통합에 초점을 맞추어 이론을 전개하고 있다. 각 요소의 성격을 살펴보면 다음과 같다.

(1) 복잡성

복잡성은 조직의 분화 정도(degree of differentiation)가 어떠한가를 따진다는 점에 그 특성이 있다. 분화란 조직이 하위단위로 세분화되는 과정이나 상태를 가리키는 말로 여기에서는 조직 활동의 분화와 함께 전문화·부문화 등이 발생한다는 것을 전제하고 있다. 분화에는 단위부서 사이의 횡적 분리 정도 등을 알아보는 수평적 분화(horizontal differentiation), 조직의 계층화 정도를 알아보는 수직적 분화(vertical differentiation), 그리고 조직의 시설 및 구성원의 지역적 분산 정도를 알아보는 공간적(장소적) 분산(Spatial dispersion)이 있다. 수평적 분화, 수직적 분화, 공간적 분산 이 세 요소 가운데 어느 한 요소만 증가해도 조직의 복잡성은 높아진다.

1) 수평적 분화

수평적 분화는 단위부서 내 성원이 무엇을 지향하고 그들이 수행하는 과업의 성질이 어떠하며 성원들이 받은 교육과 훈련의 특성이 어떠한가를 기준 삼아 그 정도를 따져 조직단위 사이의 분화 정도를 파악하는 것을 가리킨다. 조직 내에서 전문화된 지식과 기술을 요구하는 직무의 수가 많으면 많을수록 수평적 분화가 더욱 일어나 조직은 그만큼 복잡하게 된다. 성원들의 지향성(orientations)이 다양해지면 전문영역별로 집단이 형성되고 부서의 수도 많아져 성원 사이의 의사소통뿐 아니라 관리자의 조정역할도 어려워지기 때문이다. 그러나 조직이 비슷한 기술이나 훈련배경을 가진 사람들로 이루어지면 관점도 비슷하고 사용하는 용어도 비슷하여 의사소통하기가 쉽다. 하지만 이와는 반대로 전문영역(배경)이 서로 다른 성원들이 많을 경우 목표에 대한 강조점이 서로 다르고 시간관념도 다르며 전문용어까지 달라 의사소통 및 조정에서 어려움을 겪게 된다.

2) 수직적 분화

수직적 분화는 조직구조(계층)의 깊이(depth in the structure)를 가리키는 말로서 조직 내의 계층의 수, 곧 권한계층의 최상층에서부터 최하층에 이르는 계층의 수를 의미한다. 조직은 상하관계가 분명한 위계(hierarchy), 곧 계층으로 구성되어 있으며, 계층의 각 수준마다 지위(status)·직위(position)·역할(role)에 있어 뚜렷한 차이를 보이고 있다. 공식조직의 명령계통을 이루는 권한과 역할의 피라미드계층 체계를 이루고 있는 것은 이 때문이다. 계층마다 직무를 수행하는 개인에게 공식적인 힘을 부여하며 이러한 위계질서를 바탕으로 조직이 제도화된다.[9] 최고경영층과 종업원 사이에 계층이 많으면 많을수록 조직은 더욱 복잡해진다. 특히 의사소통의 왜곡 가능성이 그만큼 더 커지고, 관리자들의 의견을 조정하기가 점점 더 어려워지며, 최고경영자가 종업원의 행동을 세밀하게 감독하고 보살피는 일이 더욱 힘들어진다. 수직적 분화는 수평적 분화와 관계없이 일어나는 것은

---

9) Harold J. leavitt, WilLiam A Dill, and Henry B. Eyring, The Organizational Worid(New York: Harcourt Braac. Jovanovich, 1973), 35쪽.

아니다. 오히려 수평적 분화가 커짐에 따라 나타난 결과를 수직적 분화라 할 수 있다. 작업이 세밀한 과업으로 분화됨에 따라 조정의 필요성이 증가되고 거기에 따라 수직적 분화가 발생하기 때문이다. 그러므로 수평적 분화 정도가 높을수록 수직적 분화에서 담당해야 할 영역은 커지고 그만큼 복잡해진다. 즉 수평적 분화가 높다고 하는 것은 성원들이 다양한 배경과 다양하고 전문적인 훈련경험이 있음을 의미하기 때문에 그들의 과업이 전체시스템에 합치되도록 조정해야 할 필요성이 높아지는 데다 그것을 확인하고 감독하며 조정하는 일은 더욱 어렵기 때문이다.

(2) 공식화

공식화는 조직구조의 두 번째 요소로서, 조직은 공식화를 통해서 종업원의 행동을 규제하고 표준화된 절차에 따라 목표달성 방향으로 나아가게 한다. 공식화는 집단을 고도로 조정하기 위한 방편으로 많이 사용하고 있으며, 공식화의 정도가 높으면 높을수록 종업원의 행동은 그만큼 더 규제된다. 관리자는 행동의 변이성을 줄이고 최소비용으로 가장 효과적인 성과를 올리기 위해 가능한 한 공식화를 채택하지만 관료주의적이고 인간성을 무시한다는 비판을 아울러 받고 있다.

1) 공식화의 개념

공식화란 조직 내의 직무가 표준화되어 있는 정도를 가리키는 말로서 조직성원 및 조직 관련자들이 언제·무엇을·어떻게 해야 하는

가를 규정하고 명시한다. 공식화는 조직에 참여하는 사람들(organizational participants)의 행위와 태도를 규제하므로 직무가 고도로 공식화되어 있다면 그것은 직무수행자가 직무수행에서 이미 정형화(programmed)된 규정에 따라 업무를 수행해야 하므로 재량권(discretion)이 아주 낮음을 의미한다. 반면에 공식화 정도가 낮으면 사전에 규정된 절차나 규칙이 적어 구성원들이 재량권을 상당히 발휘할 수 있다. 공식화의 정도가 높은 조직에서는 직무활동의 내용을 명확하게 기술한 직무기술서·수많은 조직규칙·분명하게 규정된 절차에 따라 업무를 수행함으로써 똑같은 투입물을 똑같은 방법으로 처리하여 일괄된 동일표준의 산출물을 얻고자 한다. 업무가 표준화되어 있어 종업원은 어떤 대안적 행동을 취할 수 있는 가능성뿐 아니라 그에 대한 욕구나 필요성마저 축소시킨다. 그러나 공식화의 정도가 낮은 조직은 직무수행활동이 비교적 정형화되어 있지 않아(nonprogrammed) 종업원들은 자신의(208 제2부 조직구조론) 의사대로 재량권을 행사할 수 있다. 이처럼 직무수행에 있어 자유재량권은 조직이 사전에 정형화시킨 활동의 양과 반비례하므로 표준화의 정도가 크면 클수록 종업원은 직무수행에 대한 재량권을 적게 갖게 된다. 표준화는 종업원의 자유재량 범위를 축소시키고 대안행동(alternative behavior)을 하지 못하도록 만든다. 공식화는 직무와 일의 흐름을 규정하는 표준화(standardization) 개념과 엄격한 규칙과 절차를 강조하는 관료제(bureaucratization) 개념 모두를 포괄한다. 공식화를 주장하는 학자들에 따르면 조직성원들은 일반적으로 모호한 과업보다는 분명한 과업을 선호하고, 분명한 과업이 할당되지 않으면 책임지기를 꺼려하며, 분명한 경계가 주어지지 않는 경우 서로 다른 사람의 영역을 침범하기도 하여 공격성을 보이며, 철저한 규범설정과 계획 없이는 그들 직위 간의 문제를 해결할 수 없고, 책임을 분명히 함으로써 보다 정확한 평가기초를 제공함과 아울러 하나의 인센티브를 제공하며, 기업이 객관적이고 공식적인 기초 아래 조직될 경우 공정성은 더욱 확실해지고, 공식화를 통해 미래에 요구되는 책임을 미리 예측할 수 있다. 이러한 주장은 어느 정도 타당성을 가지고 있지만 사람보다는 질서 있는 구조를 강조함으로써 매우 기계적일 뿐 아니라 비공식적 의사소통을 저해하고 공식적 의사소통에 과중한 부담을 안겨주는 단점을 갖고 있다.

관리자는 여러 가지 방법을 사용하여 종업원의 행동을 공식화(표준화)할 수 있다. 여러 방법 가운데 가장 널리 사용되고 있는 공식화 방법으로서는 그 조직에 적합한 인물을 확인하고 채용하는 선발과정, 역할요구, 규칙·절차·방침, 훈련, 그리고 종업원들로 하여금 어떤 의식을 거치도록 함으로써 조직에 대해 충성심을 입증토록 하는 것 등을 들 수 있다.

(3) 집권화

조직의 기본변수 가운데 하나인 집권화는 조직 내에서 의사결정이 어느 위치에서 이루어지는가에 초점을 맞춘 것으로 조직에 관한 주요 의사결정이 최고경영층에 의해 내려질 경우 집권화(centralization)에 속하고, 하위계층의 관리자에게 의사결정의 재량권이 주어질 경우 분권화(de-centralizasion)에 속한다. 그러므로 집권화와 분권화가 본 연구의 중심개념이 될 것이다. 조직이 집권화 경향을 띠느냐, 분권화 경향을 띠느냐, 또는 혼합된 경향을 띠느냐 하는 것은 조직의 성격을 이해하는 것뿐 아니라 조직이념 및 방향설정에 있어 매우 중요한 위치를 차지하고 있다.

집권화와 분권화는 경향성(추세)을 나타내는 것으로 이해함이 바람직하다. 집권화와 분권화를 연속선상의 개념으로 파악하려 한다든지 집권화의 정도 또는 분권화의 정도 등 정도를 따지는 것은 이 때문이다. 일반적으로 극단적 의미의 집권화와 분권화는 존재하지 않는다. 즉 극단적으로 권한이 어느 한 사람에게 집중된다면 그것은 사실상 업무를 맡길 만한 부하관리자들이 전혀 없고 조직이 그만큼 체계화되어 있지 못함을 의미한다. 반대로 모든 권한을 부하관리자들에게 모두 위임하는 극단적인 분권화도 없다. 왜냐하면 이런 식으로 권한을 모두 위임한다면 관리자로서 그들의 지위는 끝이 나고 조직도 존재할 수 없기 때문이다.

1) 집권화의 개념과 특성

조직이 집권화와 분권화 가운데 어떤 성향을 띠느냐 하는 것을 판가름하는 기준은 주로 권한(authority)의 집중 또는 분산 정도, 의사결정권의 소재, 그리고 사무분배 양태에 있다. 이러한 기준에서 볼 때 집권화는 자유재량에 따라 선택을 할 수 있는 공식적 권한이 어느 한 개인단위부서 또는 권한계층, 특히 조직의 상위계층에 집중되어 있고 하위계층의 종업원들에게는 작업에 대해 최소한의 발언권만이 허용되고 있는 정도를 가리킨다. 집권화는 지역적 집중이 아닌 조직 내 의사결정 권한의 집중을 가리키는 것으로 이른바 관료적 조직형태에서 두드러지게 나타난다.

2) 집권화의 형성요인

집권화의 정도가 높아지는 요인을 살펴보면 아래와 같다.

① 소규모 조직: 조직규모가 커질수록 조직문제가 복잡해져 분권화
   의 필요성이 높아지지만 규모가 작으면 최고경영자가 모든 문
   제를 소상히 알고 부하를 적절히 관리할 수 있어 집권화가 보
   다 능률적이다.

② 역사가 짧은 신설조직: 역사가 짧은 신설조직은 선례가 없는 까
   닭에 설립자의 지시에 많이 의존하게 되어 집권화 경향이 높
   다. 설립자에 의해 소기업에서 대기업으로 성장한 경우에도 설
   립자의 1인(one man)적 통치경향 때문에 집권화 정도가 높다.
   그러나 기업이 합병되어 설립된 경우 종래의 독립기업이었던
   때의 역사성이 작용하여 분권적으로 되는 경향이 높다.

③ 위기 및 불안요인의 존재: 어느 조직을 막론하고 위기가 발생하
   여 급속한 변동을 필요로 할 경우, 그리고 조직이 불안정할수
   록 집권화 경향을 띠게 된다.

④ 특정 개인의 리더십: 설립자 등 특정 개인의 리더십에 의존하는
   정도가 높을수록 집권화 성향이 높다. 그 지도자가 죽거나 물
   러났을 경우 그와 같은 유형의 지도자가 나타나지 않을 때 위
   기가 발생하기도 한다.

⑤ 업무의 성질: 업무의 성질이 유동적이며 변화가 심할 경우 분권
   화할 필요가 있지만, 변화가 적고 획일적이며 일상적일 경우

집권화되기 쉽다.

⑥ 결정사항의 중요성: 결정사항에 있어 중요도가 높은 것, 보기를 들어 거액의 지출이 필요한 사항이나 조직의 존립 또는 종업원의 근로의욕에 미칠 영향이 큰 것에 관한 권한은 상층에 있으며 이에 대해서는 위로부터 승인을 얻어야 한다. 따라서 결정사항의 중요도가 높을수록 집권화를 초래한다.

⑦ 방침의 통일성: 방침의 통일성을 필요로 할수록 집권적 성향을 띠며 획일성이나 통일성보다는 조직의 사정에 따라 탄력적으로 운영할 필요가 있을수록 분권화 성향을 띤다.

⑧ 하위자의 관리능력 부족: 분권화를 위해서는 하위자의 자주적인 관리능력이 매우 중요하다. 그러나 이러한 관리능력이 실제 부족하거나 능력이 부족하다고 생각될 때 집권화 경향이 일어난다.

⑨ 직접 감독의 필요성 증가: 분권화에서는 일일이 결재를 받지 않아도 자유재량에 따라 집행한다. 정해진 목표를 달성하기 위해 탄력적인 운영과 자발적인 통제를 한다. 이러한 발전된 통제방식과는 달리 직접 사람을 감독하고 개개의 안건에 대해 승인이 필요한 통제방식을 택하거나 강력한 통제의 필요성이 높아질수록 집권화 정도는 높아진다.

⑩ 전문화 필요성 증가: 사이먼은 넓은 의미에서 볼 때 특정 활동의 전문화는 그 활동의 집권화라고 말한 바 있다. 특정 활동에 대해 전문화가 필요할 때 집권화가 일어나는 것은 그의 이러한 주장과 맥락을 같이 한다.

⑪ 정보의 집중: 교통 및 통신의 발달로 상급자와 상급기관에 의사결정에 필요한 많은 정보가 집중될 때 집권화 성향이 높아진다.

⑫ 외부기관의 영향: 조직 밖의 사정이 집권화 또는 분권화에 영향을 미친다. 정부조직이 중앙집권적인데 이와 같은 정부가 기업에 대해 직접 통제를 하는 경우 기업조직도 집권적으로 된다. 또한 전국적 조직의 노동조합이 있어 그 조직에 속한 조합과 기업의 본사 사이에 단체협약을 체결하는 경우 기업조직은 집권화 성향을 띤다.

(4) 분권화

1) 분권화의 개념과 특성

분권화는 집권화와는 달리 의사결정권 등 재량적 권한을 조직 전반에 걸쳐 아래 계층으로 대폭 위양해 줌으로써 부하들로 하여금 자주적으로 계획을 수립하고 결정을 내릴 수 있게 하는 관리 형태이다. 상사는 부하에게 그들이 해야 할 목표나 방침만을 지시하면 부하는 그에 관련 업무를 자주적으로 처리하여 결과를 보고한다. 부하는 직무를 수행함에 있어서 독창력을 발휘한다. 이처럼 분권화는 창의적인 경영을 하도록 한다는 점에서 오래전부터 통솔의 한 원리로 논의되어 왔으며 경영의 사고에서 가장 주요한 원리 가운데 하나로 인정을 받아 왔다. 분권화 개념이 보편화됨에 따라 많은 경영자들은 이를 조직개발의 한 방법으로 사용하고 있다. 이것은 분권화가 그만큼 유효하다는 것을 입증하는 것이기도 하다. 특히 조직이 커지고 복잡해짐에 따라 분권화를 택하는 경향이 늘어나고 있다. 즉 조직규모가 커지면 의사소통이 어렵고 복잡해지며 관료주의화하는 경향을 띠게 되어 분권화를 통해 이 문제를 해결하고자 하는 필요성이 커진다. 그리고 기술이 급격하게 변화하고 그 복잡성이 증대할수록 예측이 어려운 동태적인 환경에 탄력적으로 대처하기 위해 분권화는 필요하다.

2) 분권화의 형성요인

분권화를 촉진시키는 요인들은 다음과 같다.

① 최고경영층의 부담 감소: 최고경영자가 세부적이고 일상적인 업무에서 벗어나 장기계획이나 정책문제에 대해 보다 많은 시간과 노력을 바치고자 할 때 분권화가 촉진된다. 이로 인해 최고경영자는 의사결정에 대한 부담을 크게 덜 수 있다.

② 관리자의 육성: 관리자를 육성하고 동기를 부여하고자 하는 조직의 분위기가 강할수록 분권화가 촉진된다. 관리자란 지시나 훈시에 의해 양성되는 것이 아니라 권한을 위임받아 자주적으로 의사결정을 하고 결과에 대해 책임을 지도록 함으로써 양성될 수 있다.

③ 경영의 민주화 실현: 경영의 민주화 및 인간관계의 민주화 실현의지가 강할 때 분권화가 촉진된다. 분권화는 자치적인 통제, 민주적인 통제를 강화한다.

④ 신속한 업무처리 필요: 업무를 신속하게 처리할 필요가 있을 때 분권화가 일어난다.

⑤ 경영의 다각화: 경영의 다각화를 통해 제품 및 시장을 강화하고자 할 때 분권화가 촉진된다.

⑥ 지역사정에 적응: 집권화에 따른 계획은 분권화에 비해 지역의 특수성이나 시기의 적절성 면에 있어서 그 효과가 크게 떨어진 다. 따라서 이 점들을 고려하고자 하는 요구가 커질수록 분권 화가 일어난다.

⑦ 조직의 역사: 처음 창업주에 의해 집권화된 조직이라 할지라도 점차 결합·합병 등의 역사적 성장을 통해 분권화가 촉진된다. 특히 합병되는 단위조직이 높은 수익성을 가질 경우 분권화 경 향은 더욱 두드러진다.

⑧ 조직의 규모: 조직이 성장함에 따라 규모가 커지고 조직의 복잡 성은 더해진다. 조직이 결정해야 할 문제들은 많아지고, 업무수 행 장소도 넓어져 조정하기가 어려워짐에 따라 분권화 요청이 강해진다. 거대조직을 여러 단위로 부문화하고 지역별로 제품 별로 권한을 위임하는 것은 분권화를 통해 효율성을 높일 수 있기 때문이다.

⑨ 경영자의 경영철학: 유능한 경영자는 자유에 대한 욕망을 경제적 효율로 바꿀 줄 안다. 최고경영자가 인간의 자유·창조·성취 의 욕망을 이해하고 조직 속에서 이를 발현시키도록 하는 경영 철학을 가지고 있을 때 분권화 정도는 높아진다.

⑩ 이익센터의 존재: 이익센터가 존재하면 분권화가 촉진된다. 이익 센터는 이윤획득의 책임이 각 부문에 위임될 수 있을 만큼 이 익발생률이 높은 조직을 가리킨다. 조직이 사업부별로 이익센 터를 형성할 수 있을 경우 자 부문별로 이윤획득 활동을 하도 록 권한을 위임하게 된다. 분권적 조직이 발생하는 근거가 되 는 것이다.

⑪ 기술 및 환경의 변화: 조직이 급격한 기술발전을 수용하고 대량 생산체제를 갖추려면 분권화가 이루어져야 한다. 그리고 조직이 처한 환경의 변화가 급격하고 동태적이며 복잡할수록 많은 결정을 해야 하므로 분권화의 필요성은 높아진다.

⑫ 분화의 형태: 조직이 생산·판매 등 기능별로 분화되어 있을 경우에는 기능의 통합이 요구되어 집권화되는 것이 보통이나 제품별·고객별·지역별로 분화되어 있을 경우 분권화 경향이 높아진다.

⑬ 유능한 관리자의 수: 분권화를 주도해 나갈 수 있는 유능한 관리자의 수가 많을수록 분권화가 촉진되며 수가 적을수록 집권화된다. 안전한 분권화를 위해 적절한 수의 관리자 육성이 필요한 것은 이 때문이다.

⑭ 조직구조: 분권화는 조직이 어떻게 구조화되어 있느냐에 따라 그 정도가 달라진다. 조직이 공정별로 구조화되어 있을 경우 권한 위임이 어려워 분권화가 이루어질 수 없으나, 제품별로 부문이 편성되어 있을 경우 다른 부문과 관계없이도 상당한 정도로 권한을 위임할 수 있어 분권화가 쉽게 이루어진다.

⑮ 통제기술: 관리자가 민주적으로 통제하는 방법을 모르고 직접 감독해야만 하거나 일일이 사전에 결재를 얻고 난 다음 업무를 수행하도록 할 경우 집권화될 수밖에 없다. 그러나 기본목표와 방침을 제시한 다음 위임된 권한에 따라 일일이 결재받을 필요 없이 자율적으로 업무를 수행하고 결과를 평가하는 새로운 통제방식을 채택하는 조직일수록 분권화를 촉진시킨다.

⑯ 결정사항의 중요성: 일반적으로 결정사항이 중요하고 가치가 높

은 것일수록 그 결정은 상부계층에서 이루어져 집권화 정도가 높다. 그 중요도나 가치는 지출자금과 같이 유형적인 것일 수도 있고 조직의 이미지같이 무형적인 것일 수도 있다. 결정의 가치가 높은 것일수록 최고경영자들에게 집중되는 것은 그들이 부하들보다 경험이 많아 실수를 덜 한다는 이유도 있겠지만 더 중요한 것은 책임의 비중 때문이다. 주요 결정사항에 대해 권한을 위임하지 않으려 하는 것은 이 때문이다. 분권화를 실시하는 GM의 경우에도 재무업무만큼은 재무담당 부사장 아래 집권화되어 있어 보고도 회장에게 직접 한다.

(5) 통합

조직은 분화와 함께 조정 및 통합을 필요로 한다. 조직의 규모가 커지고 과업이 복잡해짐에 따라 분화가 심화된다. 분화가 심화될수록 요청되는 것이 바로 통합의 필요성이다. 분화만으로는 조직이 능률적으로 운용될 수 없기 때문이다. 따라서 통합은 분화와 함께 조직에 있어 매우 중요한 개념으로 등장하고 있다. 조직은 어떻게 통합되느냐에 따라 하나의 통합된 전체로 활동할 수 있는 정도가 달라진다.

1) 통합의 개념

통합(Integration)은 조직의 과업을 수행함에 있어서 여러 다른 하위체계 사이의 노력을 통일시키는 과정으로서 조직목표와 연관되어

수행되는 의식적인 과정이다. 조직에서의 통합은 분화된 활동을 조직의 목표수행에 적합하도록 통합하고 조정할 필요에 따라 제기된 것이다. 통합을 조정(coordination)의 메커니즘으로 보는 것은 이 때문이다. 통합은 분화된 직무활동을 조정하는 것뿐 아니라 조직의 계획·통제·의사결정·의사소통 등 여러 과정과도 밀접한 관계를 가지고 있다. 통합과 조정은 분화된 직무활동들을 서로 연결한다는 점에서 같은 기능을 수행하는 개념에 속한다. 통합과 조정이 서로 단어가 다르나 기능을 같이하고 있음은 이 때문이다. 통합개념은 조직에서 "조정 또는 통합의 원칙"으로 나타난다. 이 원칙은 전문화(분화)의 원칙과는 반대되는 것으로, 조직의 목표를 달성하기 위해 분화된 하위부문 사이의 노력을 조정·통합하는 것이다. 조정이나 통합은 조직 내부의 분화가 복잡하게 이루어져 있어 하위부문 사이의 조화 내지 조정을 통해 조직을 통합하고 조직의 목표달성을 꾀하는 데 목적을 두고 있다. 분화나 통합은 서로 다른 방법을 택하고 있지만 조직의 목적을 달성하기 위한 방법이라는 점에서 공통된다. 통합은 또한 분화를 전제로 하고 있기 때문에 서로 연관성을 가진다. 조직이 보다 유기적으로 이루어지기 위해서는 과업의 분화와 통합이 적절하게 유지되어야 한다. 조직은 과업의 분화와 통합이라는 두 기능이 효율적으로 작용할 수 있는 메커니즘을 확립해야 한다. 과업분화와 통합의 메커니즘은 조직의 효율성과 유연성을 높여줌으로써 조직의 경제성을 달성하는 데 크게 도움을 준다. 그러므로 노동의 분화를 촉진시키는 과업분야의 메커니즘과 함께 노동을 전체적으로 통합시키는 과업조정의 메커니즘이 조직에서 매우 중요하다는 것을 인식해야 한다.

2) 통합의 촉진요인

조직의 통합을 촉진하는 요인들로서 아래의 것을 들 수 있다.

① 조직단위의 자율성 정도: 조직단위가 높은 자율성을 유지할 경우 조정의 필요성은 그만큼 적어진다. 그러나 같은 조직단위라 할 지라도 한 측면에서는 아주 자율적이지만 다른 측면에서 자율 정도가 아주 낮을 수 있거나 전체적으로 자율성이 낮을 수도 있다. 자율성이 낮은 경우 조정의 필요성은 높아진다.

② 조직단위의 상호의존 정도: 조직이 여러 하위단위들로 분화되고 이 단위들이 하나의 기능적 연쇄의 틀로 짜인 경우 서로 상호 의존성이 높고 조정 및 통합의 요구도 높아진다. 이때 조정은 상호의존성을 충족시키는 방향으로 추진되어야 한다. 조정의 정도는 시기에 맞추어 적절히 수행되도록 해야 한다.10)

③ 분화의 정도: 일반적으로 분화(분업)의 정도가 높으면 직무 및 조직단위들 사이의 상호의존성이 커지고 조정의 필요성도 높아 진다. 분업은 소외현상을 초래하는 부정적인 면이 있어11) 이 문제를 극복하기 위한 노력의 일환으로서 통합 및 조정의 역할 이 커지기도 한다. 노동이 조직공동체를 형성하고 자아를 실현 할 수 있도록 함에 있어서 통합과 조정은 매우 높은 비중을 차지하고 있다.

④ 갈등의 정도: 조직성원들 또는 조직단위들 사이의 갈등의 정도

---

10) James G. March and Herbert A. Simon, Organizations(new York: John Wiley & Sons, 1958), 122, 163－165쪽.

11) M. Seeman, "On the Meaning of Alienation", American Sociological Review, 24(1959), 783－791쪽.

가 심할수록 통합·조정을 요구하는 정도가 높아진다. 현대조
직은 변화가 심한 환경 아래서 집단의 다양화와 집단행동의 분
화로 말미암아 집단 간의 갈등이 점차 심화되고 있어 집단 간
의 효율적 통합관계 형성은 점점 중요한 과제가 되고 있다.
⑤ 조직 환경: 조직 환경이 안정적이고 전혀 변화가 없을 경우 조
정의 문제가 일어나지 않지만 조직 환경이 불안정하고 이에 대
응하기 위해 전문화 내지 분화의 정도가 높을수록 조정의 필요
성은 높아진다.

3. 조직구조의 상황변수

조직구조는 여러 상황변수의 영향을 받고 있다. 지금까지 밝혀진
대표적인 상황변수들로서는 조직의 규모·기술·환경·전략·권력통
제의 정도를 들 수 있으며, 이것을 가리켜 5대 변수라 한다. 조직의
규모·기술·환경변수는 외생적 상황변수에 속하며, 조직의 전략 및
권력통제의 정도는 내생적 상황변수에 속한다. 외생적 상황변수를
객관적 상황변수, 내생적 상황변수를 주관적 상황변수라 하기도 한다.

(1) 조직규모

조직의 규모는 조직구조에 영향을 미치는 주요 변수 가운데 하나
이다. 조직구조와 규모의 상관성에 관한 연구, 규모와 복잡성·규모

와 공식화·규모와 집권화의 관계, 기술·규모·구조와의 관계 등 조직규모와 관련된 연구들은 많다. 조직구조와 조직규모의 관계성을 중심으로 살펴보기로 한다.

1) 조직규모의 정의

조직의 규모를 파악함에 있어서 무엇을 기준으로 삼느냐 하는 것은 조직규모를 정의함에 있어서 매우 중요한 문제이다. 왜냐하면 그것이 바로 규모에 대한 정의가 되기 때문이다. 지금까지 판단기준의 지표로서 거론된 것은 종업원 총수, 매출액, 총투자본금, 조직의 소유자산 총액 등 여러 가지가 있다. 조직규모를 변수로 삼아 연구한 연구들 가운데 80% 이상이 조직규모를 종업원의 총수로 정의하고 있다.[12] 종업원 총수에 높은 의견일치를 보이고 있다고 해서 반드시 그것이 바른 정의라고 말할 수는 없지만, 여러 연구결과 종업원 총수를 기준으로 한 측정치가 다른 측정치에 비해 조직의 규모를 측정함에 있어 가장 나은 측정치로 인정을 받고 있다. 종업원의 총수를 조직규모의 지표로 사용하는 경우 그 총수에 포함되는 종업원은 전일제 상근 근무자(full-time employee)들로만 구성되어야 적절한 척도가 되며 비상근 근무자, 예를 들어 시간제 종업원이나 계절적 종업원을 포함할 경우 문제가 발생한다. 같은 업종이라 할지라도 노동자의 비율과 기술수준이 다른 산업의 경우 종업원 수만을 계산하여 조직규모의 척도로 삼을 때 문제가 발생한다. 또한 종업원 수 증가

---

12) J. R Kimberly, "Organizational Size and the Structuralist Perspective: A Review, Critique, and proposal", Administrative Science Quarterly(December 1976), 571-597쪽.

에 따른 조직규모의 확대라 할지라도 일정 지역에만 집중적으로 고용을 증가하여 규모를 확대하느냐 아니면 여러 지역에 분산시켜 규모를 극대하느냐에 따라 조직구조가 달라지므로 조직규모를 다룸에 있어서 반드시 지역분산도와 이에 따른 모조직과 자조직 사이의 종속관계 등을 함께 검토할 필요가 있다.[13]

(2) 기 술

기술이 조직구조를 결정짓는 유일한 변수라는 기술 결정론(technology imperative)은 다른 변수들을 무시했다는 점에서 문제가 있지만, 기술이 조직형성에 영향을 주는 주요 상황변수 가운데 하나라는 점은 간과할 수 없는 부분에 속한다. 아직 기술이 무엇이며 조직에 어떤 영향을 주느냐에 대해서 논란이 계속되고 있기 때문에 이 문제에 관한 논의가 종결되지 않음을 알 수 있으나, 때로 상황과 관련시켜 개념정의를 내리고 그 개념이 상황에 따라 달리 적용되고 있다는 점에서 컨틴전시이론과도 밀접한 관계를 가지고 있다. 조직구조와 연관된 기술개념 및 대표적 연구들을 살펴보면 다음과 같다.

(3) 환 경

환경은 현대사회에서 중요한 쟁점으로 부각되기 시작한 개념으로,

---

13) A. Kieser and H. Kubicek, Organization(Berlin: de Gruyter, 1977), 221 – 222쪽.

조직을 개방체계로 정의하는 입장이 두드러지면서 조직과 환경의 상호작동이 중시되기에 이르렀다. 환경은 조직을 역동적으로 만들어 줄 뿐 아니라 사회체계의 변형을 가져올 만큼 중요한 위치를 차지하고 있다. 현대사회와 조직이 당면하고 있는 환경의 소용돌이 속에 있다고 말하는데 이것은 환경체계에 구조적 변동이 일어날 것을 예고하는 것이다. 따라서 조직은 이러한 환경변화에 능동적으로 그리고 신축성 있게 대처하지 않으면 안 될 상황에 처해 있다. 이 점만으로도 조직에 있어서 환경이 차지하는 비중은 크다 할 것이다.

4. 권력작용

권력(power)은 눈에 보이지 않지만 조직을 움직이는 막강한 힘을 가지고 있다. 권력은 여러 변수들의 상호 작용을 가능케 하고, 그 변수들을 결합하여 부분의 합 이상의 힘을 발휘할 수 있도록 만든다.[14] 권력은 단순한 지배개념을 넘어 조직의 총체성을 확보하는 데 중요한 역할을 하고 있다. 조직구조의 변화에 있어 40~50%는 권력작용에 따라 달라진다[15]고 할 만큼 권력은 조직에 있어 빼놓을 수 없는 영역의 하나로 부각되고 있다.

---

14) Jeffrey D. Ford and John W. Slocum, Jr., "Size, Technology, Environment and the Structure of Organizations", Academy of Management Review (October 1977), 561-575쪽.
15) Derk S. Pugh, "The Management of Organization Structures: Does Context Determine Form?" Organizational Dynamics(Spring 1973), 19-34쪽.

(1) 권력의 정의

권력(power)이란 어떤 개인 또는 집단이 다른 개인 또는 집단의 행태에 영향을 미칠 수 있는 능력이다. 쉽게 말해서 A라는 사람이 B라는 사람에게 무엇인가를 시키고 B는 A의 요구가 없었더라면 하지 않았을 일을 A가 시켰기 때문에 하게 된다면 A는 B에 대해서 권력을 행사한 것이라고 할 수 있다. 이와 같이 권력은 행동주체(개인, 집단, 조직 등) 사이의 관계를 설정해 주는 요인이다. 개인이나 집단이 권력을 고립적으로 행사할 수는 없으며 반드시 다른 사람 또는 집단과의 관계 속에서만 행사할 수 있는 것이다. 따라서 권력은 일종의 관계변수(relational variables)라고 부를 수 있다. 권력은 교호작용적이며 행동 지향적이다. 즉 행동주체 사이에서 이것이 실제로 행사될 가능성이 없다면 권력으로서의 의미를 상실한다. 다음은 권력에 대해 정의를 내린 몇 학자들의 견해를 먼저 소개한다.

1) 베버(M. Weber)[16]: 한 개인이 사회적 관계 안에서 다른 사람이나 집단의 저항에도 불구하고 자기의 의지를 관철시킬 수 있는 능력이 권력이다.

2) 노드(W Nord)[17]: 갈등관계에 있는 여러 목표 가운데 특정 목표를 달성하기 위해 가용에너지와 자원의 분배에 영향력을 행사

---

16) Max Weber, The Theory of Social and Economic Organization(New York: Free Press, 1974), 152쪽.

17) Walter R. Nord, "Dreams of Humanization and the Realities of Power", Academy of Management Review(July 1978), 675쪽.

할 수 있는 능력이다.

3) 로빈스(S. Robbins)[18]: 권력은 A가 B로 하여금 자기가 원하는 것을 하도록 영향을 줄 수 있는 잠재능력이다. 위에 소개한 권력에 대한 정의는 모두 권력을 영향력(influence)과 동일시하고 있다. 일반적으로 권력은 권한(authority) 및 영향력 개념과 엉켜 사용되고 있다. 바나드(C. Barnard)는 권력을 비공식적 권한(informal authority)으로 정의한 반면 여러 조직사회학자들은 권한을 합법적인 권력(legitimate power)으로 정의한다.

제7장_ 리더십의 연구

리더십(leadership)에 대한 체계적인 이론의 발전과 경험적 연구가 본격화되기 시작한 것은 20세기에 접어들면서부터이다. 미국이나 영국 등에서 리더십에 대한 연구가 활발하게 진행되었던 까닭은 첫째는 민주주의와 실적주의가 그런 나라들에서 일찍 뿌리를 내렸기 때문이며, 둘째는 급속한 산업화를 통한 조직사회의 급격한 성장 때문이기도 하다. 공·사부문의 대규모 조직들이 많이 생겨나고 실적주의에 입각하여 인재를 구하게 됨에 따라 좋은 리더들을 어떻게 선발

---

18) Stephen P. Robbins, Organizational Behavir(Englewood Cliffs, NJ: Prentice-Hall, 1983), 314-315쪽.

하고 리더십을 어떻게 효율화할 것인가 하는 문제가 심각하게 대두되었다.

리더십(leadership)이란 지휘·지도·인도 등의 의미를 지니고 있는데, 리더가 하는 역할과 역할수행의 과정 등을 지칭한다.

리더십 연구의 관심 분야는 다음과 같다.

첫째, 조직 최상층에 위치한 리더의 역할(institutional leadership)에 초점을 두는 연구가 있다.

둘째, 이른바 관리층에 해당하는 지위에 있는 사람들 전체에 관심을 갖는 연구가 있다. 이런 연구자들은 리더십을 관리의 한 기능이라 규정하고 관리층에 의한 리더십(managerial leadership)에 연구의 초점을 두고 있다.

셋째, 일선감독자(특히 작업집단의 반장 또는 십장)에 초점을 두어 리더십을 논의하는 사람들이 있다. 초기의 경험적 리더십 연구들은 이 수준에서의 연구가 가장 많이 이루어지고 있다.

오늘날 조직의 운영에 있어 리더십이 필요한 이유는 첫째, 조직의 공식적 설계가 완벽할 수 없기 때문에 리더십으로 그것을 보완하여야 한다.

둘째, 조직 내외의 상황변화를 관리하고 그에 적응하는 데 리더십이 필요하다.

셋째, 조직은 사람으로 구성되기 때문에 그들의 동기를 유발하고 구성원을 교체하면서 조직의 동일성을 유지해 가려면 리더십이 필요하다. 2008년 9월 26일[19])

---

19) Daniel Katz and Robert L. Kahn, The Social Psychology of Organizations, 2nd ed.(wiley, 1978), pp.530~534.

1. 리더십의 정의

리더십(leadership)은 일정한 상황하에서 목적 성취를 위해 개인이나 집단의 활동에 영향을 미치는 과정이다. 리더십은 리더(leader)와 추종자(follower), 그리고 상황적 요인(situational variables)이 교호 작용하는 과정이다. 다시 말하면 리더(l), 추종자(f) 및 상황적 변수(s)의 함수(function)가 리더십(L)이라고 할 수 있다.[20]

이와 같은 리더십의 정의에 내포된 요소들을 조금 더 자세히 살펴보면 다음과 같다.

첫째, 리더십은 개인이나 집단의 활동에 '영향을 미치는' 과정이다.

둘째, 리더십은 리더의 행동이 주도하는 것이지만 리더는 고립되

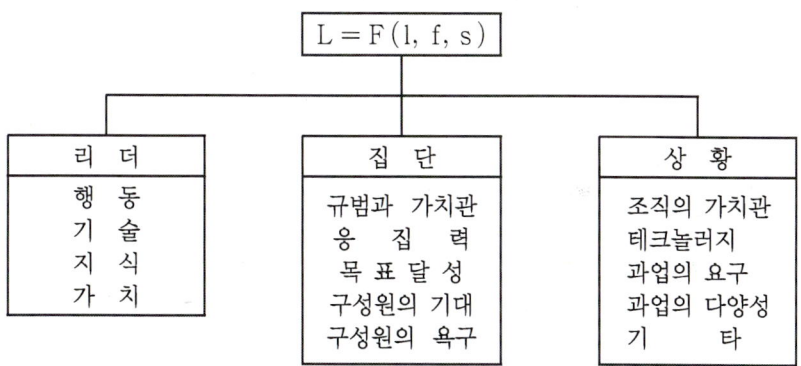

자료: C. R. Milton, *Human Behauior* in *Organizations*(Prentice-Hall, 1981), p.292

[그림 7-1] 리더십 과정의 3대 요인

---

20) cf., Paul Hersey and Kenneth H. Blanchard, Management of Organizational Behavior: Utilizing Humnn Resourres, 3rd ed.(Prentice-Hall, 1971), p.84.

어 있는 것이 아니라 '추종자와의 관계' 속에서만 존재할 수 있는 것이다.

셋째, 리더의 기능은 리더와 추종자가 소속해 있는 집단 및 조직의 분화된 여러 기능 가운데 하나이기 때문에 다른 기능들과 '복잡한 연관'을 맺고 있다.

넷째, 리더십은 복잡하게 얽혀 변전하는 많은 변수의 교호작용에 의하여 형성되는 과정이다.

다섯째, 리더십은 목표지향적인 것이다. 즉 특정한 목표의 달성을 위한 과정인 것이다.

여섯째, 리더십에는 공식적 리더십(formal leadership)도 있고 비공식적 리더십(informal or emergent leadership)도 있다.

2. 리더십의 유형

행태이론의 등장에 의해 리더십의 유형에 대한 체계적인 분류가 가능하게 되었다. 행태적 접근방법의 기본적인 리더십 유형론은 리더십의 두 가지 국면 또는 기능을 기준으로 하는 것이다. 리더십의 두 가지 국면이란 i) 주어진 임무를 성취하는 국면과 ii) 추종자에게 만족을 주는 국면이다. 리더십 행태가 임무수행과 조직의 필요를 위한 것인가 아니면 추종자의 만족과 인간관계의 향상을 위한 것인가를 기준으로 다시 세 가지의 리더십 유형을 도출할 수 있다. 즉 i) 권위형(authoritarian style), ii) 민주형(democratic style) 및 iii)

방임형(laissez-faire style)으로 구분한다.[21]

(1) 권위형

권위형(전제형·독재형)은 임무중심 주의적이고 추종자들에게 지시 또는 명령하는 리더십 유형이다. 권위형은 주어진 임무를 성취하기 위해 리더십이 작용하도록 역점을 두는 리더십 행태이다.

(2) 민주형

민주형은 인간관계 중심적이고 추종자의 참여와 자율성을 강조하는 리더십 유형이다. 즉 민주형은 민주적인 방식을 통해 추종자에게 만족을 주는 쪽으로 리더십을 발휘하는 행태를 취한다. 민주형의 리더십 행태는 권력의 기초가 대상 집단의 동의에 있다고 보는 관점 및 인간은 자기 규제적이며 창의적으로 일할 수 있는 존재라고 보는 관점에 부합되는 것이다. 민주적인 리더들은 추종자들의 만족과 인간관계에 깊은 관심을 갖는다.

(3) 방임형

방임형 리더십은 추종자들의 자유행동을 극단적으로 허용하는 리

---

21) R. Lippitt and R. K. White, "An Experimental Study of Leadership and Group Life", in E. E. Maccoby, T. M. Newcomb, and E. L. Hartley, eds., Readings in Social Psychology, 3rd ed.(Holt, Rinehart & Winston, 1958).

더십 유형이다. 리더가 방임적 리더십 행태를 보이는 경우 리더는 명목상으로만 존재할 뿐 실질적으로는 리더가 없는 것이나 마찬가지일 것이다. 따라서 실질적으로 유의미한 리더십 행태가 있다고 보기도 어려울 것이다. 의미 있는 리더십 행태가 없는 유형이 방임형이기 때문에 방임형은 독자적인 리더십 유형이라고 하기조차 어렵다고 말하는 사람들도 있다. 그래서 이 개념의 쓰임새는 한정되어 있다.

(4) 변혁적 리더십

오늘날의 시대적 배경과 조직사회는 분화보다는 통합이 강조되고 고도의 다양성과 적응성이 요구되어 이에 적합한 조직이 대두되고 있다. 이와 같은 상황에 맞는 리더십으로 변혁적 리더십이 등장하였다. 변혁적 리더십을 연구하는 사람들은 행태론적 연구와 상황론적 연구뿐만 아니라 리더의 개인적 속성에 대해서도 관심을 표명한다.[22]

1) 변혁적 리더십과 변혁적 리더

변혁적 리더십(Transformational leadership)은 조직의 노선과 문화를 변동시키려고 노력하는 변화 추구적·개혁적 리더십이다. 변혁적 리더십의 초점은 조직의 변동추구에 있다. 이것은 조직을 위해 새로운 비전(Vision)을 창출하고, 그러한 비전이 새로운 현실이 되도록

---

22) Karl W. Kuhnert, "Leadership Theory in Postmodernist Organizations", R. T. Golembiewski(ed.), Hondbook of Organizational Behavior(Dekker, 1993), pp.189~204.

적절한 지지를 확보함으로써 조직의 문화를 개조할 수 있는 리더십이다. 변혁적 리더십이 추구하는 변화는 점진적이기보다는 급진적인 것이다. 변혁적 리더십은 리더의 위광(charisma), 인간적인 관계, 지적 자극, 신념, 상징적 활동, 효율적 관리 등이 어우러져 엮어내는 것이다.[23]

2) 변혁적 리더십의 기능

변혁적 리더십은 조직에 대한 사람들의 인식을 변화시키는 전략적 리더십이다. 공동의 신념과 가치를 발전시키는 방법으로 변동을 실천하는 리더십이다. 변혁적 리더십은 인간의 의식수준을 높이고, 일에 의미를 부여하고, 행동에너지의 원천인 인간의 의도를 고무시키는 방법으로 다른 사람들의 영혼에 접근하는 리더십이라 할 수 있다. 추종자들을 이끌어 가는 변혁적 리더십의 기능은 다음과 같다. 첫째, 새로운 비전을 제시하고 다른 사람들이 이를 내면화하여 탁월한 성취를 할 수 있도록 힘을 실어 준다. 둘째, 추종자들이 업무수행의 의미를 발견하고 업무수행에 몰입하고 헌신하도록 한다. 셋째, 조직과 개인이 공생적 관계를 형성하고 공동의 목표를 향해 단합하게 한다. 넷째, 사람들 사이에 신뢰를 구축한다. 다섯째, 다양성과 창의성을 존중하고 이를 지원한다.

---

23) Dennis Palumbo and Steven Maynard-Moody, Contemporary Public Administration(Longman, 1991), pp.153~154.

3) 변혁적 리더십에 적합한 조직의 조건

변혁적 리더십은 변동 속에서 변동을 추구하는 조직 그리고 구성원들의 창의적 노력에 대한 제약이 적은 조직에 적합하다. 현상유지를 지향하는 전통적 관료제에서는 변혁적 리더십이 그 효율성을 발휘하기 어렵다. 변혁적 리더십이 보다 잘 수용될 수 있는 조직의 조건은 다음과 같다.[24]

첫째, 변혁적 리더십은 능률지향보다는 적응지향이 더 강조되는 조직에 적합하다.

둘째, 변혁적 리더십은 기술구조보다 경계 작용적 구조(boundary-span-ning units)가 더 지배적인 조직에 적합하다. 여기서 기술구조란 기술을 운용하여 투입을 처리하는 부서이다. 경계 작용적 구조는 조직과 그 환경의 연계작용을 유지하는 기능을 수행하는 부서이다.

셋째, 변혁적 리더십은 기계적 관료제 · 전문적 관료제 · 할거적 구조보다는 단순구조와 임시체제에 더 적합하다.[25]

넷째, 변혁적 리더십은 시장적 교환관계나 관료적 통제보다는 개인적 이익과 조직의 이익을 통합시키는 관리전략에 의해 공동목표 성취를 위한 구성원들의 동기를 유발하려는 조직에 더 적합하다.

---

24) B.S. Pawar and K. K. Eastman, "The Nature and Implications of Contextual Influences on Transformational Leadership: A Conceptual Examination", Academy of Management Review(vol.22, no.1, 1997), pp.80~109.
25) Mintzberg, The Structuring of Organizations(Prentice-Hall, 1979), Structuring on Fives: Designing Effective Organizations(Preantice-Hall, 1983).

3. 리더십 연구의 접근방법

　리더십이론의 접근 방법에는 논자에 따라 다양하게 구분되고 있으나, 그 배경과 흐름에 따라 크게 리더의 속성에 착안한 속성 이론적 접근방법과 리더의 행동에 착안한 행동론적 접근방법 및 상황에 착안한 상황적합론 접근 방법으로 나누어 볼 수 있다. 다음 〈표 7-1〉은 각 리더십 연구 접근방법의 발전단계를 정리하였다.

<표 7-1> 리더십연구 접근 방법의 발전

속성이론적 접근
효과적인 리더의 속성 탐구
가정: 효과적인 리더가 되는 일련의 자질은 따로 있다.

행위론적 접근
리더의 부하에의 행동방법 기술
가정: 리더행동의 어떤 유형 또는 몇 개의 복합이 모든 상황에서 언제나 효과적이다.
전제형, 민주형, 방임형, 직무 중심형, 종업원 중심형
생산에 대한 관심, 종업원에 대한 관심

상황론적 접근
리더십 유형과 상황 간의 상관성 기술
가정: 모든 상황에 언제나 적합한 유일·최선의 리더십 유형은 없다.
피들러의 상황적합모델
경로-목표 리더십론
브룸·예론의 모델
상황적합적 리더십론

자료: M. H. Mescon et al. Management, 1981, p.468.

리더십 연구의 접근방법에는 ⅰ) 리더의 속성에 착안한 접근방법
(속성이론), ⅱ) 행태적·사회심리학적 접근방법(행태이론), ⅲ) 상황
적 영향에 착안한 접근방법(상황이론) 등 세 가지로 범주화할 수 있다.

4. 속성이론

리더가 될 수 있는 사람은 다른 사람들에게서 찾아볼 수 없는 독특
한 태생적 속성을 지녔을 것이라고 생각하고 이러한 속성을 리더십이
론 연구에 적용하는 접근방법 또는 이론을 속성이론(Trait Approach:
Leadership Trait Paradigm)이라 한다. 속성이론은 리더십의 효율성을
높이는 리더의 특성이 유전자적 영향을 받는 것으로 본다. 리더는
후천적으로 만들어지는 것이 아니라 태어나는 것이라고 본다.

(1) 초기의 속성이론

전통적인 속성이론가들은 대개 리더가 태생적으로 타고난 개인적
속성이 리더십의 성패를 가르는 핵심적 요소라는 것을 전제하였으
며, 이러한 리더의 속성은 상황의 변화에 영향을 받지 않는다는 것
을 전제로 하였다. 즉 태생적으로 리더가 될 속성을 가진 사람은 상
황에 관계없이 리더가 된다는 것이다. 이러한 전제하에 리더의 속성
은 다른 변수들과 관계없이 고립적으로 검토될 수 있다고 판단하고,
이러한 특유의 속성이 무엇이고, 그것을 어떻게 측정할 것인가에 초

점을 두었다. 리더의 속성에 착안한 초기적 연구들은 리더를 리더 아닌 사람들과 구별해 주는 보편적 속성을 규명하려 했지만 그러한 이상을 달성하는 데 실패했다.

(2) 속성이론의 재발견

1970년대 들어 속성이론의 결함을 보완하거나 새로운 시도를 추가하는 노력을 하기 시작하였다. 속성이론을 재조명한 연구들은 다음과 같은 사항들을 강조하였다. 즉 전통적인 속성이론은 많은 연구의 결함에도 불구하고 리더십의 포괄적인 이해에 필요한 핵심요소를 제공해 주었다.

첫째, 속성이론에 입각한 연구들이 발굴한 리더의 특성 가운데 상당수는 보편성이 상당히 높은 것들이다.

둘째, 속성이론에 규명된 다양한 리더의 속성과 리더십의 효율성 사이에 높은 상관성이 검증되었다.

셋째, 속성이론에 대한 관심이 복원된 이래 재조명되거나 새로이 개발된 속성이론들이 많다. 중요한 예를 보면 성취동기이론,[26] 사회적 영향 동기에 관한 이론,[27] 리더의 동기척도에 관한 이론, 카리스마 리더십이론,[28] 리더의 융통성에 관한 이론 등이 있다.

---

26) McClelland, Human Motivation(Scott, Foresman, 1985).
27) D. C. McClelland, Power: The Inner Experience(Irvington, 1975).
28) House, "A 1976 Theory of Charismatic Leadership", in J. G > Hunt and L. L. Larson, des., Hte Leadership: The Cutting edge(Southern Illinois University Press, 1977), pp.189~207.

5. 행태이론

행태이론은 리더십 연구의 초점을 리더들의 행태에 두고, 실제 리더들이 어떤 행동을 하는가를 조사하여 이론을 구축하는 방법을 적용하고 있다. 즉 행태적 접근방법은 관찰 가능한 리더십 행태에 착안한 접근방법이다. 눈에 보이지 않는 능력 등 리더들의 태생적 속성보다 리더들이 실제 어떤 행동을 하는가의 문제에 초점을 맞춘 접근방법인 것이다. 특히 행태이론적 리더십 연구자들은 리더의 행태를 연구하고 리더십 행태와 추종자들이 보이는 감정적·행태적 반응 사이의 관계를 규명하려는 방법을 취하고 있다.

행태적 접근방법은 리더들이 일반적으로 합리적이고 타당한 행위를 한다는 것을 전제로 한다. 이에 따라 리더들의 보편적이고 효율적인 행태를 발견하려 하였다. 이를 위해 리더십 행태의 유형을 개발하고, 리더십 행태와 추종자들의 업무성취 및 만족 사이의 관계에 대한 가설을 정립하였다. 가설검증을 위해 실험실적 연구나 현장에서 태도조사를 실시하였다. 가장 많이 쓰인 측정도구는 조사표(질문서)였다.

행태이론은 리더십의 행태적 측면의 연구를 촉진시킨 공로가 크다고 할 수 있음에도 불구하고, 속성이론과 마찬가지로 보편성 추구라는 목표의 성취에 실패하였다는 비판을 받았다. 리더의 행태는 리더십의 중요한 구성요소이며 리더십의 효율성을 결정하는 한 요인이지만 그것이 효율성 결정의 유일한 요인은 아니라는 사실을 생각하지 못한 것이다. 따라서 리더의 행태 이외에 리더의 구체적 역할, 리더와 추종자의 성향, 상황적 조건 등 리더십의 효율성에 영향을 미치는 많은 요인들의 고찰에 실패하였다.[29)]

6. 상황이론을 적용한 리더십

(1) 상황이론의 의미

리더십에 대한 연구에서 상황이론은 사람의 개인적 속성이나 행태가 아니라 상황이 리더를 만든다는 사고방식에서 출발하였다. 즉 어떤 사람이 리더가 되는 까닭은 그가 지닌 태생적 속성 때문이 아니라 그가 처한 상황에 따라 리더에 적합한 행태를 보이기 때문이라고 생각하는 것이 상황에 착안한 접근방법의 기본적인 전제이다.

상황이론은 처음에 행태이론과 결합되어 연구되었다. 즉 상황에 착안한 접근방법은 리더의 행태에 관한 변수와 상황적 변수를 결부시켜 리더십을 연구하게 되었다. 상황에 착안한 접근방법에서 관심을 갖는 리더에 관한 변수는 주로 행태적인 것이었다. 그리하여 상황유형별로 가장 효율적인 리더의 행태를 알아내려 하였다. 그러나 근래에는 속성이론으로부터 출발한 연구들도 상황적응적 접근을 시도하고 있다. 따라서 상황이론이 리더의 행태와 상황의 관계에만 관심을 갖는다고 말할 수 없게 되었다. 오늘날 상황이론은 리더십의 효율성을 결정하는 데는 리더의 속성과 행태뿐만 아니라 상황적 요

---

29) 오석홍, 조직이론, 제3판 박영사.

인의 작용이 중요하다는 것을 강조하는 이론이라고 말할 수 있다. 다른 어떤 분야에서와 마찬가지로 리더십의 연구도 궁극적으로 체제론적 관점에 입각한 상황적응적 접근방법의 발전을 지향할 수밖에 없을 것이다. 그동안 상황적응적 접근방법에 입각한 연구들이 리더십의 효율성을 결정하는 데 영향을 미치는 요인들의 보다 포괄적인 이해에 많은 기여를 하였다.[30]

그러나 상황이론에는 본래적 한계도 있다. 그것은 '중범위이론'으로서 충분히 포괄적이지도 못하고 충분히 상세하지도 못하다는 비판을 받는다. 그뿐 아니라 연구인들이 실제로 만든 상황이론들의 이론구조에 내포된 문제들이나 불완전한 측정방법의 문제들이 여러 가지 비판을 받고 있다. 상황이론은 리더가 통제할 수 없는 상황적 조건의 영향만을 너무 강조한다는 비판도 있다.

탄넨바움(A.S.Tannenbaum)의 見解

탄넨바움은 상황요소로서 조직의 형(style), 그룹의 유효성, 문제의 성질, 시간의 긴급성 네 가지 변화요인을 들고 있다. 그 적절한 행동이란 탄넨바움에 의하면 이것을 장기적으로 보아 ① 종업원의 모티베이션(motivation)의 수준을 끌어올리는 것, ② 종업원이 변화를 용이하게 받아들이게 하는 것, ③ 관리상의 결정에 관한 질을 향상시키며, ④ 팀워크(team work)와 士氣(mor-ale)를 높이고, ⑤ 종업원의 개인적 계발을 조장할 수 있는 사람이 좋은 리더십의 소지자라고 하였다.[31]

---

30) 오석홍, 전게서.
31) 後藤敏夫,「人事理論の理論」(學陽書房, 1980), p.374.

상황이론에서 고려되고 있는 중요한 상황적 요소들을 요약하면 다음 [그림 7-2]와 같다.32)

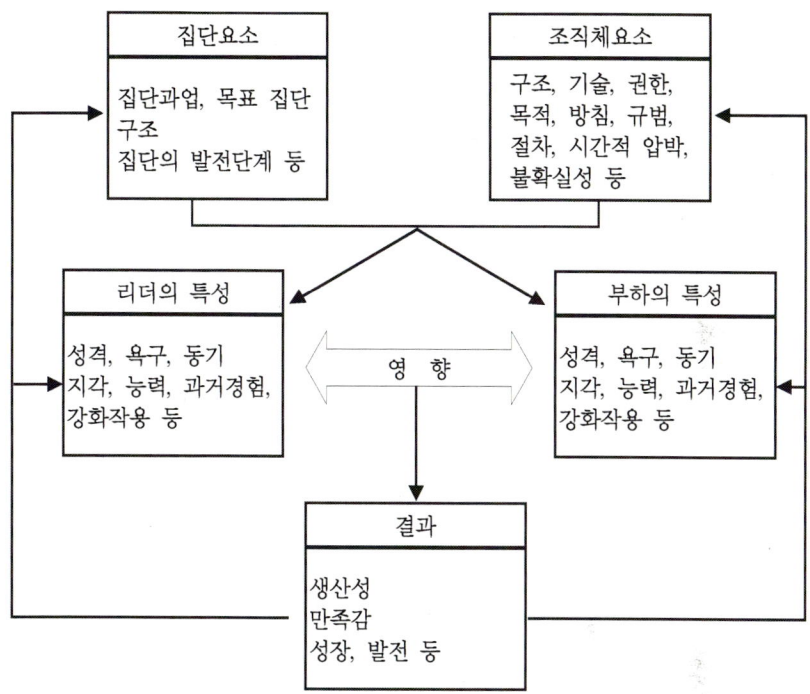

[그림 7-2] 리더십과정에 작용하는 상황적 요소

① 리더의 행동적 특성: 리더행동에 작용하는 리더의 성격, 욕구 동기, 과정의 경험과 강화작용 등을 포함한다.

---

32) Robert Tannenbaum and Warren H. Schmidt, "How to Choose a Leadership Pattern", Harvard Business Review, Vol.51, No.3(May-June 1973), pp.162~180.

② 부하의 행동적 특성: 部下의 행동패턴에 영향을 주는 성격, 欲求動機, 과거경험 그리고 强化作用 등을 말한다.

③ 과업과 집단구조: 과업의 內容과 명백성, 집단의 규범, 구성원 간의 身分序例, 凝集性 등 리더행동과 효과에 영향을 주는 과업의 성격과 집단요소들을 포함한다.

④ 조직체요소: 리더의 권력기반, 규율과 절차, 준거조직구조, 기술의사결정상의 시간적 압박 등 리더행동과 효과에 영향을 주는 조직체 요소들을 말한다. 이들은 리더십과정에서 작용하는 환경적 요소로서, 상황이론은 주로 이들 요소를 중심으로 리더십 상황을 유형화하고 리더십과정에서 이들 요소의 역할과 리더십의 效果를 분석하고 있다.

제8장_ 혁신관련 연구

1. 혁신의 개념과 성격

혁신(innovation)은 '다시 새롭게 한다.'(make new)는 의미를 지닌 라틴어 '인노바레'(innovare)에서 나온 것이다. 혁신은 묵은 조직과 방법 등을 바꾸어 새롭게 하는 것으로 개인과 사회조직이 새로운 아이디어를 내놓거나 그 아이디어를 수용하고 개발하며 실용화하는 모든 과정을 포함하고 있다. 또한 혁신은 새로운 제품이나 서비스, 새로운 생산 공정기술, 새로운 구조 또는 관리시스템 그리고 새로운 계획 및 프로그램 등과 관련된 활동이다. 또한 혁신은 조직이 새로이 채택한 것 가운데 내부적으로 생산하였거나 구매한 장치, 시스템, 정책, 프로그램, 공정, 제품, 서비스 등을 총망라한 것이다(Daft, 1982).

혁신이란 개념은 연구 분야나 사람에 따라서 대개 세 가지의 다른 뜻으로 사용되고 있다. 첫째, 발명과 동의어로 보거나, 둘째, 새로운 아이디어 자체를 혁신으로 생각하거나, 셋째, 개인이나 사회조직이 새로운 아이디어를 받아들이고 이를 발전시키고 실용화하는 전 과정을 의미하는 것으로 사용한다[Zaltman et at., 1973].

슘페터(J. Schumpeter)는 기술혁신(technological innovation)이 경제발전의 진정한 원동력임을 주장한 이른바 '슘페터가설'을 발표한 데서 비롯되었다. 그는 기술혁신을 신제품과 신기술을 경제시스템으로 도입하는 것으로 간주했다. 그의 주장에 따르면 혁신은 신제품 및 신기술개발을 통하여 생산함수를 변화시키는 것을 의미하며 혁신을 성공적으로 수행하면 혁신 이전에는 불가능했던 생산능력을 발생하거나 생산능력을 혁신 이전 수준보다 현저히 향상시킨다. 그는 새로운 원재료를 활용함으로써 경제시스템에 새로운 생산 능력을 부여하는 것이므로 기술적 발명 없이도 혁신은 가능하다고 봄으로써 혁신과 발명과는 동의어가 아님을 강조하였다. 슘페터가 주장한 혁신의 내용은 새로운 상품의 도입, 새로운 제조방법의 도입, 새로운 시장의 개척, 원료 및 반제품 공급원의 확보, 새로운 조직의 수행 등이다.

혁신에 대한 경제학자들의 관심은 경제발전을 위한 기술혁신의 역할에 있었다. 그러나 기술혁신분야에 국한되어 온 경제학적 접근방법이 혁신 과정에 영향을 미치는 여러 요인을 규명하지 못함에 따라 경영학·조직사회학·산업공학 등이 이에 관심을 가지면서 경영혁신·조직혁신·조직구조혁신·제품 및 서비스혁신·생산공정혁신·인적 혁신 등 다양하게 전개되었다. 제품 및 서비스혁신과 생산공정혁신은 일반적으로 기술혁신에 포함시키고 있으며 조직구조혁신 및 인적 혁신은 관리적 혁신(administrative innovation)으로 분류한다. 기업차원에서 관심을 두는 것은 주로 기술혁신과 경영혁신이다. 특히 경영학은 혁신을 상당 기간에 걸쳐 일어나는 통제 가능한 다단계과정으로 보고 있다.

이에 대한 정의는 그 대상, 방법, 목적에 따라 차이를 보이고 있다. 구체적으로 살펴보면 다음과 같은 정의가 있다.

(1) 탐슨

탐슨(V.A. Thompson)은 혁신을 새로운 프로세스, 제품 혹은 서비스 등을 조직 내에서 최초로 생성·수용·수행하는 과정이라 정의하였다. 그는 혁신을 조직 안에서의 시도이자 여러 단계적 과정을 거쳐 진행된다고 보았다.

(2) 캐롤

캐롤(J. Carroll)도 혁신을 경영시스템에 있어서 조직구조나 행동과정에 중요한 변화를 초래하는 새로운 무엇을 채택하는 과정이라 정의했다.

(3) 맨스필드

맨스필드(E. Mansfield)는 혁신을 새로운 제품, 서비스, 프로세스, 아이디어 등의 최초의 개발이며 모방과는 다르다고 보았다.

(4) 베커

베커(S.W, Becker)에 따르면 발명은 창조적 활동임에 비해 혁신은 발명의 결과를 조직이 활용하는 것으로 발명과 혁신은 구별되며 혁신은 발명의 다음 과정이자 시간상 차이가 있다.

(5) 모어

모어(L. Mohr)도 혁신을 주어진 상황에서 새로운 것을 성공적으로 채택하는 과정으로 봄으로써 발명과 구별하였다.

(6) 이반

이반(W. Evan) 등은 새로운 아이디어를 한 단계 발전시켜 조직 및 관련 환경의 변화를 가능케 하는 것이 혁신이라 정의하고 발명이나 새로운 아이디어를 현실에 적용 가능하도록 응용된 상태로 간주하였다.

(7) 세퍼드

세퍼드(H. Shepard)는 조직이 새로운 것을 채택하는 것뿐 아니라 계속적으로 행해지고 있던 것을 중단하는 행위도 혁신에 포함하여야 한다고 주장했다. 이러한 경영학적 개념정의를 통해 우리는 혁신의 몇 가지 성격을 파악할 수 있다(조종래·이정훈, pp.51~53).

첫째, 혁신은 여러 단계를 거쳐 진행된다는 점이다. 혁신은 상당 기간 통제 가능한 다단계 과정을 거쳐 진행된다. 단계는 학자에 따라 다르다. 어떤 학자는 문제 인지 - 진단 - 혁신에 대한 태도 설정 - 목표 설정 - 탐구 및 아이디어 형성 - 해결안 선택 - 적용 - 확산 - 혁신의 산출 등으로 길게 단계화하는가 하면 착안단계 - 실천단계로 짧게 압축하기도 한다. 어떤 혁신과정을 택하는가 하는 것은 기업마다 다르다. 그러나 혁신과정의 차이가 한 기업이 다른 기업보다 혁신을 효과적으로 수행하는 차이로 나타날 수 있다.

둘째, 혁신은 창조적 발명과 모방과는 구별된다는 점이다. 발명은 창조적 행위의 결과로서 아직까지 존재하지 않았던 것을 생각해 내거나 만들어 내는 것이다. 모방은 다른 것을 단순히 본뜨거나 본받는 것으로 창조와는 반대된다.

혁신은 이미 존재하고 있던 아이디어나 기술을 이용하여 조직에 유익하면서도 그 구조, 행동양식, 제품, 생산방법 등 여러 곳에 중요한 변화를 초래하는 행위를 말한다. 발명, 혁신, 모방 등의 개념은 창의성 정도에 따라 구분되는 것으로 학자에 따라서 넓은 의미에서 창조적 발명을 혁신에 포함하기도 한다.

셋째, 혁신의 산출은 조직구조 변화, 공정개선, 신제품 개발 등과 같이 구체적 형태를 갖춘 상태로 나타난다. 혁신 개념은 본래 기술 혁신 분야에서 시작되어 그 산출의 척도로서 주로 신제품 개발, 공정개선 등이 많이 사용되었으나 그 개념이 관리적 혁신에까지 확대되면서 조직구조 혁신도 중요한 혁신 대상으로 간주되고 있다.

한편 혁신은 크게 급진적인 혁신과 점진적인 혁신(Radical vs Incremental Innovation: Dewar & Dutton, 1986), 기술혁신과 경영혁신(Technical vs Administrative Innovation: Kimberly & Evanisko, 1981, Damanpour & Evan, 1984), 제품혁신과 공정혁신(Product vs Process Innovation: Utterback & Abernathy, 1975), 3가지로 대별된다. 급진적 혁신의 경우 Utterback과 Kim(1985)이 설명하는 바와 같이 기술, 지식, 설계, 생산기법, 그리고 공장 및 설비 등의 분야에 있어 기존에 투자한 것을 상당부분 희석시키는 변화를 말하며, 기존의 관행과는 상당히 다르게 투입물을 산출물로 변환시키는 새로운 방법을 말한다.

기술혁신과 경영혁신은 사회구조와 보다 밀접한 관련을 가지고 있으며(Evan, 1966) 잠재적으로 의사결정과정에서의 차별적인 행동을 포함하고 있다(Daft, 1978). 또한 이들은 조직의 광범위한 활동의 결과로서 나타나는 변화이다.

기술혁신은 조직 내의 기술체계 내에서 발생하여 조직의 기본적인 작업 활동에 직접적인 영향을 미치는 것으로 제품이나 서비스에 내재되어 있는 새로운 아이디어의 채택 또는 생산과정이나 서비스 운용과 관련된 새로운 요소의 도입 등과 같은 형태로 나타난다(Evan, 1966, Daft, 1978, Damanpour & Evan, 1981, Kimberly & Evanisko, 1981). 기술혁신은 다시 공정혁신과 제품혁신으로 구분되는데 공정혁신은 생산이나 서비스 운용과정에서 제품을 생산하거나 서비스를 제공하는 데 필요한 원재료, 과업특화, 작업 및 정보흐름 메커니즘, 장비 등을 도입하는 새로운 요소라고 할 수 있다. 제품혁신은 외부의 사용자나 시장의 욕구에 맞추기 위하여 신제품이나 서비스를 내놓은 것이다(Knight, 1967, Utterback & Abernathy, 1975).

경영혁신은 기업이 경영을 수행해 나가는 과정에서 종전의 경영방식으로 해결하기 어려운 문제가 발생하였을 때 이를 해결하기 위한 기업의 총체적인 노력을 지칭한다. 즉 기업의 목적달성을 위해 새로운 아이디어나 방법, 기술을 동원하여 조직전략, 구조, 시스템, 인재 등 모든 경영관련 요소를 획기적으로 변화시켜 재구성하는 활동을 의미한다(Evan, 1956, Daft, 1978, Kimberly et at., 1981). 경영혁신의 종류로는 인적 자원관리혁신, 사무자동화혁신 및 생산관리혁신으로 구분된다. 인적 자원관리혁신은 의식개혁을 위한 이념, 비전, 윤리, 행동강령 등을 제시하고, 조직의 구성, 운영, 평가를 기존의 수직적 조직운영에서 수평적 조직운영으로 변환시키는 것이다. 사무자동화혁신은 기업의 전반적인 업무의 자동화혁신을 의미하는 것으로 MIS를 총칭하는 것이라 할 수 있으며, 생산관리혁신은 관리방식과 형식, 스타일, 체계, 투자, 연구개발, 정보와 멀티미디어 혁신과 근로자와 산업종사자의 삶의 질을 향상시키기 위한 다양한 관리 지원체제의 구축과 관리의식의 체계적이고 획기적인 전환이 포함된다.

Munro와 Noori[1988]는 기업이 공장자동화 기술의 다양한 형태를 도입하는 자체가 핵심적 공정기술혁신임을 지적하고 있으며, Zmud(1984)는 공정기술혁신 개념을 새로운 방법이나 기계의 자체개발, 이미 개발된 새로운 방법이나 도구, 기계설비의 도입을 혁신으로 설명하고 있다. Collins 등[1988]은 컴퓨터 기술에 기초한 현재의 자동화 기술과 기계화로 지칭할 수 있는 과거의 자동화 기술의 성격을 비교함으로써 공정기술혁신으로서의 공장자동화의 의미를 설명하고 있다. 이들에 따르면 기계제어에 컴퓨터를 사용하는 프로그램형 자동화는 전통적 자동화하에서 기계가 수행하던 과업보다 훨씬 다양한 과업수행을 가능하게 하며, 인간이 직접 수행하던 기계제어 업무를 자동화한다는 것이다. 그들은 이러한 프로그램형 자동화의 기술로서 CAD, 로봇, NC, FMS, 자동자재처리시스템, 경영정보시스템, CIM 등을 들고 있다.

2. 혁신의 원천과 그 원리

(1) 혁신의 원천혁신의 원천

크게 다음 일곱 가지로 나눌 수 있다(Drucker, 1985). 이 일곱 가지 가운데 처음의 네 개는 기업 내부에 존재하는 것이며 나중의 세 개는 기업이나 산업의 외부에서 발생하는 변화에 관련된 것이다.

① 예기치 못했던 것들: 예상하지 못했던 성공이나 실패, 예기치 못했던 외부의 변화 등.
② 부조화: 실제로 나타나는 현실과 그렇게 되리라고 생각했거나 또는 당연히 그렇게 되어야 할 현실과의 괴리.

③ 프로세스 니드: 필수적인 절차나 공정상의 혁신.

④ 산업과 시장의 구조변화: 모든 사람들이 모르는 가운데 불시에 찾아드는 구조의 변화.

⑤ 인구: 구성의 변화.

⑥ 인식의 변화: 인간의 느낌, 기분 및 사고방식의 변화.

⑦ 새로운 지식: 과학 및 비과학 분야의 지식 이상의 혁신 기회를 제공하는 일곱 개의 원천의 영역은 확연히 구분되는 것도 아니며 이들 사이에는 상당한 정도의 중복도 있다. 그러나 각 원천은 독특한 특성을 가지고 있다. 조직에서의 혁신은 이들 일곱 가지의 원천을 어떻게 수용하고 조정하느냐에 달려 있다.

(2) 혁신의 원리

혁신은 신과의 접합이나 천재적 영감의 결과로 나타나는 경우가 거의 드물고 대개가 훈련을 통해서 달성된다. 이 훈련에도 해야 할 것과 하지 말아야 할 여러 조건들이 있다. 우선 의도적이고 조직적인 혁신은 여러 종류의 기회를 분석하는 일에서부터 출발하여 감각기능을 통해 인식되는 관념화 작업을 거쳐야 한다. 그다음에는 단순하면서도 효과적인 일에 초점을 맞추고 작은 것에서부터 혁신을 시작한다. 그러나 처음부터 혁신은 리더십을 목표로 하지 않으면 안된다. 모든 기업가적인 전략은 혁신의 이용을 목표로 하고 있으며 주어진 환경에서 리더십을 달성해야 한다. 그렇지 않을 경우 혁신으로 야기되는 격심한 경쟁기회만 제공할 뿐이다. 한편 혁신을 추구하는 기업가들이 매사에 너무 영리를 추구하려 들면 실패할 우려가 있

다. 또한 무리하게 처음부터 많은 것을 다양하게 시작해도 결과는
마찬가지이다. 혁신은 또 미래가 아닌 현재를 위한 것이어야 한다.
성공적인 혁신가들은 보수적이며 반드시 그래야만 된다. 그들은 위
험에 초점을 맞추려는 것이 아니라 기회에 초점을 맞추고 있는 것이
다(Drucker, 1985).

3. 사고혁신

혁신은 사고의 혁신을 바탕으로 하고 있다. 사고에 있어서 혁신이
없다면 창의성도 혁신도 가능하지 않기 때문이다. 사고혁신은 창조성
뿐 아니라 혁신 각 과정에 적용된다. 경영의 세계를 창조의 세계라
말하는 것이나 슘페터의 창조적 파괴도 바로 사고혁신에서 출발한다.

(1) 사고의 전환과 경영

흑인 지도자 캐버(G. W. Caver)는 당시 밀어닥치는 산업화의 물결
때문에 농토를 버리고 도시로 떠나려는 농민들에게 "가까이에 있는
풀이 더 푸르다."고 외쳤다. 그리고 농민들로 하여금 사고의 전환을
하도록 만들었다. 그리하여 그들은 열심히 땅콩을 재배했다. 뿐만 아
니라 3백여 개의 유용한 상품들을 고안했고, 땅콩을 이용해 가정 식
탁에 올릴 수 있는 음식만 해도 무려 105가지를 제시했다.

빅토리아 스테이션 음식점은 폐차된 열차를 우아한 음식점으로 바

꾸어 성공했다. 공간적 이동수단만을 생각하는 고정관념을 바꾸고, 음식의 맛과 식사의 편리함 그리고 감정적인 연상까지 즐기도록 했다. 사고의 전환이 경영을 만든다. 기업은 상상력을 넓혀 미래에 대비하고 새로운 시장을 개척해 나간다. 창조적 상상력이 기업을 움직이는 것이다. 다음은 몇 가지 보기이다(이순철, pp.43~49).

4. 기술혁신

기술혁신을 촉진하는 것은 무엇인가에 대한 논의는 오래전부터 있었다. 아래의 가설들은 그 촉진요인에 대해 설명해 주고 있다. 이 가설들은 기술혁신이 어떤 사고를 바탕으로 전개해 왔는가를 보여준다.

(1) 슘페터의 가설

슘페터는 특정기업의 시장지배력이 높을수록 기술혁신 활동이 활발하고 기업규모가 클수록 연구개발 활동이 이루어진다는 기술혁신에 관한 가설을 제시하였다(Schumpeter, 1947). 이 가설의 이론적 근거는 독점기업들이 초과이익으로 확보한 연구개발 투자를 위한 내부적 자원능력이 기술혁신의 동인이라는 것이다. 이 가설이 발표된 이후 여러 학자들이 이 가설의 검증을 위한 연구를 활발히 전개했다. 그러나 대부분의 연구결과는 이 가설을 지지하기보다 반론을 제기하도록 만들었다.

(2) 애로우의 가설

이것은 슘페터의 가설에 대한 반론에 해당하는 것으로 독점기업의 확보된 초과이윤보다는 경쟁산업의 이윤발생 기회가 기술개발의 유인이 된다는 것이다. 조사에 따르면 독점산업은 기존 기술과 시장 여건에서 경쟁산업보다 높은 초과이윤을 확보하고 있으므로 현재 상태에 만족하기 때문에 혁신의 결과로 인한 초과이윤이 상당히 클 경우에만 혁신의 유인이 된다. 반면 경쟁산업에서는 혁신의 결과로 인한 이윤이 정(+)의 값만 되면 기술개발 유인이 주어지게 됨에 따라 오히려 경쟁산업에서 기술혁신 활동이 더욱 활발하다는 주장이다. 이 같은 주장의 대표적 학자는 애로우(K. Arrow)이기 때문에 이 주장을 애로우의 가설이라 한다(정장영, pp.100~101). 이렇듯 내부적 자원능력이 기술혁신의 진정한 동인이 아님이 발견되자 기술혁신의 외부적 배경으로서 기술추진가설과 수요색인가설이 제기되었다.

(3) 기술추진가설

기술추진가설(technology-push hypothesis)이란 기술혁신의 중추적 역할을 담당하는 것은 연구진이며 기업의 기술혁신은 기초과학의 발달을 연구진이 상업화한 것이기 때문에 기초과학의 발달이 해당 산업의 기술혁신의 중요한 원인이 된다고 보는 가설이다.

(4) 수요색인가설

수요색인가설(demand-pull hypothesis)은 기술혁신을 촉진하는 유인이 소비자의 욕구에 따른 수요창출과 기업의 기회이음(profit opportunity)에서 비롯된다고 보는 것이다. 따라서 소비자와 직접 접촉하는 실무진이 신제품과 신기술에 대한 소비자의 욕구를 연구진에게 제공하는 것이 제1차적인 연구개발과정이며 수요여건을 감안하여 이윤창출의 기회가 주어질 경우에만 비로소 기술혁신이 이루어진다는 가설이다. 역사적으로 볼 때 소품종 대량생산에서 다품종 소량생산으로, 그리고 변종 변량생산으로 바뀌는 것도 소비자의 욕구변화와 깊게 연관되어 있음을 알 수 있다. 기술추진가설과 수요색인가설을 실증분석한 대부분의 연구결과는 시장의 요구에 의한 기술혁신의 비중이 높은 것으로 나타났다. 그러나 실제로는 소비자의 수요가 충분히 있어서 이윤기회가 확실하다 하더라도 기초과학이나 관련기술의 발달 없이는 신제품의 개발이 불가능하므로 이 두 가설은 서로 상반된다기보다 상호보완적 관계에 있음을 알 수 있다. 이상과 같은 여러 가설을 종합해 볼 때 기술혁신과 시장구조와의 관계에 있어서 기술혁신은 경쟁시장에서 활발하며, 기술혁신의 유인은 기업 내부의 자원능력이라기보다는 기업 외부적인 시장의 요구나 과학기술의 발달 등이라고 할 수 있다(조중래 · 이정출, pp.67~69).

5. 조직혁신

(1) 창의적 조직풍토

기업단위에서 다양한 아이디어를 생성하고 창의적인 조직혁신 풍토를 촉진하기 위해서는 최고경영자 및 관리자의 역할이 매우 중요하다.

커밍스(L. Cummings)는 특히 최고경영자의 혁신에 대한 가치관과 창의적 행동이 조직의 혁신적 잠재력을 효율적으로 활용하는 데 결정적인 역할을 한다고 보았다.

루벤스타인(A. Rubenstein) 등은 혁신적인 프로젝트 주제 선정, 계획수립 및 진행과정에서 프로젝트에 대한 최고경영자의 관심 및 정보에 대한 인지도가 성패의 중요한 요인이 된다고 주장했다.

ERIMA(European Research Industrial Management Association)에서 실시한 연구개발요원의 창조성과 동기 부여와의 관계에 관한 연구에서도 창의성 향상을 위한 최고경영자 역할의 중요성을 강조했다. 창의성 증진을 위해서는 개인의 마음가짐 변화에 중점을 둔 교육훈련도 필요하지만 최고경영자의 지원 없이는 창의성 개발교육을 성공하기는 매우 어렵다. 이 보고서는 최고경영자를 포함한 상위 의사결정권자가 R&D요원들의 창의성을 극대화할 수 있는 정책을 적극 지원하여 그들의 창의성을 향상시킴으로써 조직이 혁신을 성공적으로 수행할 수 있다고 주장했다(ERIMA, 1976).

해즐틴(H. Hazelton)은 권위주의적 조직구조와 창의성과의 관계를 검토하면서 창조적 조직이 되기 위해서는 관리자가 창의적 관리(creative management)를 해야 한다고 주장했다(Hazelton, pp.239~245). 그는 창의적 조직풍토 조성을 위한 관리자의 역할을 강조하고 창의적 관리를 위해서는 관리자가 혁신가(innovator), 촉매자(facilitator), 추진자(Promoter) 등 세 가지 역할을 담당해야 한다고 주장했다.

① 혁신가의 역할에는 혁신에 대한 문제제기, 문제해결 방안모색, 제안된 아이디어의 우선순위 결정, 혁신과정의 감독 등을 포괄한다.

② 촉매자의 역할은 조직구성원 개개인의 아이디어를 조직이 요구하는 아이디어와 합리적으로 중재하는 기능을 말한다.

③ 추진자의 기능은 조직이 환경변화를 인지하고 적응할 수 있는 능력을 보유하도록 하는 역할을 말한다.

기술집약적 기업일수록 창조성 및 혁신의 향상이 생산성 향상과 직결된다. 따라서 이를 위해서는 모든 관리자들이 창조적 조직풍토를 달성하는 데 전력해야 한다. 창의적 관리자는 부하 직원에게 도전적인 업무를 부여하고, 공평성의 원칙을 준수하며, 직원의 창의적 능력개발의 기회를 부여하고, 공정한 인센티브 및 보상을 실시하며 사원의 사기를 진작시킨다. 이를 위해서 관리자는 스스로 적극적인 업무태도를 보여야 하며, 문제해결을 위한 다양한 접근방법을 구사할 수 있는 능력을 갖추어야 한다.

(2) 분권화

조직혁신을 위해서는 조직구성원 모두의 적극적인 참여뿐 아니라 구성원에 대한 분권화가 무엇보다 요청된다.

피어스(J. Pierce) 등에 따르면 조직의 분권화와 혁신과는 정의 상관관계가 있다. 분권화가 이루어지면 조직구성원의 의사결정 참여도와 자율성이 증대되기 때문에 직무 몰입도와 직무 전념도가 향상되어 창의적 아이디어의 생성이 촉진된다(Pierce 5, Delbec딘 pp.27~37).

ERIMA 보고서도 연구개발부 관리자와 연구원과의 관계가 연구개발부의 창조적 분위기 조성에 결정적 역할을 담당한다고 주장하고 이를 위해서는 연구개발부 관리자에게 사회적 요구에 일치하는 연구주제 선정과 분권적 관리방식이 요구된다고 하였다.

(3) 전략경영

경영자는 기업비전과 사업도메인[33]을 설정해야 하며 이 비전과 도메인을 바탕으로 경영을 전략적으로 수행해 나가야 한다. 혁신을 전략적으로 수행함에 있어서 세 가지 주된 부분이 있다. 의식혁신, 제품혁신, 과정혁신이 그것이다. 이것을 가리켜 혁신 트라이앵글(innovation triangle)이라 한다. 기업비전과 사업도메인은 혁신 트라이앵글 모두와 연관되어 있다.

---

33) 사업 도메인(Domain) 특정기업이 경쟁자와 경쟁할 장소를 의미하는데, 기업이 사업할 영역과 사업구성을 의미한다. 경쟁자와의 경쟁에서 우위를 확보하려면 이 부분을 명확하게 규정해야 한다.

① 의식혁신(mind innovation)은 우리가 흔히 말하는 '의식개혁'과 연관되는 것으로 이것은 조직을 활성화하고, 기업문화를 창의적이고 적극적으로 만드는 것과 연관된다.

② 제품혁신(product innovation)은 전략경영의 실천 영역으로 신상품 개발뿐 아니라 사업영역의 확대까지 포함된다.

③ 과정혁신(process innovation)은 소비자의 욕구에 부응하는 조직 및 생산과정의 과감한 혁신, 생산성 및 질의 향상, 의사결정체제의 정비 등 여러 작업을 통해 경영의 체질을 강화하는 것을 말한다. 과정혁신은 비즈니스 리엔지니어링의 상당부분을 차지한다.

혁신은 새로운 제품이나 서비스, 새로운 생산공정기술, 새로운 구조 또는 관리시스템 그리고 새로운 계획 및 프로그램 등과 관련된 활동이다. 또한 혁신은 조직이 새로이 채택한 것 가운데 내부적으로 생산하였거나 구매한 장치, 시스템, 정책, 프로그램, 공정, 제품, 서비스 등을 총망라한 것이다(Daft, 1982).

혁신이란 개념은 연구 분야나 사람에 따라서 대개 세 가지의 다른 뜻으로 사용되고 있다. 첫째, 발명과 동의어로 보거나, 둘째, 새로운 아이디어 자체를 혁신으로 생각하거나, 셋째, 개인이나 사회조직이 새로운 아이디어를 받아들이고 이를 발전시키고 실용화하는 전 과정을 의미하는 것으로 사용한다[Zaltman et at., 1973].

슘페터가 주장한 혁신의 내용은 새로운 상품의 도입, 새로운 제조방법의 도입, 새로운 시장의 개척, 원료 및 반제품 공급원의 확보, 새로운 조직의 수행 등이다. 혁신은 크게 급진적인 혁신과 점진적인 혁신(Radical vs Incremental Innovation: Dewar & Dutton, 1986), 기술혁신과 경영혁신(Technical vs Administrative Innovation: Kimberly & Evanisko, 1981, Damanpour & Evan, 1984), 제품혁신과 공정혁신(Product vs Process Innovation: Utterback & Abernathy, 1975), 3가지로 대별된다. 급진적 혁신의 경우 Utterback과 Kim(1985)이 설명하는 바와 같이 기술, 지식, 설계, 생산기법, 그리고 공장 및 설비 등의 분야에 있어 기존에 투자한 것을 상당부분 희석시키는 변화를 말하며, 기존의 관행과는 상당히 다르게 투입물을 산출물로 변환시키는 새로운 방법을 말한다.

기술혁신과 경영혁신은 사회구조와 보다 밀접한 관련을 가지고 있으며(Evan, 1966) 잠재적으로 의사결정과정에서의 차별적인 행동을 포함하고 있다(Daft, 1978). 또한 이들은 조직의 광범위한 활동의 결과로서 나타나는 변화이다.

기술혁신은 조직 내의 기술체계 내에서 발생하여 조직의 기본적인 작업 활동에 직접적인 영향을 미치는 것으로 제품이나 서비스에 내재되어 있는 새로운 아이디어의 채택 또는 생산과정이나 서비스 운용과 관련된 새로운 요소의 도입 등과 같은 형태로 나타난다(Evan, 1966, Daft, 1978, Damanpour & Evan, 1981, Kimberly & Evanisko, 1981). 기술혁신은 다시 공정혁신과 제품혁신으로 구분되는데 공정혁신은 생산이나 서비스 운용과정에서 제품을 생산하거나 서비스를 제공하는 데 필요한 원재료, 과업특화, 작업 및 정보흐름 메커니즘, 장비 등을 도입하는 새로운 요소라고 할 수 있다. 제품혁신은 외부의 사용자나 시장의 욕구에 맞추기 위하여 신제품이나 서비스를 내놓은 것이다(Knight, 1967, Utterback & Abernathy, 1975).

경영혁신은 기업이 경영을 수행해 나가는 과정에서 종전의 경영방식으로 해결하기 어려운 문제가 발생하였을 때 이를 해결하기 위한 기업의 총체적인 노력을 지칭한다. 즉 기업의 목적달성을 위해 새로운 아이디어나 방법, 기술을 동원하여 조직전략, 구조, 시스템, 인재 등 모든 경영관련 요소를 획기적으로 변화시켜 재구성하는 활동을 의미한다(Evan, 1956, Daft, 1978, Kimberly et at., 1981). 경영혁신의 종류로는 인적 자원관리혁신, 사무자동화혁신 및 생산관리혁신으로 구분된다. 인적 자원관리혁신은 의식개혁을 위한 이념, 비전, 윤리, 행동강령 등을 제시하고, 조직의 구성, 운영, 평가를 기존의 수직적 조직운영에서 수평적 조직운영으로 변환시키는 것이다. 사무자동화 혁신은 기업의 전반적인 업무의 자동화혁신을 의미하는 것으로 MIS 를 총칭하는 것이라 할 수 있으며, 생산관리혁신은 관리방식과 형식, 스타일, 체계, 투자, 연구개발, 정보와 멀티미디어 혁신과 근로자와 산업종사자의 삶의 질을 향상시키기 위한 다양한 관리 지원체제의 구축과 관리의식의 체계적이고 획기적인 전환이 포함된다.

Munro와 Noori[1988]는 기업이 공장자동화 기술의 다양한 형태를 도입하는 자체가 핵심적 공정기술혁신임을 지적하고 있으며, Zmud(1984)는 공정기술혁신 개념을 새로운 방법이나 기계의 자체개발, 이미 개발된 새로운 방법이나 도구, 기계설비의 도입을 혁신으로 설명하고 있다. Collins 등[1988]은 컴퓨터 기술에 기초한 현재의 자동화 기술과 기계화로 지칭할 수 있는 과거의 자동화 기술의 성격을 비교함으로써 공정기술혁신으로서의 공장자동화의 의미를 설명하고 있다. 이들에 따르면 기계제어에 컴퓨터를 사용하는 프로그램형 자동화는 전통적 자동화하에서 기계가 수행하던 과업보다 훨씬 다양한 과업수행을 가능하게 하며, 인간이 직접 수행하던 기계제어 업무를 자동화한다는 것이다. 그들은 이러한 프로그램형 자동화의 기술로서 CAD, 로봇, NC, FMS, 자동자재처리시스템, 경영정보시스템, CIM 등을 들고 있다.

제9장_ 유연성에 관한 연구

1. 유연성(Flexibility)의 도입

경쟁전략과 경쟁전략적 목표를 달성하기 위한 수단으로서 생산시스템과의 적합한 관계를 나열하면, 원가우위 전략을 추구하는 기업은 노무비의 비중을 낮추거나, 대규모 생산을 통해 규모의 경제를 추구하는 생산시스템을 적용하여 생산성 제고와 저원가를 실현하였다. 제품수명 주기가 짧고, 더 많은 생산라인과 다양성이 필요한 기업의 경우에는 경쟁우위를 확보하기 위해서 유연한 생산시스템이 도입되었다. 즉 저원가를 전제로 하는 높은 다양성을 추구하는 생산시스템이 개발된 것이다(stalk, 1988).

오늘날의 제조 기업은 제품수명 주기의 단축, 기술 중심의 경쟁체제 강화, 다양성과 고품질에 대한 고객요구의 증가, 그리고 기술변화의 가속화 등의 동적인 경영환경으로 변화하고 있다. 이러한 상황에서 제조 기업은 소량생산의 효율성과 유연성에 의한 경쟁적 강점의 확보가 매우 중요하게 되었다. 이러한 경쟁적 강점의 확보를 위한 효율적인 수단으로 오늘날 크게 대두되고 있는 것이 생산시스템을 통한 유연성의 확보이다. FMS는 새로운 첨단생산시스템의 일종으로 다양한 종류의 제품을 다양한 생산량으로 제조할 수 있어 제품의 양과 종류 모두에 유연성을 유지할 수 있는 생산시스템의 일종이다.

시장경쟁이 원가와 규모 중심의 경쟁에서 다양성 중심의 경쟁으로 변화함에 따라 유연성이 기업전략의 중요한 경쟁무기로 인정받고 있고,[34] 기업전략의 차원에서 강조하고 있는 유연성의 하위개념인 생산부문의 유연성이 경쟁우위의 가장 중요한 무기로 인식되고 있으며, 많은 제조업체에서는 생산부문의 유연성과 동일한 수준으로 기업전략의 유연성을 인식하고 있다.[35] 그러나 유연성이 기업성과에 보다 더 기여하기 위해서는 전략적인 문제로서 신제품 도입, 새로운 기계 및 공정도입, 신시장 개척 등에 대한 적응력뿐만 아니라 전술적인 문제로서 특정제품의 수요 변화에 따른 설계변경이나 생산량의 변화, 기계고장이나 예측하지 못한 원재료의 품절 등에 대한 운영적인 면 모두에서 유연성을 향상시켜야 기업성과에 미치는 영향이 클 것으로 기대된다.

---

34) De Meyer, A, et. al., "Flexibility: The Next Competitive Battle. The Manufacturing Futures Survey." Strategic Management Journal, 10(2), 1989. pp.135－144.
35) Harrigan, K. R., Strategic Flexibility, Lexington, Mass, Lexington Books, 1985. pp.73－76.

2. 유연성의 정의와 유형

일반적으로 유연성(Flexibility)이란 상당히 애매모호하여 쉽게 파악되지 않는 개념이다. 대체적인 의미로 유연성은 환경변화에 대한 특정 조직이나 시스템의 적응 능력(adaptability)을 의미한다. 즉 기업의 유연성은 외부환경변화에 적응하는 능력이라고 할 수 있지만, 보다 구체적인 분류가 필요하다.[36]

먼저 Upton(1995)의 연구에 따르면, 공장에서의 유연성 형태를 세 가지로 구분하고 있다. 그는 경쟁우위를 결정하는 요인이 제품의 다양성, 생산량 및 생산 공정 중의 어느 것에 있는가를 기준으로 다음과 같이 유연성을 정의하였다.

첫째, 생산 제품 종류의 범위가 넓고 좁음에 따라 유연성을 측정하였는데, 제품 종류의 범위에 따른 예를 들면, 어떤 공장은 특성이 매우 다른 몇 가지 제품들을 소량씩 생산할 수도 있고, 때로는 특성이 비슷한 제품들을 대량 생산할 수도 있을 것이다. 이런 종류의 유연성은 고객의 요구 변화에 따라 다양한 제품믹스(Product Mix)를 제공할 수 있는 능력을 의미한다.

둘째, 생산하고 있는 제품을 다른 종류의 제품으로 바꾸어 생산하려고 할 때 얼마나 신속하게 생산 설비를 변환시킬 수 있는가에 따라 유연성을 규정할 수 있다. 이러한 유연성은 생산 설비가 공정의 변화에 대하여 얼마나 신속하게 반응할 수 있는가를 나타낸다. 설비

---

36) 유석천, 생산혁신을 위한 CIM의 유연성 제고에 관한 연구, 한국생산관리학회지, 제7권 제3호. 2996. 12.

전환 속도가 빠르다는 의미는 생산 준비에 따른 시간을 줄여 주고 과도한 재고 부담을 줄일 수 있으며 신속한 납기를 제공할 수 있다.

셋째, 주어진 생산 제품의 범위에서 제품별 생산성과의 일관성에 따라 유연성을 규정할 수 있다. 다시 말하면, 단순히 여러 가지 제품을 만들어 낼 수 있는 능력이 중요한 것이 아니라 생산하는 제품들의 생산성이나 품질 수준이 얼마나 평준화되었는지를 측정하는 것이다. 생산 품목의 주력 제품과 비주력 제품 간에 생산성과 측면에서 현격한 차이가 발생한다면 유연성이 높다고 할 수 없다. 이러한 생산성과의 일관성은 한 제품을 모델, 크기 및 종류에 따라 일색을 갖추어 생산하는 전 품종 생산자에게는 중요한 기준이다. 또한 생산량의 변화에 따라서도 성과의 일관성을 유지하는 것이 필요하다. 생산량을 변경하였을 때 생산성, 원가 및 품질 측면에서 문제가 있다면 역시 유연성이 낮은 공장으로 간주되어야 한다.

다음으로 Suarez et al.(1995)은 기존의 연구들(Sethi & Sethi(1990), Suarez et al.(1991))을 바탕으로 전략적 관점에서 제조 유연성을 네 가지로 구분하였다.

첫째, 제품다양성으로 유연성(Mix Flexibility)을 측정한다. 즉 생산 시스템이 어떤 시점에서 몇 가지 제품을 동시에 생산할 수 있는가에 따라 공장의 유연성을 측정하는 것이다. 이것은 Upton(1995)의 첫 번째 정의와 같은 개념으로 볼 수도 있지만, 생산 제품의 성격이 얼마나 차이가 나는가에 따라 달라질 수 있으므로 그것을 나타내는 세부적인 기준이 필요하다. 둘째, 신제품 출시 속도에 따라 유연성 (New Product flexibility)을 측정할 수 있다. 신제품이 신속하게 개발되어 생산할 수 있는 능력은 기업 경쟁력을 상당히 높일 수 있다.

이것은 개발 초기부터 초기 생산까지 소요되는 시간으로 측정할 수 있으며, 현재 신제품 출시 속도는 전 세계 자동차 업계의 경쟁력을 결정하는 중요한 요소가 되고 있다(Pisano(1992)).

셋째, 생산량을 증감시킬 수 있는 능력에 따라 유연성(Volume Flexibility)을 측정할 수 있다. 생산량의 단순한 변화 능력이 아니라 증감에 따른 원가와 품질 등 부가적인 손실이 없이 생산량을 가변시킬 수 있을 때 유연성이 높다고 평가한다. 이것은 Upton(1995)의 세 번째 정의인 생산성과 일관성 정도의 한 부분으로 볼 수 있다.

넷째, 납기의 유연성을 들 수 있다. 고객이 원하는 시점에 부가적인 손실 없이 제품을 전달할 수 있는 능력이라고 할 수 있다. 이것도 Upton(1995)의 생산성과 일관성 정도의 한 부분으로 볼 수 있다. 이 외에도 Jordan & Graves(1995)는 불확실한 시장 수요에 대응하여 시장 반응속도를 높이는 핵심적인 전략으로 생산의 유연성을 제고하는 것이라고 주장한다. 그러므로 한 생산 공장에서 같은 시점에 여러 가지 제품을 생산할 수 있는 능력(Process Flexibility)을 공장이 갖출 필요가 있다고 생각하고, 생산 공정 유연성을 용이하게 구현할 수 있는 제품과 설비 간의 연결 형태에 대하여 연구하였다. 이상과 같이 유연성이란 산업의 성격과 기업 전략에 따라 상당히 다양하게 구분되어 활용되고 있음을 알 수 있다. 그러나 유연성 형태를 정리하면 정량적인 기준으로는 생산 제품의 다양성, 생산량의 증감 능력, 신속한 신제품 출시 능력, 신속한 생산 설비 전환 능력 등으로 구분할 수 있으며, 정성적인 기준으로는 정량적 기준의 변화에 따른 생산성과의 일관성을 어느 정도 유지할 수 있는가를 적용할 수 있다. 그러므로 유연성을 측정할 때 정량적인 기준과 정성적인 기준을 동시에 고려하여 유연성을 판단할 필요가 있다.

역사적으로 유연성이라는 용어는 크게 경제적 관점(Economic pers-pective), 의사결정론적 관점(Decision - theoretic perspctive), 조직론적 관점(Organizational perspective), 그리고 생산시스템적 관점(Manu-facturing perspective)의 각 분야에서 다양하게 논의되어 왔다(현재호, 1992, Sethi and Sethi, 1990).

먼저 Goldhar와 Jelinek[37]은 유연성의 경제적 측면을 강조하고 있다. 그들은 전통적 경제이론의 규모효과(scale effect)에 관한 설명방법을 확장하여 범위효과(scope effect)까지도 확장하여 설명하고자 시도하고 있다. 이 경우 유연성이란 곧 제품 다양성 의도를 의미하게 된다. 환경적응력에 초점을 두는 전략적 개념이나 제품 다양성에 초점을 두는 경제적 개념들은 유연성의 본질을 규명함에 있어 대단히 중요한 위치를 차지한다고 볼 수 있다. 그러나 개념을 구체화하고 계량화하기 위해서는 보다 운용적인 요소를 덧붙일 필요가 있다. 이를테면 환경의 불확실성을 확률로 표시한다든지 선택이라는 구체상황을 유연성 개념 속에 도입하는 것이다.

의사결정론적 관점의 연구들은 불확실성을 가진 의사결정과정에서 선택의 폭이 큰 것을 유연성이 높은 대안으로 간주하는 일련의 연구자들이 있다. 그들 중 Mandelbaum and Buzacott(1986)는 '유연성이란 변화하는 환경에 대응하는 의사결정과정의 능력'이라고 정의하고 있다.

Barad와 Sipper[38]는 유연성을 그저 유연성이라 부르지 않고 "시스

---

37) Goldhar, J. D. and Jelinet M., "Plan fer Economies of Scope", Harvard Business Review, 61(6), 1983. pp.141 - 148.

템의 유연성" 또는 "FMS의 유연성"이라고 부르면서 "시스템의 유연성은 그 시스템의 구성부분들의 능력, 그 구성부분들의 상호관계, 그리고 시스템의 운영방식에 따라 결정되는 것"이라고 정의한 바 있다. 그들은 하나의 지표로써 유연성을 종합적으로 표시하려는 것 자체가 불가능한 일이라고 지적하기도 했다. Gustavsson[39]은 유연성을 제품의 변화, 생산시스템의 변화, 수요의 변화 등으로 정의하였다. 그는 시간에 따라 단기유연성, 중기유연성, 장기유연성으로 구분하고, 단기유연성은 기업경영에서 운영적인 문제(operational problem), 즉 치명적인 기계고장이나 예측하지 못한 원재료의 품절 등에 대한 적응력이라 할 수 있고, 중기유연성은 전술적인 문제(tactical problem), 즉 특정제품의 수요변화에 따른 설계변경이나 생산량의 변화에 대한 적응력이라 할 수 있으며, 장기유연성은 전략적인 문제(strategicproblem)로서 신제품 도입, 새로운 기계 및 공정도입, 신시장 개척 등에 대한 적응력이라 할 수 있다.

조직이론 관점의 연구자들은 조직이 환경 변화에 대응하기 위한 조직구조의 유연성을 (March and Simons, 1958, Walton, 1980, Child, 1982 등) 조직이론에 적용하였다. 즉 유연생산시스템과 관련된 조직의 유연성 개념(Kolodney, 1989, Preece, 1986 등)의 도입이 기업의 성과향상에 기여하는가를 검토하였다. 또한 조직론적 연구자들은 작업자들이 처한 예측 불가능한 상황에 대한 대처능력으로써 유연성

38) Barad, M. and Sipper, D., "Definitions and Petri Net Modelling." International Journal of Production Research, 26(2), 1988. pp.237-248.
39) Gustavsson, S. O., "Flexibility and Productivity in Complex Production Process." International Journal of Production Research, Vol.22(5), 1984. pp.801-808.

개념을 적용하여 연구하였다(Atkinson, 1985, Kozan, 1982).

생산부문에 있어서 유연성이란 일반적으로 고객의 욕구변화에 대응하기 위하여 기업이 제품이나 공정, 서비스 등에 있어서 고객이 원하는 시기에 가장 저렴한 가격으로 공급할 수 있는 능력이다.

한편, Hyun and Ahn(1990)은 유연성 개념을 여러 각도에서 분석하고, 이를 정태적 유연성과 동태적 유연성으로 나누고, 이를 다시 기업조직의 계층적 구조에 적용 가능하도록 다차원적인 유연성 개념의 틀을 제시하였다. 특히 현재호(1992)는 이 유연성에 관한 개념 틀을 바탕으로 일본의 JIT 생산방식과 최근의 신기술도입을 통한 생산방식에 대한 유연성 제고방안을 제시하였다. 특히 시설용량, 설비 등의 하드웨어적 측면과 작업인력, 조직운영, 생산의 관리·통제 등의 소프트웨어 측면 등과 관련된 다차원에 걸친 유연성을 검토하였는데, 이러한 검토과정을 통해 동태적 유연성이 더 중요하다는 것을 알 수 있었다.

이와 같은 선행연구들에 의해서 유연생산시스템(FMS)은 유연성 개념에 대한 본격적인 연구를 진행하게 된 계기가 되었다. 유연생산시스템의 도입 초기의 목표는 유연생산시스템의 도입을 통한 비용효율성의 극대화였다. 이때에는 유연생산시스템을 통한 유연성의 확보에 대한 개념은 부족하였다. 그러다가 최근에는 환경 불확실성에 대응하는 전략적 차원의 유연생산시스템으로 목표의 변화를 꾀하게 되었다. 즉 유연생산시스템의 도입을 통한 유연성의 증대라는 목표를 통해 유연생산시스템이 유연성 확보를 위한 수단으로 자리잡게 되었다. 이처럼 초기에는 생산시스템이 일정수준의 품질을 유지하면서 상품 혹은 서비스를 효율적으로 생산하기 위해 투입요소자원을 환경

변화에 대응하여 재구성할 수 있는 능력으로 인식되었으나, 다품종 소량 생산이 가능한 유연생산시스템(FMS)의 연구를 통해 유연성의 개념이 보다 구체적인 의미를 갖게 되었다(Jaikumar, 1984, Goldhar and Jelinek, 1983, Gerwin, 1989 등).

3. 유연성 측정에 관한 연구동향

유연성 개념 자체가 아직도 통일되지 못하고 있어, 유연성 측정에 대한 분류는 정확하지 않지만 대체로 이들을 분류해 보면, 경제적 결과에 의한 측정법, 성과 기준에 의한 측정법, 페트리네트 접근법, 정보이론적 접근법, 다속성적 접근법의 다섯 가지 유형으로 구분해 볼 수 있으며, 대표적인 유연성 측정모형을 보면 다음과 같다.

(1) Son & Park의 모형

Son & Park[40]의 모형은 기계고장과 같은 내부적 요인이나 시장수요의 변화 같은 외부적 요인에 기인한 생산율 감소 등의 경제적 결과로 유연성을 측정하는 접근방법으로서 네 가지의 유연성 측정을 제안하고 있다. 또한 이 모형에서는 원가자료가 유연성 측정에 동원

---

40) Son, Y. K and Park, C. S., "Economic Measure of Productivity, quality and Flexibility in Advanced Manufacturing System." Journal of Manufacturing System. 6(3), 1987. pp.193 − 207.

되고 있다. 즉 설비의 유휴비용(Idele Cost of Equipment. Ci), 준비비용(Set up Cost: A), 재공품의 대기비용(Waiting Cost of Parts Equipment: CW), 그리고 완제품 및 원재료의 재고비용(Iventory Cost: H)들을 가지고 아래와 같은 네 가지 유연성을 계산한다.

1) 설비유연성(Equipment Flexibility: Fe)

설비유연성(Fe) = 총산출량(Ot) / 설비유휴비용(Ci)

2) 제품유연성(Product Flexibility: Fp)

제품유연성(Fp) = 총산출량(Ot) / 작업준비비용(A)

3) 공정유연성(Process Flexibility: Fs)

공정유연성(Fs) = 총산출량(Ot) / 대기비용(Cw)

4) 수요유연성(Demand Flexibility: Fd)

수요유연성(Fd) = 총산출량(Ot) / 재고비용(H)

그리고 위의 네 가지 비용을 합산하여 총산출량과의 비율로 총유연성(Total Flexibility: TF)을 아래와 같이 손쉽게 정의하였다.

$$총유연성\,(TF) = \frac{Ot}{Ci + A + Cw + H}$$

이와 같이 Son과 Park의 측정방법은 대단히 단순하다는 장점은 있으나 이렇게 구한 측정치들이 과연 유연성의 본질을 타당성 있게 나타내 주는가 하는 문제가 제기될 수 있다. 또한 그들이 이용한 비용들도 편의적인 것이었다고 볼 수 있으며, 유연성이 산출규모에 비례한다고 보는 계산적 모순을 내포하고 있다 하겠다.

(2) Barad & Sipper의 모형

Barad와 Sipper[41]는 시스템 내의 활동들과 활동 및 정보의 흐름을 도형화하여 분석하는 페트리네트(Petri Nets) 접근법에 의한 유연성의 측정을 시도하고 있다. 이 모형의 특징은 유연성의 개념을 운영적 유연성에 국한하고 시간만을 관련속성으로 고려한 유연성 측정과 서로 다른 시스템들 간의 유연성을 비교하고 있다. 그리고 여기서 적용하고 있는 운영적 유연성은 기계준비 유연성, 공정유연성, 경로선정 유연성, 생산량유연성과 작업의 유연성 등 시스템 운영에 직접 관계되는 것으로서 시스템의 적용 소요시간으로 운영적 유연성을 평가하고 있으며, 시스템의 시간적 관계를 표현해 주는 페트리네트가 유용한 도구로 이용되고 있다. 이 모형에서 접근하고 있는 방법은 크게 3단계로 설명될 수 있다.

1) 주어진 FMS를 표현하는 페트리네트 모형을 작성한다.
2) 시스템의 운영상황 및 환경상황을 시나리오(Scenario)로 만들어 정의한다.
3) 유연성이 요구되는 각종 변경사항을 시스템에 부과한다.

예컨대 기계고장(조건)을 나타내는 장소를 페트리네트상에 위치시키고 시나리오에 따라 기계고장이라는 변경사항을 시스템에 부과하면서 시스템이 변경에 대응하고 다시 안정될 때까지의 시간소요를 추정함으로써 유연성을 측정하게 된다. 이 모형은 FMS의 구조를 분

---

41) Barad, M. and Sipper, D., "Definitions and Petri Net Modeling" International Journal of production Research, 26(2), 1988. pp.237-248.

석하고 시스템의 유연성을 시간척도로써 명확하게 표시해 줄 수 있는 방법이라고 생각된다. 그러나 현 단계에서는 아직도 많은 문제점을 안고 있다.

첫째로 방법의 복잡성을 지적할 수 있다. 이 분야의 연구자들은 복잡성을 피하기 위하여 모듈(Module)방식을 제안하고 있으나 그렇다고 해서 복잡성이 아주 제거되는 것은 아니다.

둘째로 구체적 미비를 지적할 수 있다. 관련변수들의 계량화를 비롯한 단계별 계산절차가 아직 알려진 바 없고 그저 하나의 접근 방법적 개념적 수준에 머물고 있음이 현실이다.

셋째로 운영적 유연성이 아닌 다른 종류의 유연성 즉 전략적 수준의 유연성에 대하여는 거의 무력하다는 점이다. 끝으로 시간속성만을 유연성 측정의 척도로 보는 관점을 들 수 있다. 물론 유연성이란 일반적으로 적응의 신속성이라고 할 수 있으나 다양성과 확장의 범위가 고려되어야 하며, 시간으로 환산되지 않는 비용 역시 시간과는 별도로 고려되어야 할 사항이다.

(3) Kumar의 모형

정보이론(Information Theory)의 연구자들은 오래전부터 엔트로피를 불확실성 또는 정보량의 측정 수단으로 활용하여 왔다. 엔트로피란 불확실성과 연관되는 것인데 유연성이란 것도 역시 환경변화의 불확실성과 깊이 연관되어 있기 때문이다. 엔트로피에 의한 유연성 측정법의 대표적 연구자인 Kumar[42]는 시스템 또는 행동상의 유연성이 가능한 선택대상 및 다양한 선택을 허용하는 정도에 따라서 정해지는 것이라고 보았다. Kumar는 엔트로피 함수를 이용하여 부하유연성과 작업유연성을 측정하고 있으며 15개의 공리를 설명하고 있다. 이상에서와 같이 정보이론적 접근방법은 수학적 배경과 이론 면에서는 객관성을 갖추고는 있으나 실천 면에 있어서 다음과 같은 어려운 전제조건을 필요로 한다.[43]

첫째, Kumar의 11개 공리의 현실성 문제이다. 유연성 함수의 형태가 실제로 오목한가에 대한 의문이다. 둘째, 유연성을 측정하기 위한 확률분포나 가용도 같은 변수의 계량화 문제이다. 이는 복잡한 시스템의 경우 결코 쉽지 않은 문제이다. 셋째, 응용범위의 제한 등을 문제점으로 지적할 수 있다. 예컨대, 제품유연성, 확장유연성 등에 대해서는 엔트로피 측정법을 아직 구체화하지 못하고 있는 실정이다.

(4) Falkner의 모형

이 모형은 유연성 측정에서 속성 간의 관계에 착안하여 다속성적 접근방법을 이용하고 있으며, Falkner[44]는 다음과 같이 유연성을 나타내는 세 가지 중요한 관계 집합을 지적하고 있다.

첫째, 제품믹스가 변화하여도 제조원가가 안정적이라면 그 공장의 유연성은 높다고 말할 수 있다. 여기서 제품믹스 대 제조원가 지표

---

42) Kumar, V., "Entropic Measures of Manufacturing Flexibility." International Jr. of Production Research, 25(7), 1989. pp.119-130.
43) 이재관, "유연성 개념과 유연성 측정모형", 숭실대학교 논문집 제19집, 1989. pp.65-92.
44) Falkner, C. H., "Flexibility in Manufacturing Plants" Processing of the 2nd ORMS / TIMS Conference on FMS, Vol.5, 1986. pp.95-106.

를 이용하여 기계유연성, 공정유연성, 제품유연성의 종합 측정치를 얻을 수 있을 것이다. 마찬가지로 수량 대 제조원가 지표를 이용하여 수량유연성을 얻게 될 것이다.

둘째, 준비시간과 공정시간의 상호관계를 이용하여 양자의 비율을 구하면 그것이 곧 기계유연성의 측정치이다.

셋째, 기계작동시간과 고장시간의 관계로부터 경로선정유연성 및 작업유연성의 측정치를 얻을 수 있다. 이러한 Falkner의 연구는 관념적인 유연성 개념을 거부하고 실용적인 유연성 개념을 추구하였다. 또한 속성들 간의 상호관계를 중요시하면서 다수의 속성들이 유연성과 어떻게 연관되는지를 설명했다는 점에서 Falkner는 다속성적 접근을 택했다고 볼 수 있다. 그러나 이 모형에서는 다음과 같은 몇 가지 약점을 드러내고 있다. 즉 관련속성들을 충분히 열거하지 못하고 있으며, 속성의 구조를 밝히지 못하고 있다는 점과 부분적인 유연성들의 결합이 무엇을 의미하는지 규명하지 않고 종합개념을 이용하고 있다는 것이다.

(5) Gerwin & Tarondeau의 모형

Gerwin과 Tarondeau[45)]는 유연성의 측정을 다속성적 접근법에 의하여 시도하고 있으며, 유연성을 다음과 같이 6가지로 구분하고 있다.

1) 믹스유연성(Mix Flexibility: Fm)
2) 변환유연성(Changeover Flexibility: Fc)

---

45) Gerwin, D. and Tarendeau, J. t, "International Comparisons of Manufacturing Flexibility." Managing International Manufacturing, Elsevier Science Publisher B. V.(North Holland), 1959. pp.169－185.

3) 설계변경유연성(Modification Flexibility: Fmo)

4) 생산량유연성(Volume Flexibility: Fv)

5) 경로선정유연성(Routing Flexibility: Fr)

6) 재료유연성(Material Flexibility: Fmr)

믹스유연성은 다양한 제품의 종류에 대한 수요에 따라 제품의 다양성을 목표로 하여 추구되는 것이고, 변환유연성은 제품의 수명 주기가 짧아짐에 따라 제품혁신을 위한 전략적 필요성에 의해 요구되는 유연성이다. 설계변경유연성은 기업이 신제품 도입 또는 표준화된 설계를 변경하여 고객의 요구를 충족시키기 위해 요구되는 유연성이며, 생산량유연성은 기업이 수요의 범위에 대한 불확실성 때문에 시장점유율 유지 및 증가를 위해 요구되는 유연성으로, 생산량유연성을 가진 공장은 큰 범위 내에서 생산량의 증가 및 감소를 조정할 수 있다. 또한 경로선정유연성은 기계고장에 대비해 고객들에 대한 납기준수를 목표로 갖는 유연성으로, 이 유연성을 가진 공장은 기계고장이 발생하더라도 공정순서의 변경 등을 통하여 납기지연을 방지할 수 있다. 재료유연성은 제조기술이 투입원재료의 변경에도 불구하고 제품품질을 유지할 수 있는 능력으로, 이 유연성을 가진 공장은 인간이나 기계의 예기치 못한 변화에 대응할 수 있기 때문에 불량품을 감소하는 데 기여하고 있다. 이처럼 이들의 유연성을 설명하면서, 각 유연성의 변화를 5점 척도를 이용하여 측정하고, 앞의 4가지 유연성 즉 믹스유연성, 변환유연성, 설계변경유연성, 생산량유연성의 가중치를 모두 1로 하여 평균한 값을 제품수요에 대한 적응력을 나타내는 시장유연성(Market Flexibility: Fmk)이라 하였고, 다음의 2가지 유연성 즉 경로선정유연성과 재료유연성의 평균한 값을 제조기술과 투입량에 대한 적응력을 나타내는 공정유연성(Process Flexibility: Fpr)이라 하였다. 또한 시장유연성과 공정유연성을 평균한 값을 총유연성(Total Flexibility: TF)으로 나타내었다.

$$Fmk = \frac{Fm + Fc + Fmo + Fv}{4}$$

$$Fpr = \frac{Fr + Fmr}{2}$$

$$TF = \frac{Fmk + Fpr}{2}$$

이러한 Gerwin과 Tarondeau의 연구는 5점 척도에 의한 유연성의 측정과 각 유연성의 가중치를 모두 같게 한 것이 다소 직관적이기는 하지만, 유연성을 다속성 개념으로 파악하여 관련속성의 구조를 밝히고 있으며 부분적 유연성을 나타내는 데 비교적 명확히 하였다는 점은 높게 평가받을 수 있다.

다음은 다양한 학자들의 유연성에 대한 유형별로 분류한 내용을 정리한 표이다.

[표 9-1] 유연성의 유형분류에 관한 기존연구

연구	유연성의 유형
Upton[1995]	• 제품범위유연성(product range flexibility) • 유동성(nobility flexibility) • 일관된 성과유연성(uniform performance flexibility)
Suarez 등[1995]	• 제품믹스유연성(mix flexibility) • 신제품유연성(new product flexibility) • 생산량유연성(volume flexibility) • 납기시간유연성(delivery time flexibility)
Browne 등[1984]	• 생산활동유연성(production flexibility) • 제품유연성(product flexibility) • 공정유연성(process flexibility) • 운영유연성(operations flexibility) • 생산량유연성(volume flexibility) • 확장유연성(expansion flexibility) • 기계유연성(machine flexibility) • 절차유연성(routing flexibility)
Gerwin[1985]	• 제품믹스유연성(mix flexibility) • 제품유연성(product flexibility) • 수정유연성(modification flexibility) • 절차유연성(routing flexibility) • 생산성 유연성(volume flexibility) • 원재료유연성(material flexibility)
Linder[1985]	• 설계유연성(design flexibility) • 생산량유연성(volume flexibility) • 신속처리목록유연성(dispatch list flexibility) • 생산능력유연성(capacity flexibility)
김기영 등[1990]	• 생산량유연성(volume flexibility) • 제품믹스유연성(product mix flexibility) • 설계변경유연성(design flexibility) • 신제품유연성(new product flexibility) • 제품라인유연성(product line flexibility)

4. 유연성의 다속성적 측정

일부 연구(윤재한, 1993, 정재진, 2005)에서는 유연성을 다속성적인 존재로 인식하고, 유연성 측정을 위해 다속성적 접근방법을 적용하여 유연성을 재분류하였다. 기업의 최고경영자가 경쟁력으로 강조하고 있는 제품유연성, 믹스유연성, 설계변경유연성, 생산량유연성을 전략적 유연성으로 분류하고, 제조현장에서 그 능력이 발휘되는 기계유연성, 경로선정유연성, 공정유연성, 재료유연성을 기술적 유연성으로 분류하여 유연성 측정모형을 제시하였다. 이들 연구 모형에서는 전략적 유연성과 기술적 유연성을 합하여 총유연성을 측정하는 것이 아니라 전략적 유연성과 기술적 유연성을 각각 측정하여 생산성 요인과 통제변수인 기업형태별 차이를 분석하여 전반적인 유연성을 높일 수 있는 방안을 모색하고자 하였다.[46]

제10장_ 성과 평가

1980년대 후반 대량생산체제하에서는 원가우위확보를 통한 경쟁력확보에 치중하였는데, 이때는 기업의 경영활동은 주로 원가향상이

---

46) 윤재한, 생산유연성의 측정모형에 관한 연구, 경영연구, 서원대학교 경영연구소 제2권 1호, 1993.

나 생산성 확보에 집중하였다. 그러나 1980년대 후반 이후 기업의 경쟁구조에 상당한 변화가 초래되었다. 즉 산업민주화 과정을 거치면서 가파른 임금인상으로 높은 원가상승의 결과를 낳았으며, 또한 중국 등 후발개도국들의 저렴한 생산원가를 통한 시장공략으로 우리나라 기업들의 시장점유율을 저하시켜서 그동안 우리나라 기업들이 우위를 누렸던 저렴한 가격을 통한 가격경쟁력에는 한계를 지니게 되었다. 따라서 기업이 경쟁력을 확보함에 있어서 대량생산에 의하여 규모의 경제성을 실현하는 효율 위주의 접근은 근본적으로 제고되어야 하는 시점에 이르렀다. 즉 내부운영의 효율성보다는 고객의 욕구를 파악하고 충족시킬 수 있는 고객 지향적 접근이 요구되었으며, 기업의 경쟁력 평가도 원가에 의한 재무적 측면만이 아닌 유연성, 납기, 품질 등 비재무적 성과에 대한 평가도 동시에 전략적으로 중요성을 지니게 되었다.

기업경쟁력의 원천은 기업의 경영성과에 있으므로 경영성과의 분석 및 현상파악은 기업경쟁력 평가의 척도가 된다. 과거 대량생산체제에서는 원가우위에 기초한 경쟁을 추구하여 왔으며 이에 따라 경영성과의 평가도 주로 재무적인 측면에서 이루어졌다. 그러나 오늘날 경영환경하에서 경쟁력을 확보하기 위해서는 재무적 성과와 비재무적 성과가 동시에 실현되어야 한다.

기업의 경영성과는 성과를 평가하는 기업 내의 수준(level)에 따라 ① 생산 활동성과, ② 제조성과, ③ 기업성과로 나눌 수 있으며, 기업의 경쟁력(competitiveness)은 이들 경영성과의 총체적 산물이라 할 수 있다. 생산 활동성과(action program performance)는 기업이 전략적 차원에서 실행한 생산 활동 프로그램을 개별 프로그램별로 향상

정도를 평가하는 성과를 말하며, 제조성과(operational performance or manufacturing performance)는 모든 생산운영활동을 종합적으로 평가할 때 이들이 전략변수인 원가, 유연성, 품질, 납기에 미치는 효과를 말하며, 기업성과(corporate performance)는 모든 경영활동의 최종성과 지표로서 시장점유율, 수익성 등으로 구체화되는 성과를 말한다. 이들 성과들의 관계는 [그림 10−1]과 같이 경영성과 피라미드로 표시할 수 있다.

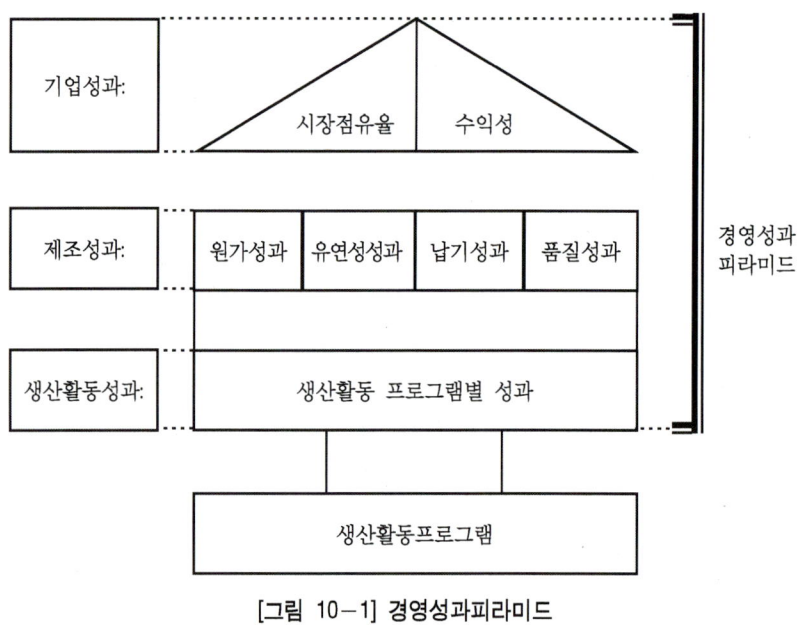

[그림 10−1] 경영성과피라미드

참고: 박준병, 우리나라 기업의 제조성과 특성에 관한 연구, 1997.

경영성과 피라미드는 생산 활동성과-제조성과-기업성과의 관계를 설명하는 성과피라미드를 말한다. 일반적으로 기업의 경쟁력은 결국 생산 활동성과에 기초한 생산 활동프로그램(manufacturing action programmes)이 가장 중요하다. 이미 FMS, JIT, VA, 정보시스템 구축, 작업자·관리자·현장감독자 교육훈련, 작업방법 및 작업환경개선, Benchmarking 등 수많은 생산 활동에 관한 연구가 다양한 각도에서 실행되었으며, 이들 생산 활동프로그램과 다른 경영개념-기업환경, 경영전략, 경영성과 등의 관계를 분석한 수많은 실증적 연구결과가 있다. 경쟁력 확보를 위해서는 생산 활동성과의 역할이 매우 중요하며, 나아가 이들 생산 활동프로그램을 얼마나 전략적으로 활용하느냐 하는 것이 매우 중요하다.

1. 기업의 경영성과를 보는 틀의 변화

기업의 성과는 생산시스템과 밀접한 관계를 가지고 있다. 기술의 발달에 따라 생산시스템의 변화는 수작업 → 기계작업 → 컴퓨터의 도입을 통한 자동화 기계작업 등으로 지속적인 발전을 해 왔다. 이러한 생산시스템의 발전은 기업의 경영성과를 보는 다양한 틀을 제공하였다. 생산시스템의 변화와 성과의 관계를 설명하는 대표적인 연구는 다음과 같다.

(1) 전통적 성과분석: 제품-공정매트릭스

기업생산시스템은 주로 기계화에 바탕을 둔 생산시스템으로서 생산공정의 기계화 정도에 따라서 주문생산, 한정량생산, 조립생산, 연속생산으로 대별되었다[Woodward, 1965].

주문생산시스템(job shop)은 범용설비를 통해 숙련된 기능공이 다양한 주문을 소량씩 생산하는 생산방식으로 작업자의 역할이 매우 강조된다. 한정량생산시스템(batch)은 몇몇 품종의 생산량이 증대됨에 따라서 한정량씩 생산할 수 있는 생산시스템으로서 주문생산보다 기계화가 좀 더 진행된 생산시스템이다. 조립생산시스템(assembly line system)은 특정제품을 대량으로 생산하기 위하여 제품에 특화된 전용설비를 사용하여 표준품을 대량생산하는 형태의 생산공정으로서 기계화가 상당히 진행된 시스템이다. 이 생산시스템은 전용설비로 구성되어 있기 때문에 대량생산을 통한 규모경제성의 장점을 지니고 있으나, 반면에 고객의 욕구변화에 대응한 제품을 신속히 공급할 수 없다는 유연성의 한계를 지니고 있는 생산방식이다. 그리고 연속생산시스템(continuous flow system)은 정유산업 등과 같은 장치산업을 말한다.

Woodward의 생산시스템 구분은 Hayes와 Wheelwright[1979]에 의하여 제품-공정매트릭스(product-process matrix)의 형태로 구체화되었으며, 이 틀이 기계화의 성과특성을 설명하는 틀로서 강조되어 왔다. 제품-공정매트릭스는 공정수명 주기(process life cycle)와 제품수명 주기(product life cycle)를 양축으로 구성되어 있다. 공정수명 주기는 시간적 관점에서 공정의 진행 형태를 설명한 것으로 Woodward의 구분, 즉 주문생산, 한정량생산, 조립생산, 연속흐름생산으로 분류하였으며, 제품수명 주기를 소품종 소량생산, 다품종 소량생산, 소품종 대량생산, 표준품 대량생산으로 나누어 [그림 10-2]와 같이 제품-공정 매트릭스를 제시하였다.

이 매트릭스는 횡축에 제품수명 주기, 종축에 공정수명 주기를 적용하였다. 대각선 위의 위치가 일반적으로 경쟁력과 생존력이 있는 위치이며 나머지 위치는 제품과 공정이 불일치되는 비효율적인 것으로 인식되고 있다. 이 매트릭스에서 공정의 발달이 진행되면 생산시스템이 대각선을 따라 매트릭스의 우측하단으로 이동한다. 따라서

공정구조＼제품구주		제품수명주기				경재우위
		소품종 소량생산	다품종 소량생산	소품종 대량생산	표준품 대량생산	
공정수명주기	주문생산					유연성 품 질
	한정량 생 산					
	조립 생산					
	연속흐름 생산					신뢰성 원 가
경쟁우위		유연성 품 질		신뢰성 원 가		

[그림 10-2] 제품-공정매트릭스의 전략적 의미

참고: 박준병, 우리나라 기업의 제조성과 특성에 관한 연구, 1997.

이 위치에서 생산시스템은 단일 설계제품을 대량생산하며, 규모의 경제를 통한 제품의 단위원가 절감의 성과달성에 일차적인 전략적 목표를 두게 된다. 이 틀하에서는 설비가 특정제품에 전문화되어 환경변화에 대한 유연성(flexibility)을 상실하게 되므로 원가－유연성 간에는 상충작용(trade－off)이 필연적으로 발생한다.

(2) 신생산기술(공장자동화 기술)과 성과

정보기술의 발달은 컴퓨터기술을 생산시스템에 활용하도록 하여 기업성과 평가에도 정보기술을 반영한 생산시스템에 대한 평가를 위한 새로운 틀을 제공하였다. 즉 생산현장의 개별기계, 공정, 시스템에 컴퓨터가 활용됨으로써 과거 기계화 생산방식하의 생산시스템에서는 동시에 달성할 수 없는 성과로 인식되던 원가향상 및 유연성 증가가 동일생산시스템에서 동시에 달성할 수 있게 되었다. Boothroyd [1982]와 Noori[1990]가 새로운 생산시스템에 대한 성과분석 틀을 제시하고 있다. 이들 두 사람의 분석 틀은 기존 제품－공정매트릭스를 다소 수정한 내용으로서 [그림 10－2], [그림 10－3]와 같다. 최근 그 전략적 중요성이 강조되고 있는 공장자동화 생산시스템은 앞에서 살펴본 기계화 생산시스템 개념과는 달리 생산부문에 컴퓨터 관련기기가 사용되고 있는 것을 말한다. 기계화의 생산시스템 틀에서 상반된 개념으로 인식되던 원가(cost)와 유연성(flexibility) 성과를 동시에 달성하는 것을 그 전략적 특성으로 한다. Boothroyd는 [그림 10－2]와 같이 제품－공정매트릭스에서 설명하던 생산시스템 영역(영역 Ⅰ)에 반하여 이상적인 영역으로서 영역 Ⅱ를 제시하였다. 영역 Ⅱ는 기계

화에 의한 생산시스템에 기초한 기존모형의 제 가정으로는 설명하기
어려운 공장자동화에 의한 생산시스템의 구조적 변화를 잘 설명하고
있다.

(3) Noori의 성과분석들

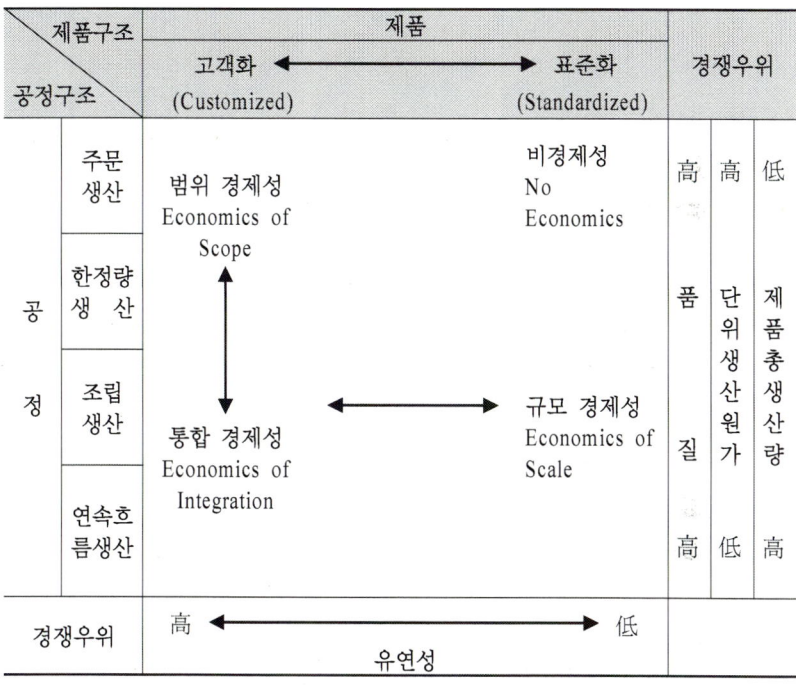

[그림 10-3] 수정된 제품-공정매트릭스(1)

참고: 박준병, 우리나라 기업의 제조성과 특성에 관한 연구, 1997.

신기술은 범위의 경제성과 규모의 경제성을 동시에 실현할 수 있게 하였다. 이제 공장에서 두 가지 경제성과 관계된 성과의 달성이 동시에 가능하게 본적으로 영향을 준다. [그림 10-3]는 규모의 경제성, 범위의 경제성과 비교하여 통합의 경제성이 지니는 전략적 위치를 잘 설명해 주는 수정된 제품-공정매트릭스이다.

다목적 기계의 존재로 인하여 이제는 생산전략이 한 개 혹은 두 개의 경쟁성과에 치중할 필요성이 없어졌으며, 네 가지 성과인 원가, 납기, 유연성, 품질 간의 전통적 상쇄관계는 통합의 경제하에서 전혀 의미를 상실하였다.

2. 전략적 성과분석: 모래성 이론

기업의 성과는 운영적 차원에서 크게 원가, 유연성, 납기, 품질 네 가지로 설명되며, 이들 성과는 다시 원가 중심의 재무적 성과(financial perform-ance)와 유연성, 납기, 품질 등의 비재무적 성과(nonfinancial performance)로 구분된다.

제조성과에 관한 기존연구는 대체로 기업전략, 생산전략, 생산 활동의 변화가 개별 제조성과에 얼마나 유의적인 영향을 주었는가를 실증적으로 분석하는 전략-활동-성과의 적합성에 관한 연구가 주를 이루어 왔다. 이러한 연구들은 전략 및 활동의 변화가 원가 등 각 개별성과에 미치는 영향을 주된 분석대상으로 하였으며, 이들 성과들 상호 간의 영향관계의 분석에는 상대적으로 소홀하였다. 왜냐하면 기계화에 의한 생산시스템하에서 제조 기업은 원가, 유연성, 납기, 품질의 능력 중에서 어느 하나의 능력에 초점을 맞추도록 강요되었기 때문이다. 이는 기계화 생산방식의 한계로 인하여 개별 성과들 간 동시에 실현될 수 없으며 오히려 성과들 간에 상충관계(trade-off)가 존재하였기 때문이다. 다시 말해 기업이 '규모의 경제성'(economies of scale)을 실현하여 원가우위를 점하고자 한다면 생산시스템의 유연성 성과가 상실된다. 이는 기계화의 진행으로 인하여 생산시스템이 표준제품에 더욱 특화됨으로써 시장변화에 신속히 대응할 수 없음을 의미한다.

따라서 이들 제조성과 간의 영향관계를 설명하는 연구들이 최근에 활발히 이루어지고 있으며 대체로 비재무적 성과와 재무적 성과의 영향관계에 초점을 맞추고 있다.

비재무적 성과 중 품질과 재무적 성과에 관한 연구에 의하면, 품질 향상은 불량방지로 인한 낭비요인을 제거함으로써 원가절감으로 연결된다(Crosby, 1979, Doming, 1982). 특히 Adam[1994]의 연구는 불량률, 품질비용, 고객만족을 통하여 품질성과를 측정하고, 이를 독립변수로, 재무적 성과를 종속변수로 품질과 재무적 성과 간의 관계를 실증적으로 분석하였으며 매우 유의적인 영향을 주고 있는 것으로 나타났다.

Swamidass와 Newell(1987)은 유연성과 재무적 성과 간의 영향관계를 실증적으로 검증하였다. 그의 연구에 따르면 생산시스템의 유연성 증가는 곧 재무적 성과향상으로 연결된다는 것이다.

성과 간의 개별적 영향관계를 설명한 연구와 더불어 모든 성과 간의 종합적인 영향관계를 설명하는 기존의 연구를 Ferdows와 De Meyer(1990)는 상충모형(trade-off model), 누적모형(cumulative model)

으로 설명하고 누적모형을 수정한 모래성 모형(sandcone model)을 제시하였다. 모래성 모형에 따르면 품질, 납기(또는 신뢰성), 유연성의 비재무적 성과향상에 기초하여 재무적 성과인 원가효율성이 달성된다는 것이다([그림 10-5] 참조). 즉 생산능력의 지속적인 향상을 위해서는 품질성과가 전제되어야 하며, 품질성과가 증가함에 따라 생산공정의 납기가 향상될 수 있도록 추가적인 노력이 요구된다. 이러한 품질과 납기에 대한 노력이 누적됨에 따라 유연성 향상을 위한 노력이 추가되어야 하며, 최종적으로 원가효율성을 높이기 위한 직접적인 프로그램이 추가되어야 한다. 이와 같은 경쟁력 제고를 위한 노력으로 인하여 원가효율성이 더욱 지속될 수 있으며, 궁극적으로 품질, 납기, 유연성, 원가효율성에 대한 성과향상을 동시에 달성하게 되는 것이다.

3. 전통적 성과평가모형과 전략적 성과평가모형

(1) 성과평가방법의 비교

기업의 성과를 평가하는 시각은 크게 전통적인 시각과 전략적 시각으로 나누어 생각할 수 있다. 전통적인 시각은 성과를 재무적인 측면에서 보는 시각으로서 경영성과를 재무성과와 연결하여 평가하는 시각이다. 그리고 전략적 시각은 성과를 고객의 입장에서 고객만족이란 관점에서 평가하는 것을 말한다. Lynch 등[Lynch and Cross,

〈표 3-1〉 전통적 성과평가시스템과 전략적 성과평가시스템 비교

전통적 성과평가시스템		전략적 성과평가시스템	
특성	내용	특성	내용
재무중심	• 재무지향(과거중시) • 재무측정 • 생산전략과 연계안됨	프로세스 중심	• 고객지향(미래중시) • 재무+고객 측정 • 생산전략과 연계
부분 최적화	• 원가절감 • 수직적 기능적 보고	시스템 최적화	• 성과향상 • 수평적 핵심프로세스보고
단편적	• 원가, 생산량, 품질 등 을 분리하여 평가 • trade off관계 인식못함	통합적	• 품질, 납기, 시간, 원가 를 동시에 평가 • trade off관계인식
개인 인센티브	• 개인적 학습	집단 인센티브	• 조직적 학습

자료: Richard L, Lynch and Kelvin F. Cross, *MEASURE UP!* Blackwell, 1995, p.38.

1995]은 성과를 보는 이 두 가지 시각을 종합하여 〈표 3-1〉과 같이 전통적 성과평가시스템과 전략적 성과평가시스템의 비교를 통하여 다음과 같이 성과평가시스템의 특성을 설명하였다. 첫째, 전통적인 방법은 과거에 실현된 재무자료를 기초로 하며, 성과의 측정도 재무적 성과측정에 기초한다. 그러므로 향후 생산전략을 성과와 연결하여 설명하지 못한다. 반면 전략적 접근방법은 고객만족에 성과평가의 초점을 맞추며, 성과의 측정도 재무적 성과와 함께 비재무적 성과를 포함하여 고객만족을 측정한다. 그리고 생산전략과 연계되어 미래지향적인 성격을 지니고 있다.

둘째, 전통적 성과평가방법의 경우, 각 부문의 효율적인 운영을 통한 원가절감이 궁극적인 성과의 목적으로 전체 기업시스템의 관점

이 아닌 부분최적화가 중시되나, 전략적 방법의 경우에는 부분의 성과보다 고객만족을 목표로 한 기업 전체의 성과향상이 성과의 목적이며 이 방법의 경우 조직 전체의 시너지효과가 매우 중요한 의미를 지니고 있다.

셋째, 전통적 방법에서는 원가, 생산량, 품질 등 기업성과들이 분리되어 평가되었으며 이들 간의 상충관계(trade-offs)를 인식하지 못하였다. 그러나 전략적 방법의 경우에는 품질, 납기, 시간, 원가 등을 동시에 평가하여 이들 성과 간의 상충관계를 성과평가에 반영하였다.

넷째, 성과향상을 위한 교육 및 학습활동에 있어서 전통적 방법하에서는 주로 부분최적화를 위한 개인 위주의 학습이 강조되었으나, 전략적 접근의 경우에는 시스템적 시너지효과가 강조되는 관계로 조직적 학습활동이 강조되었다.

(2) 전략적 성과평가의 특성

성과측정시스템은 마치 전사적 품질관리(TQC) 또는 품질경영(TQM)의 아이디어처럼 성과측정에 전사적인 접근방식을 통해 개별적 개선 프로그램을 상호 연결시키며 이를 포괄하는 역할을 수행하여야 한다. 아울러 구체적인 자료를 토대로 일관된 요약치를 만들어 내어 적시에 목표수행의 정도를 파악할 수 있도록 해야 한다. 이를 위하여 종전의 전통적 성과측정시스템보다 ① 기업의 장기비전을 강조하며, ② 관련당사자들이 이해하기 쉽도록 가급적 단순 명료하며, ③ 재무 및 운영 활동 간에 균형 잡힌 측정치의 마련이 중요시된다. 특히 Mc Nair, Lynch &, Cross(1985)는 기존의 재무측정치 중심의 측정시스템에서 벗어난 전략적 생산 활동 측정시스템이 고객의 가치창조라는 당초 목표한 바를 달성하기 위해서 다음과 같은 점을 유의해야 된다고 강조하고 있다.

1) 가장 중요한 점은 새로운 측정치들은 시장에서의 고객들에게 수긍이 가는 것이어야 한다. 상이한 기능 간의 활동들이 어우러져 단일 경영시스템으로 파악될 수 있어야 하며 부분최적화 대신 기업 전체의 시스템에 대한 성과에 관심을 집중하도록 하여야 한다.

2) 기업내부의 주요 활동단계마다 관련되는 공급자와 고객들을 파악한다. 이들이 상호 관련을 맺는 곳에서는 품질과 납품에 관한 측정치들을 새로이 마련한다.

3) 사이클 시간과 낭비에 관한 측정치들을 계속 체크함으로써 고객의 욕구가 효율적으로 충족되도록 해야 한다.

4. 경영성과 분석모형 및 연구조사방법

(1) 경영성과 분석모형

기업의 경영성과는 전략적 틀 속에서 분석되고 평가되어야 한다. 왜냐하면 기업경쟁력이 경쟁 환경 속에서 평가되며, 경쟁력의 원천이

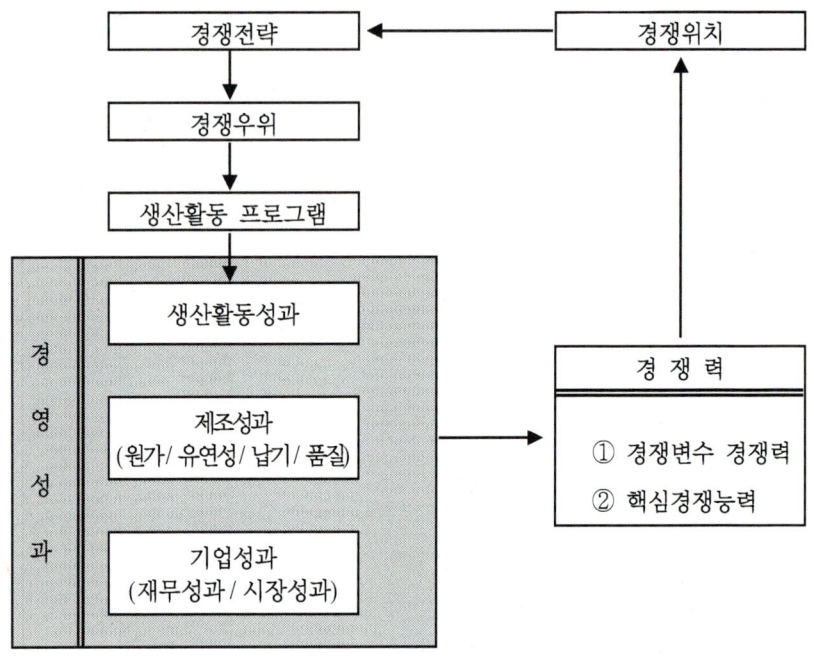

[그림 10-4] 경영성과 및 경쟁력 형성과정의 기본모형

참고: 박준병, 우리나라 기업의 제조성과 특성에 관한 연구, 1997.

기업의 경영성과이기 때문이다. Porter[1980, 1985]가 제시한 경쟁모형에 따르면 기업의 경쟁환경은 소비자, 경쟁자, 공급자, 신규진입자, 대체재로 구성된다. 따라서 기업은 제품경쟁이 이루어지는 과업환경 하에서 이들 환경요소를 종합적으로 분석한 후 시장에서의 기회와 위협을 분석하고 경쟁전략을 수립하게 된다. 기업이 경쟁력을 유지하기 위하여 경쟁전략을 수립하면 그 전략을 구현하기 위한 구체적인 경쟁우위의 목표가 결정되고, 궁극적으로 경쟁우위를 달성하기

위한 생산 활동프로그램이 실행되게 된다. 그러므로 기업의 경영성
과의 평가는 기업전략을 달성하기 위하여 수행된 개별생산 활동성과
의 평가에서부터 시작되어, 제조성과 및 기업성과의 평가 등으로 단
계적으로 이루어지게 된다. 또한 이들 성과들은 결국 기업경쟁력의
원천이 된다. 이러한 성과형성 과정은 [그림 10-4]와 같이 설명될
수 있다.

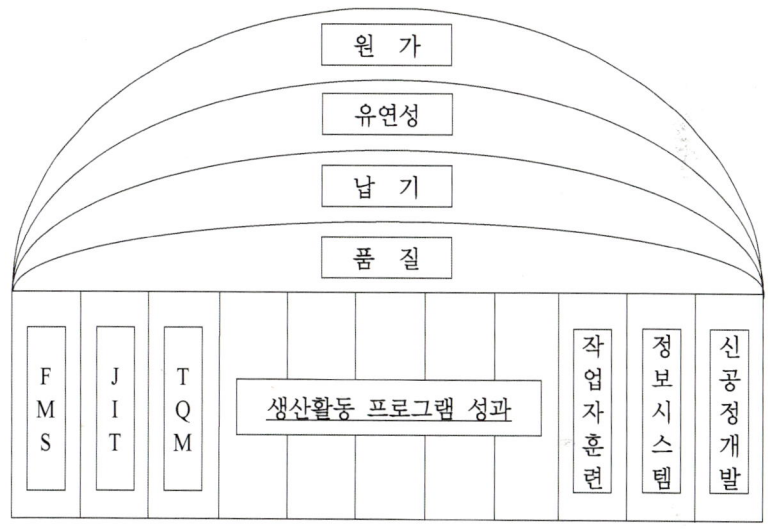

그림 10-5 제조성과분석의 개념적 틀

참고: 박준병, 우리나라 기업의 제조성과 특성에 관한 연구, 1997.

제3부
세 변수 간 적합성 연구의 실증연구

※ 다음의 세 연구는 본 안의 삼방향 상호작용을
이용한 적합성 연구들을 묶어 놓은 것임.

차별화 전략, 경영혁신, 관리회계정보특성 간의 적합성이 조직성과에 미치는 영향*

I. 서론

오늘날 기업들은 환경 변화에 적응하기 위해 전략의 변화를 추구하며, 이를 위한 조직구조의 변화, 그리고 내부적 요소들 간의 결합을 통한 다양한 노력과 투자를 하고 있다. 이러한 노력들은 전사적이고, 총체적인 접근으로 상황, 전략, 조직구조, 생산시스템, 정보시스템 등 전반적인 요소들을 고려하고 있다.

기업이 처한 경쟁 환경이 제품수명 주기의 단축, 더 많은 제품라인과 다양성을 요구하는 격심한 경쟁체제하에서는 원가와 규모 중심의 경쟁보다 차별화를 중심으로 하는 경쟁으로 상황이 변화한다. 이에 따라 상황과 내부능력을 결합시키는 전략적 메커니즘은 자연히 차별화 전략을 채택하게 된다.

혁신(Innovation)이란 생산성을 확대하기 위해 생산요소편성의 변화나 새로운 생산요소의 도입을 통한 획기적인 발전을 꾀하는 포괄적인 기업가의 행위들을 의미한다(Schumpeter, 1912). 협의적인 의미의 혁신은 기술혁신만을 말하나, 광의적 의미에서는 생산기술의 변화뿐만 아니라 신시장이나 신제품의 개발, 신자원의 획득, 생산조직의 개선 또는 신제도의 도입 등과 같이 광범위한 영역을 포함하고

---

* 본 연구는 2007년 산업경제연구 제20권 제4호에 게재된 내용임.

있다. 특히 새로운 아이디어를 실용화하는 과정에서 조직구조나 절차의 변화를 통해 새로운 시스템을 도입하는 경우를 경영혁신(관리혁신)[47]이라고 한다. 이러한 경영혁신의 기본은 경영이론을 밑바탕으로 한 경영전략과 시스템화[48]이다. 기업의 혁신활동은 경영혁신과 기술혁신으로 분류할 수 있는데, 기업의 혁신활동은 기업이 차별화를 통하여 비교우위를 확보하기 위한 가장 중요한 전략적 수단의 하나이다.

회계정보시스템은 정보이용자의 의사결정과 성과평가에 유용한 정보를 적시에 제공하는 데 그 목적을 두고 있다. 하나의 자료가 유용한 정보로서 가치를 갖기 위해서는 정보시스템의 정보특성을 구별하여야 하고 주요 정보특성들이 기업의 환경변화에 따라 어떠한 형태로 변화하는지에 대해 파악해야 한다. 그것은 정보의 특성들이 기업의 정보시스템, 특히 회계정보시스템의 설계에 있어 매우 중요한 변수이기 때문이다.

전략수립에 영향을 미치는 각종 요인들과 전략 간의 관계규명 및 영향관계에 대한 연구는 각 요인과 전략 간의 관계만 아니라 이들을 포함한 조직의 내·외부요인들을 함께 고려할 때 바람직한 결과를 얻을 수 있다(Ginzerberg & Venkatraman, 1985). 즉 특정기업이 전략을 채택하는 과정은 그 기업이 처한 상황을 고려한 후 경쟁우위를 확보할 수 있는 방안으로 특정 전략을 선택하게 된다. 전략의 선택

---

47) 경영혁신은 특히 인력의 선발이나 자원의 할당, 과업구조, 조직구조, 권한이양, 보상 등의 사항들에 새로운 방법을 도입하는 것을 의미한다.
48) 시스템화란 대량의 정보를 컴퓨터에 의하여 즉각적으로 처리하고, 경영 각부의 유기적 결속을 강화하는 것을 의미한다.

이후, 이를 뒷받침하기 위한 조직내부 요소들의 재정립이 이루어지게 된다. 이때 전략과 관련된 제 요소들의 결합관계는 단순한 나열이 아니라 목적을 달성하기 위한 합리적인 결합 형태를 띠게 된다. 전략경영론에서는 이러한 상황요인이나 구조요인들의 합리적인 결합관계가 기업성과 향상이라는 목적을 달성할 수 있다고 본다.[49]

이에 따라 본 연구는 오늘날의 기업들이 속한 전략적 환경을 치열한 경쟁체제로 전제하고 이에 적합한 전략으로 차별화 전략을 선정하였다. 이어서 전략경영론적 메커니즘을 고려하여 차별화 전략과 적합한 경영혁신, 그리고 전략경영론적 관점에서 구성원들의 의사결정과 성과평가에 영향을 미치는 관리회계정보특성 변수 간에 적합한 관계가 존재하는가를 파악하고, 이러한 적합관계가 조직성과에 유의적인 영향을 미치는가를 실증분석을 통해 규명하고자 한다.

이를 위해 본 연구는 다음과 같은 연구를 수행하고자 한다.

첫째, 차별화 전략과 경영혁신 간의 적합성, 차별화 전략과 관리회계정보특성 간의 적합성, 경영혁신과 관리회계정보특성 간의 적합성이 존재하는가?

둘째, 이들 적합성이 조직성과에 유의적인 영향을 미치는가?

셋째, 이들 적합성을 바탕으로 차별화 전략, 경영혁신 그리고 관리회계정보특성을 동시에 적용한 적합성은 조직성과에 유의적인 영향을 미치는가를 규명하고자 한다.

이러한 연구목적을 달성하기 위해 국내의 제조 기업들을 대상으로 실증분석을 통해 가설을 검증해 보고자 한다. 실증분석을 위해 SPSS

---

49) 이러한 합리적인 결합관계를 적합성이라고 한다.

12.0 통계패키지를 이용하였다. 특히 상관관계분석과 다중회귀분석을 이용하여 가설을 실증 분석하고자 한다.

Ⅱ. 이론적 배경

(1) 기초개념 연구

1) 경영전략의 의의 및 유형

전략은 기업의 장기적인 기본목표와 이의 달성에 필요한 행동진로 및 자원배분의 결정으로 정의된다.

전략은 보통 기업전략(corporate strategy)과 사업전략(business strategy) 으로 구분하여 고찰하는 것이 일반적이다. 기업전략은 복수의 제품 시장을 목표로 한 기업 전체의 전략을 말하고, 사업전략은 개개의 제품시장 분야 혹은 사업 분야에 있어서 생산, 마케팅, 재무, 연구개 발 등의 기능적 전략을 말한다.

경영학에서는 전략은 다양한 개념으로 이해되지만 공통점이 있다. 첫째, 기업의 장래방향 또는 이상적인 상태에 대한 일정한 지침을 제공해 준다. 둘째, 기업과 환경과의 관계에서 이해된다. 셋째 기업 에서의 여러 가지 의사결정의 지침 또는 규칙으로서 역할을 수행하 고 있다(강병항, 1996). 또한 기업의 전략은 단순한 장기계획이 아니 라 경쟁자의 계획도 고려해야 하며 기업이 경쟁우위를 차지하고 계 속 유지할 수 있도록 하는 것이다.

기업의 전사수준의 전략개념에서도 여러 가지 개념정의가 이용되고 있는데, 크게 다음과 같이 3가지로 나눌 수 있다. ① 기업의 제품시장구성의 특성 혹은 변화 ② 제품시장구성에 대한 기업의 정책 ③ 환경에 적응함에 있어 기업이 나타내는 반응 유형으로 나누어진다.50) 일반적으로 전략을 환경의 위협이나 기회에 대한 기업의 반응 패턴으로 이해하는 유형이 기본적인 연구유형이다. 이러한 정의를 바탕으로 전략을 유형화한 연구들 중에서 대표적인 연구는 Miles와 Snow의 연구를 들 수 있다.

전략연구에서는 전략유형에 대한 구분을 중요시해 왔다. Miles & Snow(1978)는 환경에 대한 기업의 적응은 기업가적인 문제의 해결, 관리적인 문제의 해결, 그리고 기술적인 문제해결의 순환과정이라고 주장하였다. 이들은 이러한 과정 중에 형성되는 기업의 전략을 방어형 전략(defender), 공격형 전략(Prospector) 및 분석형 전략(analyzer), 반응형(reacter) 전략으로 구분하였다.

방어형 전략은 조직의 안정성 추구에 초점을 두고 환경변화에 대해 아주 신중하게 현상유지적인 태도를 취한다. 방어형 전략을 채택한 기업들은 기술적 효율성의 추구가 중심활동이 된다. 주로 고도의 효율적인 단일 핵심기술의 개발에 주력하고 수직적 통합절차를 통하여 기술적 효율성을 최대화하고자 한다.

이와 달리 공격형 전략을 추구하는 기업들은 기업의 성공요인을 안정성에서 찾지 않고, 새로운 제품과 시장 기회를 포착하고 개척하는 데 있다고 본다. 광범위한 시장계획을 하고 관리적 체계는 조직

---

50) 최종태 현대조직론(서울: 경세원, 1985), p.289.

활동의 통제보다는 촉진에 초점을 두어서 분권화된 형태의 체계를 취한다. 특히 기술과 관련해서는 환경에 신속 정확하게 대응하기 위하여 단일기술을 보유함으로써 발생하는 위험을 탈피하기 위해 노력한다. 따라서 기술의 일상화와 기계화 정도를 가능한 한 낮게 하고 다양한 여러 종류의 기술들을 선도적으로 개발하고자 하는 것으로 나타났다.

분석형 전략은 방어형과 공격형의 결합형으로 한편으로는 수익의 기회를 최대화하면서 다른 한편으로는 위험을 최소화하려는 전략 유형이다.

또한 반응형 전략을 구사하는 기업들은 환경에 일관성 있게 적용하는 메커니즘을 갖고 있지 않으며 일관된 전략을 소유하고 있지 않는 것으로 나타났다. 따라서 항상 불안정한 상태에 있어 전략적으로 실패한 기업들임이 밝혀졌다.

위의 Miles와 Snow의 연구를 통하여 기업들이 여러 가지 전략을 추구할 수 있지만 환경에 대응할 수 있는 극단적인 두 가지 전략은 방어형 전략과 공격형 전략임을 알 수 있다.

Porter(1980)는 차별화 전략과 원가우위 전략 및 집중화 전략으로 본원적 전략유형을 제시하였다. 제품차별화 전략은 경쟁기업과는 다른 차별화된 제품을 제공함으로써 소비자로부터 차별화를 인정받는 데 소요된 비용 이상의 가격 프리미엄을 받는 것을 의미한다. 차별화 전략은 소비자에게 독특한 혜택을 제공하기 위해 추가적인 비용이 필요하고 차별화된 이미지를 유지하기 위해서는 상대적 시장점유율이 낮을 수밖에 없다. 차별화 전략을 추구하는 경우, 신제품개발이나 제품공급의 신속성 등으로 고객만족에 중점을 두고 있지만 원가우위 전략보다 가격경쟁력이 낮기 때문에 시장점유율이 낮은 것이다.

원가우위 전략은 동일한 제품을 훨씬 낮은 원가로 만들어 소비자에게 판매하는 전략을 의미한다. 원가우위 전략은 낮은 원가를 유지하기 위해 추가적인 제품특성이나 서비스를 없앤 표준화된 제품을 소비자에게 제공하는 전략이며, 저원가 전략을 취하는 경우에는 비용절감에 전략의 초점을 맞추고 있기 때문에 원가관리 시스템 등 정형화된 방법을 통하여 성과측정이 가능하고 이에 따라 결과에 대한 관찰이 비교적 쉽다. 저원가 전략을 취하는 기업은 원가절감을 위하여 생산시설의 능률성을 추구하고 간접비를 통제하며 연구개발투자나 서비스, 광고 등을 최소화하려고 하므로 규모의 경제를 추구하는 경향이 강하다(Porter, 1980).

일부 연구자들에 의해 차별화 전략과 원가우위 전략이 양립할 수 있는지를 살펴보았다. 연구결과, 차별화 전략을 추구하는 기업은 시장점유율이 높은 것으로 나타나 Porter(1980)의 연구결과와는 상반된 결과를 보여 주었다. 이는 곧 규모의 경제효과를 가져와 원가를 낮출 수 있으므로 차별화 전략을 수행함과 동시에 원가우위 전략은 양립할 수 있음을 보여 준 것이다(Muray, 1988, Hill, 1988, 조동성과 이동현, 1995).

2) 혁신의 의의 및 유형

혁신(innovation)은 '다시 새롭게 한다.'(make new)는 의미를 지닌 라틴어 '인노바레'(innovare)에서 나온 것으로 묵은 조직과 방법 등을 바꾸어 새롭게 하는 것으로 개인과 사회조직이 새로운 아이디어를 내놓거나 그 아이디어를 수용하고 개발하며 실용화하는 모든 과정을 포함한다.

혁신을 경영에 도입한 학자는 슘페터(J. Schumpeter)이다. 그는 기술혁신(technological innovation)이 경제발전의 진정한 원동력임을 주장한 이른바 '슘페터가설'을 발표했는데, 기술혁신을 신제품과 신기술을 경제시스템으로 도입하는 것으로 간주했다. 그는 또한 혁신은 신제품 및 신기술개발을 통하여 생산함수를 변화시키는 것을 의미하며 혁신을 성공적으로 수행하면 혁신 이전에는 불가능했던 생산능력을 발생하거나 생산능력을 혁신 이전 수준보다 현저히 향상시킬 수 있다고 하였다.

그러나 기술혁신분야에 국한되어 온 경제학적 접근방법은 혁신에 영향을 미치는 여러 요인을 규명하지 못함에 따라 그 대안으로 혁신의 관심영역을 경영학·조직사회학·산업공학 등으로 확대하면서, 관리혁신·조직혁신·조직구조혁신·제품 및 서비스혁신·생산공정혁신·인적 혁신 등 다양하게 전개되었다. 제품 및 서비스혁신과 생산공정혁신은 일반적으로 기술혁신에 포함되어 있으며 조직구조혁신 및 인적 혁신은 관리적 혁신(administrative innovation)으로 분류한다.

혁신은 크게 급진적인 혁신과 점진적인 혁신(Radical vs Incremental Innovation: Dewar & Dutton, 1986), 제품혁신과 공정혁신(Product vs Process Innovation: Utterback and Abernathy, 1975), 기술혁신과 관리혁신(Technical vs Administrative Innovation: Kimberly and Evanisko, 1981) 3가지로 대별된다. 이 중 기술혁신과 관리혁신으로 구분하는 연구는 사회구조와 보다 밀접한 관련을 가지고 있으며(Evan, 1966) 잠재적으로 의사결정과정에서의 차별적인 행동을 포함하고 있다(Daft, 1978).

기술혁신은 조직 내의 기술체계 내에서 발생하여 조직의 기본적인 작업 활동에 직접적인 영향을 미치는 것으로 제품이나 서비스에 내재되어 있는 새로운 아이디어의 채택 또는 생산과정이나 서비스 운용과 관련된 새로운 요소의 도입 등과 같은 형태로 나타난다(Evan, 1966, Daft, 1978, Damanpour & Evan, 1981, Kimberly & Evanisko, 1981).

한편 기술혁신은 다시 공정혁신과 제품혁신으로 구분되는데 공정혁신은 생산이나 서비스 운용과정에서 제품을 생산하거나 서비스를 제공하는 데 필요한 원재료, 과업특화, 작업 및 정보흐름 메커니즘, 장비 등을 도입하는 새로운 요소라고 할 수 있다. 제품혁신은 외부의 사용자나 시장의 욕구에 맞추기 위하여 신제품이나 서비스를 내놓은 것이다(Utterback & Abernathy, 1975).

기업차원에서 관심을 두는 것은 주로 기술혁신과 경영혁신이다. 경영학은 혁신을 상당 기간에 걸쳐 일어나는 통제 가능한 다단계과정으로 보고 있다. 경영학에서 관심을 갖는 혁신을 경영혁신이라고 부른다.

일반적으로 관리혁신은 새로운 제품이나 서비스, 새로운 생산공정기술, 새로운 구조 또는 경영시스템 그리고 새로운 계획 및 프로그램 등과 관련된 활동이다. 또한 경영혁신은 조직이 새로이 채택한 것 가운데 내부적으로 생산하였거나 구매한 장치, 시스템, 정책, 프로그램, 공정, 제품, 서비스 등을 총망라한 것이다(Kimberly & Evanisko, 1981). 관리혁신을 달리 말해 경영혁신으로 명명할 수 있다. 경영전략과의 적합성을 검정하려고 할 경우 단순한 관리적 기능에 머물러 있는 혁신이라는 인상을 줄 수 있기 때문에 본 연구에서는 경영혁신

으로 명칭을 변경한다.[51]

경영혁신은 기업이 경영을 수행해 나가는 과정에서 종전의 경영방식으로 해결하기 어려운 문제가 발생하였을 때 이를 해결하기 위한 기업의 총체적인 노력을 지칭한다. 즉 기업의 목적달성을 위해 새로운 아이디어나 방법, 기술을 동원하여 조직전략, 구조, 시스템, 인재 등 모든 경영관련 요소를 획기적으로 변화시켜 재구성하는 활동을 의미한다(Evan, 1956, Daft, 1978, Kimberly et at., 1981).

경영혁신의 적용 영역으로는 인적 자원 경영혁신, 사무자동화혁신 및 생산경영혁신 등이 있다. 인적 자원 경영혁신은 의식개혁을 위한 이념, 비전, 윤리, 행동강령 등을 제시하고, 조직의 구성, 운영, 평가를 기존의 수직적 조직운영에서 수평적 조직운영으로 변환시키는 것이다. 사무자동화혁신은 기업의 전반적인 업무의 자동화혁신을 의미하는 것으로 MIS를 총칭하는 것이라 할 수 있다. 생산경영혁신은 관리방식과 형식, 스타일, 체계, 투자, 연구개발, 정보와 멀티미디어 혁신과 근로자와 산업종사자의 삶의 질을 향상시키기 위한 다양한 관리 지원체제의 구축과 관리의식의 체계적이고 획기적인 전환이 포함된다.

경영자가 혁신을 전략적으로 수행함에 있어서 세 가지 주된 부분이 있다. 의식혁신, 제품혁신, 과정혁신이 그것이다. 이것을 가리켜 혁신의 트라이앵글(innovation triangle)이라 한다. ① 의식혁신(mind

---

51) 혁신의 용어를 관리혁신으로 규정하면 경영의 하부기능으로 인식될 수 있다. 그러나 위에서 거론한 관리혁신의 경우 전사적 영역에 대한 혁신으로 인식된다. 그리고 본 연구에서는 혁신과 전략의 관련성 연구를 수행하고 있으므로, 본 연구에서는 이후로 관리혁신을 경영혁신으로 명명한다.

innovation)은 우리가 흔히 말하는 '의식개혁'과 연관되는 것으로 이것은 조직을 활성화하고, 기업문화를 창의적이고 적극적으로 만드는 것과 연관된다.

② 제품혁신(product innovation)은 전략경영의 실천 영역으로 신상품 개발뿐 아니라 사업영역의 확대까지 포함된다.

③ 과정혁신(process innovation)은 소비자의 욕구에 부응하는 조직 및 생산과정의 과감한 혁신, 생산성 및 질의 향상, 의사결정체제의 정비 등 여러 작업을 통해 경영의 체질을 강화하는 것을 말한다. 과정혁신은 비즈니스 리엔지니어링의 상당부분을 차지한다.

3) 회계정보시스템의 정보특성[52]

기업 경영에서 의사결정의 유효성을 높이기 위하여, 경영 내외의 관련 정보를 필요에 따라 즉각적으로, 그리고 대량으로 수집·전달·처리·저장·이용할 수 있도록 편성한 인간과 컴퓨터와의 결합 시스템을 경영정보시스템이라고 한다. 이 경우의 의사결정이란 매우 넓은 뜻의 개념으로서 계층적(階層的)으로는 좁은 뜻의 경영정보시스템·관리정보시스템·작업정보시스템으로 구성되고, 직능별로는 재무·구매(購買)·생산·노무·판매 등의 각 정보시스템으로 구성된다.[53]

위의 경영정보시스템의 정의에 따르면 회계정보시스템은 전체 경

---

52) 회계정보시스템의 출력결과인 정보의 속성, 즉 회계정보시스템이 산출한 정보가 어떠한 특성을 가지고 있는가를 나타내는 것으로서 Yadav(1985)는 정보의 구조적 특성은 제외하고 정보의 제공구조와 속성을 들고 있으며, Euwsi-Mensah(1981)는 정보의 질, 이용가능성, 원천, 유형, 시점 등을 제시하고 있다.
53) 두산백과사전.

영정보시스템에 대한 개별 시스템이다. 또한 회계정보시스템은 기업의 외부 이해관계자 및 내부 경영자들의 의사결정을 위한 각종 정보를 산출하고 전달하는 시스템이므로 회계정보시스템에 의하여 제공되는 정보의 질적 특성은 곧 정보 가치나 유용성을 결정짓는다. 결국 경영정보시스템의 특성이 회계정보시스템의 특성이라 볼 수 있고, 설계변수가 될 수 있다. 정보시스템 자체의 가치 또는 성과와 결부되게 된다.

회계정보시스템의 정보특성들을 다룬 기존 연구자들로서는 Dermer[1973], Gordon과 Miller[1976], Euwsi-Mensah[1981], Gordon과 Narayanan[1984] 그리고 Chenhall과 Morris[1986] 등이 있다. 이들 연구자들의 연구결과들을 살펴보면, 회계정보시스템의 정보특성으로서 과거 / 미래정보, 내부 / 외부정보, 재무 / 비재무정보, 정보보고형식, 정보초점, 정보원천, 정보시점, 정보제공빈도, 정보의 양, 추가정보요구, 정보의 질, 정보유형, 정보가치, 정보범위, 정보의 적시성, 정보의 통합도 등을 들고 있다. 각 연구자별 회계정보시스템의 정보특성들을 요약하면 〈표 2-1〉과 같다.

<표 2-1> 회계정보시스템의 정보특성

연 구 자	연구에 이용된 회계정보시스템의 정보특성
Dermer(1973)	재무적 정보 대 비재무적 정보 내부정보 대 외부정보 과거정보 대 미래지향적 정보
Gordon & Miller(1976)	경제적 사건에 대한 측정 및 평가방법(정보시점, 정보형태, 정보원천), 보고의 집중화, 원가배분방법, 보고빈도, 보고방식
Gordon(1978)	정보항목, 정보양식, 정보초점, 정보시기, 정보빈도
McGhee, Shield & Bernberg(1978)	정보의 양, 정보시점, 추가정보요구
Euwsi-Mensah(1981)	정보의 질, 정보의 이용가능성, 정보의 원천, 정보유형, 정보시점
Gordon & Narayanan (1984)	정보의 원천(내부정보 대 외부정보) 정보의 형태(사후정보 대 사전정보) 정보의 형태(재무적 정보 대 비재무적 정보)
Chenhall & Morris(1986)	정보의 범위, 정보의 적시성, 정보의 요약도, 정보의 통합도
최종민과 이진주(1990)	정보의 원천, 정보의 시점, 정보의 산출빈도, 정보의 통합도
김영효(1992)	정보의 범위, 적시성, 요약화, 통합화
전영숭(1992)	정보의 형태, 원천, 시점, 제공빈도, 집합도, 통합도
신건권(1994)	정보형태, 정보내용, 정보시점, 정보통합도, 정보요약도
강병항(1996)	정보의 원천, 정보의 형태, 정보의 내용, 정보의 시점, 정보의 제공빈도, 정보의 제공 속도, 정보의 요약도, 정보의 통합도

4) 회계정보시스템의 상황분석

1970년대 중반 Otley(1980)에 의해 상황이론을 회계정보시스템의 연구에 활용하기 시작했다. Gordon과 Miller[1976]는 회계정보시스템 설계와 관련하여 상황적 설계접근법이라는 개념을 처음으로 제시하였는데, 상황이론적 접근법은 기업환경이 어떻게 변화하든지 간에 이에 공통적으로 적용할 수 있는 회계정보시스템은 존재하지 않는다는 데에서부터 출발하며, 특정 기업의 환경적 특징에 따라 적합한 회계정보시스템 유형이 정의되어야 한다는 것이다.

초기의 상황이론 연구는 주로 상황요인과 회계정보시스템의 특성 간의 상호 관련성을 규명하는 데 초점을 두었으며, 그 후 상황요인과 회계정보시스템의 시스템특성 간의 적합도가 시스템 성과에 미치는 영향을 규명하기 위한 단계로 발전하였다. 최근에는 상황요인과 회계정보시스템의 특성 간의 적합성을 도출하는 다양한 방법을 적용하여 성과에 미치는 영향을 규명하고자 한다.

상황변수와 회계정보특성 간의 관계 연구에 적용되는 상황변수로서는 환경, 전략, 조직구조, 업무특성 등이 있다.

외부환경은 기업의 전략 경영에 영향을 미칠 뿐만 아니라 조직구조에도 영향을 미침을 이론 연구를 통해서 검정되었다. 기업이 직면하고 있는 외적 환경 변화에 따라서 기업의 회계정보시스템에 대한 정보요구가 달라지는 것으로 인식하고, 경쟁정도, 시장환경 및 제약요소의 변화 등에 의해서 측정되는 환경 불확실성의 인지 정도는 회계정보시스템의 정보특성에 영향을 미친다는 것이 검정되었다.

경영전략과 정보특성 간의 관계 연구 결과를 살펴보면, 기업마다 사용된 경영전략의 유형이 다르고 정보특성의 유형이 달라 일관된 결론을 내리기는 어렵지만 경영전략과 정보특성 간에는 유의적인 상관관계가 존재하는 것으로 나타나고 있다.

Chenhall과 Morris[1986]는 외부환경의 불확실성, 조직의 상호의존성 및 조직구조의 분권화와 회계정보특성들 간의 관계를 연구하였다. 연구결과, 분권화된 조직구조와 집합된 정보 및 통합된 정보 간의 관계에서도 역시 유의적인 것으로 나타났다. 그러나 분권화와 광범위한 정보 즉, 외부, 비재무적, 사전적 정보와 적시적 정보 즉, 제공빈도와는 유의적이지 않은 것으로 나타났다.

(2) 적합성이 성과에 미치는 영향에 대한 기존 연구

1) 경영전략 – 경영혁신 간의 적합성 연구

혁신은 묵은 조직과 방법 등을 바꾸어 새롭게 하는 것으로 개인과 사회조직이 새로운 아이디어를 내놓거나 그 아이디어를 수용하고 개발하며 실용화하는 모든 과정을 포함하고 있다. 이에 대한 정의는 그 대상, 방법, 목적에 따라 차이를 보이고 있다.

슘페터(J. Schumpeter)는 기술혁신(technological innovation)이 경제발전의 진정한 원동력임을 주장한 이른바 '슘페터가설'을 발표한 데서 비롯되었다. 그는 기술혁신을 신제품과 신기술을 경제시스템으로 도입하는 것으로 간주했다. 그의 주장에 따르면 이노베이션은 신제품 및 신기술개발을 통하여 생산함수를 변화시키는 것을 의미하며 혁신을 성공적으로 수행하면 혁신 이전에는 불가능했던 생산능력을 발생하거나 생산능력을 혁신 이전 수준보다 현저히 향상시킨다.

탐슨(V.A. Thompson)은 혁신을 새로운 프로세스, 제품 혹은 서비스 등을 조직 내에서 최초로 생성·수용·수행하는 과정이라 정의하였다. 그는 혁신을 조직 안에서의 시도이자 여러 단계적 과정을 거쳐 진행된다고 보았다. 캐롤(J. Carroll)도 혁신을 경영시스템에 있어서 조직구조나 행동과정에 중요한 변화를 초래케 하는 새로운 무엇을 채택하는 과정이라 정의했다. 맨스필드(E. Mansfield)는 혁신을 새로운 제품, 서비스, 프로세스, 아이디어 등의 최초의 개발이며 모방과는 다르다고 보았다. 베커(S.W. Becker)에 따르면 발명은 창조적 활동임에 비해 혁신은 발명의 결과를 조직이 활용하는 것으로 발명과 혁신은 구별되며 혁신은 발명의 다음 과정이자 시간상 차이가 있다.

혁신과 관련하여 처음으로 학문적인 연구를 한 사람은 슘페터(J. Schumpeter)로 그는 기술혁신(technological innovation)이 경제발전의 진정한 원동력이라고 주장하였다. 그의 주장에 따르면 혁신은 신제품 및 신기술개발을 통하여 생산함수를 변화시키는 것을 의미하며 혁신을 성공적으로 수행하면 혁신 이전에는 불가능했던 생산능력을 발생하거나 생산능력을 혁신 이전 수준보다 현저히 향상시킬 수 있게 된다고 하였다.

경영학·조직사회학·산업공학 등이 혁신 연구에 도입되면서 관리혁신·조직혁신·조직구조혁신·제품 및 서비스혁신·생산공정혁신·인적 혁신 등 다양하게 전개되었다. 제품 및 서비스혁신과 생산공정혁신은 일반적으로 기술혁신에 포함되어 있으며 조직구조혁신 및 인적 혁신은 관리적 혁신(administrative innovation)으로 분류한다.[54]

Kimberly와 Evanisko(1981)는 기술의 개발과 사용에 내외적인 기술혁신의 측면이 특정전략과의 적합성에 중요한 영향을 미치고 있음을 제시하였다. 한편 Porter(1985)는 기업전략과 혁신은 서로 양립될 수 있으며 이들 간의 적합성이 강화(reinforcing)될 수 있도록 기업 측은 노력해야 함을 주장하였다. 최근에는 여러 학자들에 의해 전략과 혁신과의 실증적 연계가 이루어지고 있는데, Hambrick, MacMillan, and Barbosa(1983)은 기업전략과 제품혁신의 강도 사이의 적합성을 연구하여, Prospectors 전략유형이 defenders 전략유형보다 제품혁신을 강조하고 있음을 보여 주었다. Miles & Snow(1978)는 혁신의 유형과 수준이 전략과 어떠한 관계를 보이는가를 통하여 Prospector 유형을 가진 성공적인 기업들이 조직의 제품과 관행에 있어 가장 높은 혁신성을 보여 주고 있음을 제시하였다. Kimberly와 Evanisko(1981)는 기술과 전략과의 적합성 관계를 통하여 기업혁신의 3가지 구성요소인 생산방법, 혁신율, 생산의 정교화에 대한 요인을 추출하였다. 그리고 군집분석을 이용하여 6개의 기술혁신의 군들을 도출하였으며 이들 기업군들은 기업전략 변수에 따라 차이가 남을 보여 주었다. 이렇듯 기업혁신과 전략과의 관련성들에 관한 연구는 이들 변수들 간의 적합성에 따라 기업성과에 정의 영향을 미치고 있음을 보여 주고 있으며, 전략유형에 따라서 기술혁신의 차원이 서로 다름을 규범적이며 실증적으로 제시하였다.

김재명 등(2004)은 생산전략의 유형에 따른 적합한 경영혁신의 형태를 제시하였다. 첫째, 가격 중심의 생산전략을 추구하는 기업의 경

---

54) 본 연구에서는 특히 관리적 혁신을 전략을 비롯한 다른 조직영향변수와 관련하여 연구하면서 기업 전체 차원으로 고려되어야 하기 때문에 관리적 혁신을 특히 경영혁신으로 명명하여 연구하고자 한다.

우에 TQM, JIT 등이 적합한 것으로 나타났다. 반면에 조직개혁과 변화를 수반하는 BPR은 가격경쟁력에 별다른 기여를 하지 못하는 것으로 나타났다. 둘째, 품질 중심의 생산전략을 추진하는 기업의 경우는 TQM, JIT, BPR 등이 적합한 것으로 나타났다. 셋째, 유연성을 확보하고자 하는 생산전략의 경우에 BPR과 TQM이 기여하는 것으로 나타났다.

위의 이론을 바탕으로 경영과 관련된 기업의 경영혁신은 기업의 경영을 효율적이면서 기업의 성과를 향상시키는 중요한 경영자원으로서 기업의 경쟁력을 결정하는 중요한 요소이다. 경영자는 기업비전과 사업도메인을 설정해야 하며 이 비전과 도메인을 바탕으로 경영을 전략적으로 수행해 나가야 한다. 기업이 경영전략으로 미래의 비전을 바탕으로 기업이 나아갈 방향성을 제시하는 시나리오라면, 경영혁신은 경영전략을 구체화하는 도구나 수단으로 작용할 수 있다.

2) 전략과 정보특성의 적합성에 대한 연구

1980년대 이후 전략적 개념은 경영학의 모든 분야에 적용되었지만, 오늘날까지 전략에 대한 명확한 개념적 정의가 없이 다양한 전략유형이 사용되고 있는 실정이다. 즉 전략유형은 각 산업별 특성 또는 기업이 처해 있는 내적·외적 환경에 따라 연구를 위한 전략변수들이 달라질 수 있다는 것이다.

회계정보시스템은 기업의 전체 경영정보시스템의 하부 시스템으로, 정보시스템의 특성이 회계정보시스템의 특성이라 볼 수 있다. 특히 회계정보시스템은 기업의 외부 이해관계자 및 내부 경영자들의 의사결정을 위한 각종 정보를 산출하고 전달하는 시스템으로서, 회계정보시스템에 의하여 제공되는 정보의 질적 특성에 의해 정보의 가치나 유용성을 결정짓는다. 결국 회계정보시스템에서 제공되는 정보들의 질적 특성이 정보시스템 자체의 가치 및 성과와 결부되어 회계정보의 가치나 유용성을 결정하게 된다. 회계정보시스템 연구에서 사용된 시스템 특성변수로는 시스템이 산출하는 회계정보특성, 시스템의 정교화 정도, 성과평가 및 보상시스템의 유형, 시스템 이행방식 등이 사용되었다. 이 중에서 산출정보특성이라 함은 회계정보시스템이 산출한 정보가 어떠한 특성을 가지고 있는가를 의미한다.

Young and Selto(1991)는 관리회계시스템과 관련된 기업전략 회계기법, 생산방식, 행동효과 등의 분석 프레임워크를 도출하였다. 그들의 연구결과 기업전략은 생산방식, 회계기법에 영향을 미치는 것으로 나타났다. Miles and Snow(1978)는 경쟁전략과 경영통제시스템 간의 관계를 규명하였다. 기업이 방어적 전략을 채택한 경우 경영통제시스템은 주로 구체적 경영기능 지향적이며, 내부지향적, 위계조직 의존적인 계획수립방법을 채택하고 있으며, 공격적 전략의 경우 외부 지향적, 점증적, 포괄적, 제품시장 지향적, 제품시장 의존적인 계획수립방법을 채택하고 있음을 밝혀냈다. Shank and Govindarajan(1992)은 전략의 유형에 따라 각기 다른 원가분석이 필요하며, 전략유형에 적합한 원가분석기법을 적용함으로써 성과가 높아진다는 것을 실증분석을 통해 규명하였다. Chenhall and Langfield–Smith(1998)는 전략 유형과 경영기법, 회계실무와의 적합성이 성과에 미치는 영향을 규명하였다. 즉 전략의 유형에 따라 각각 다른 경영기법과 회계기법을 적용하면 성과를 높일 수 있다는 것을 실증 분석을 통해 검증하였다.

Abernethy and Guthrie(1994)는 MIS의 설계특성과 기업성과와의 관계를 검증하기 위해 정보범위와 전략유형 간의 결합관계가 경영성과에 미치는 영향을 상호접근법을 적용하여 규명하였다. 그들의 연구에 따르면 방어형 전략을 추구하는 기업보다 공격형 전략을 추구하는 기업의 경우, 광범위 정보에 대한 의존도 높다. 그리고 이러한 적합관계가 형성되면 성과도 높아진다는 것을 규명하였다.

Abernethy와 Brownell[1997]은 공격형 전략을 추구하는 기업은 다른 전략을 추구하는 기업들보다 단순한 재무정보보다는 미래지향적인 장기적 성과에 관한 정보, 방어형 전략의 기업은 효율성 보장을 위하여 원가 지향적인 정보시스템 개발, 작년도와 비교하는 단기적인 성과평가형 정보를 선호한다고 주장하였다. 또한 Miller[1988]는 방어형 전략과 유사한 Porter의 원가우위 전략을 추구하는 기업에서는 운영에 관한 세세한 항목, 공식적인 이익통제와 예산통제에 관련된 정보특성을 선호한다고 주장하였다.

지금까지의 기존 연구의 결과를 보면 성공적인 경영전략의 수행을 위해서는 경영과정 전반에 걸쳐서, 이에 필요한 정보가 적절히 산출, 제공되어야 한다는 점이다. 따라서 전략경영을 지원하는 정보시스템의 설계는 경영전략과정에서 매우 중요한 부분이다. 특히 정보시스템이 산출하는 정보의 특성은 정보시스템의 설계 시 가장 중요한 부분이므로 전략경영과 정보시스템의 정보특성 간의 적합성은 기업성과에 중요한 영향요인으로 작용할 수 있다. 그러므로 전략과 회계정보 간의 관계를 정리하면 전략의 유형에 따라 적합한 정보의 특성이 다르다는 점과 전략유형과 정보특성 간에 적합한 관계가 형성되었을 때 성과에 유의적인 영향을 미친다는 것이다. 결론적으로 경영전략

은 경영정보에의 유형이나 종류에 영향을 미치고, 경영정보는 피드
백되어 경영전략을 수행하여 경영성과를 창출하는 매개체 역할을 한다.

3) 경영혁신과 정보특성 간의 적합성에 대한 연구

기업의 혁신활동은 기업들이 경쟁에서 자신을 차별화하고 비교우
위를 확보하기 위한 가장 중요한 전략적 수단 중의 하나이다. 혁신
은 새로운 제품이나 서비스, 새로운 생산공정기술, 새로운 구조 또는
관리시스템 그리고 새로운 계획 및 프로그램 등과 관련된 활동이다.
또한 조직이 새로이 채택한 것 가운데 내부적으로 생산하였거나 구
매한 장치, 시스템, 정책, 프로그램, 공정, 제품, 서비스 등을 총망라
한 것이다(Daft, 1982).

경영혁신을 범위에 따라 광의의 경영혁신과 협의의 경영혁신으로
구분할 수 있다. 광의의 혁신은 환경의 변화에 대응하기 위한 조직
의 의도적이고 계획적인 변화와 그에 대한 노력을 통칭하는 개념이
다. 반면, 협의의 경영혁신은 경영관리과정의 혁신을 의미하는데, 국
내에서는 관리혁신이라고도 한다. 협의의 경영혁신 즉 관리혁신은
기술혁신과 대비되는 것으로 인식하고 있다.

혁신의 유형을 구분한 이전 연구를 보면 크게 급진적인 혁신과
점진적인 혁신, 제품혁신과 공정혁신, 기술혁신과 경영혁신 3가지로
대별된다. 이 중 기술혁신과 경영혁신은 사회구조와 보다 밀접한 관
련을 가지고 있으며 잠재적으로 의사결정과정에서의 차별적인 행동
을 유도하고 있다. 이러한 혁신은 조직의 광범위한 활동의 결과로서
나타나는 변화이다. 종래에는 기업의 혁신활동으로서 기술혁신의 중

요성이 강조되었으며 최근에는 기술혁신 못지않게 경영관리 전반적인 측면에서의 질적인 변화 즉, 경영혁신이 필수 불가결한 것으로 인지되고 있었다.

오늘날 기업환경은 조직의 생존을 위해 소극적인 현상유지보다는 적극적으로 조직외부의 문제에 대처하고 경쟁력 우위를 확보할 수 있는 기회를 발굴하여 이를 활용하는 방식의 생존전략을 필요로 하게 되었다. 이에 따라 조직 간의 상호관계를 타 기업과의 경쟁상의 비교우위를 확보하기 위한 수단으로 활용하는 기업들이 늘어나고 있다. 또한 기업 간의 연계활동이 보다 빈번하게 형성되어 나타나고 있다. 따라서 혁신적인 기업들은 기술부문, 생산부문, 마케팅부문, 재무부문 등 여러 분야에 걸쳐 외부와의 연계를 맺음으로써 부족한 내부자원을 보충하고 이를 토대로 타 기업과의 경쟁상의 비교우위를 확보하는 수단으로 활용하고 있음을 알 수 있다.

조직은 변화하는 환경에 적응하기 위하여 새로운 환경조건에 적합한 운용 및 관리체계상의 변화를 요구한다. 조직변화의 수단임과 동시에 방법이 되는 것이 바로 조직의 혁신활동이다. 조직의 기업혁신과 관련하여 정보제공 역할을 수행하는 관리회계정보시스템에 대한 이전 연구를 살펴보면 다음과 같다.

Bruns and Waterhouse(1974)는 조직구조와 예산통제시스템에 미치는 영향을 연구하였다. 조직구조에 따라 예산통제시스템에 차이가 나타났지만 기술수준 정도에 의한 차이는 나타나지 않았다.

Milgrom & Roberts(1995)은 상황변수로서 조직 환경과 기술수준을 선정하여 관리회계정보시스템의 설계에 미치는 영향을 연구하였다.

연구결과, 조직 환경과 기술수준변수는 조직구조에 따라 관리회계정보시스템 설계에 서로 다른 영향을 미치고 있음을 살펴보았다.

Merchant(1990)는 생산기술, 시장요인, 조직규모, 차별화 및 예산통제시스템의 정교화 정도 간의 관련성을 연구하였다. 연구결과, 생산기술 수준이나 조직특성은 예산통제시스템의 정교화 정도와 관련성이 있음이 밝혀졌다. 또한 조직규모가 크고 생산기술수준이 높은 기업일수록 중간관리자들이 예산관련활동에 보다 많이 참여하고 공식적인 의사소통을 하며 예산편성과정에 보다 많이 참여하는 것으로 나타났다. 즉 기업의 기술수준이 관리회계시스템 설계에 영향을 미치고 있음을 의미한다.

최종민, 이연희(2002)는 관리회계시스템이 제공하는 비재무적 성과정보의 생산성과에 대한 영향을 조직학습 관점에서 실증 분석하였다. 첨단생산기술과 비재무적 성과정보의 제공과는 양의 상관관계가 존재하고, 첨단생산기술의 도입수준이 높은 상황에서 비재무적 성과정보의 제공이 더 높은 생산성과의 달성으로 연결되기 위해서는 원가기획시스템의 도입 정도와 정보제공의 신속도 또한 높은 수준으로 유지되어야 하는 것으로 나타났다.

이중희(1993)는 자동화 수준과 회계시스템 간의 관련성에 대해 살펴보았다. 그러나 이들은 실질적인 관련성이 없는 것으로 나타나 외국 연구와 비교해 볼 때 우리나라 기업의 현행 원가회계시스템이 재구축되어야 할 필요성을 제시하였다.

이전의 연구결과들을 통하여 기술혁신이나 경영혁신이 회계정보시스템 설계에 영향을 미치는 변수임을 살펴보았다.

Ⅲ. 연구 모형 및 가설 설정

(1) 연구 모형

지금까지 이론 연구를 바탕으로 ① 차별화 전략과 경영혁신 간의 적합성, ② 경영혁신과 관리회계정보특성 간의 적합성, ③ 차별화 전략과 관리회계정보특성 간의 적합성을 파악하였다(가설 1, 2, 3). 이를 바탕으로 이들 적합성이 조직의 성과에 유의적인 영향을 미칠 것이라는 가설을 수립하였다. 또한 ④ 차별화 전략, 경영혁신, 관리회계정보특성의 세 변수의 적합성이 조직성과에 미치는 영향을 파악하기 위해 가설을 수립하였다(가설 4). 다음 [그림 1]은 이들 적합관계를 바탕으로 연구모형을 설정한 것이다.

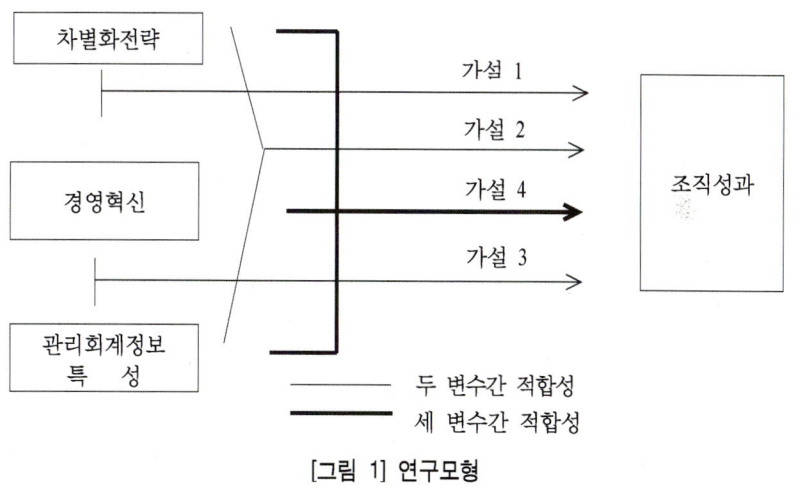

[그림 1] 연구모형

(2) 가설 설정

1) 차별화 전략과 경영혁신 간의 적합성에 대한 연구

원가우위 전략을 추구하는 기업은 상대적으로 안정적인 환경에 있으므로 환경적응의 필요성이 적다. 반면에 차별화 전략은 소비자에게 독특한 혜택을 제공하기 위해 추가적인 비용이 필요하고 차별화된 이미지를 유지하기 위해서는 상대적인 시장점유율이 낮아지는 것도 감수할 수밖에 없다. 또한 이러한 차별화 전략을 추구하는 기업의 과업은 정형화되기보다는 불확실성이 높은 상황에 처할 가능성이 높다(Miller, 1988). 이러한 상황에서는 보다 혁신적인 접근이 필요하게 된다.

경영혁신은 기업이 경영을 수행해 나가는 과정에서 종전의 경영방식으로 해결하기 어려운 문제가 발생하였을 때 이를 해결하기 위한 기업의 총체적인 노력을 지칭한다. 즉 기업의 목적달성을 위해 새로운 아이디어나 방법, 기술을 동원하여 조직전략, 구조, 시스템, 인재 등 모든 경영관련 요소를 획기적으로 변화시켜 재구성하는 활동을 의미한다(Kimberly et. at., 1981).

차별화 전략을 추구하는 기업은 외부 환경적 불확실성과 과업의 불확실성이 높아지는 상황에 처할 가능성이 높게 된다. 이러한 상황에서는 종전의 경영방식이나 경영관련 요소로는 해결하기 어려운 상황들이 발생할 가능성이 높다. 보다 획기적인 방향으로 경영방식을 변하시키거나 경영관련 요소를 재구할 필요를 느끼게 된다.

이러한 상황적 변화를 고려해 볼 때 차별화 전략과 경영혁신 간에는 적합성이 존재할 것이다. 이에 따라 다음과 같은 가설을 수립하여 검정하고자 한다.

▌가설 1➡ 차별화 전략과 경영혁신 간의 적합성은 조직성과에 유
의적인 영향을 미칠 것이다.

2) 차별화 전략과 관리회계정보특성 간의 적합성에 대한 연구

차별화 전략과 관리회계정보특성 간의 적합성에 대해 살펴보면, Shank와 Govindarajan(1992)은 전략의 유형에 따라 각기 다른 원가 분석방법이 요구되며 이들의 적합한 관계에 따라 성과에 유의적인 영향을 미친다는 것을 검증하였다. Chenhall와 Lanfield－Smith(1998)는 차별화 전략을 강조하는 기업이 그에 적합한 경영기법과 관리회계실무를 도입할 경우 높은 성과가 나타난다는 것을 실증분석으로 검증하였다. 그들의 연구는 전략의 유형과 경영기법과 관리회계실무의 유형 간에는 적합성이 존재하며 이들의 적합성은 성과향상에 기여하는 것을 실증분석을 통해 검증하였다. 특히 차별화 전략을 추구하는 기업은 비재무적 정보에 대한 선호도가 높은 것으로 나타났다. Abernethy와 Guthrie(1994)의 연구에서 차별화 전략과 유사한 공격적 전략을 추구하는 기업은 비재무적 정보, 미래지향적 정보, 외부정보, 질적 정보 등의 광범위한 정보를 필요로 하고 있다는 것을 실증분석을 통해 검증하였다. 또한 Abernethy와 Brownell[1997]은 공격형 전략을 추구하는 기업은 다른 전략을 추구하는 기업들보다 단순한 재무정보보다는 미래지향적인 장기적 성과에 관한 정보를 선호한다는 것을 규명하였다.

이에 차별화 전략과 관리회계정보특성 간에 다음과 같은 가설을 수립하였다.

▌가설 2➡ 차별화 전략과 관리회계정보특성 간의 적합성은 조직 성과에 유의적인 영향을 미칠 것이다.

3) 경영혁신과 관리회계정보특성 간의 적합성에 대한 연구

기업의 혁신활동은 기업들이 경쟁에서 자신을 차별화하고 비교우위를 확보하기 위한 가장 중요한 전략적 수단 중의 하나이다. 혁신은 새로운 제품이나 서비스, 새로운 생산공정기술, 새로운 구조 또는 관리시스템 그리고 새로운 계획 및 프로그램 등과 관련된 활동이다. 또한 조직이 새로이 채택한 것 가운데 내부적으로 생산하였거나 구매한 장치, 시스템, 정책, 프로그램, 공정, 제품, 서비스 등을 총망라한 것이다(Daft, 1982). 특히 경영혁신은 환경의 변화에 대응하기 위해 조직의 경영방식을 새롭게 바꾸는 총체적인 노력을 의미하는 것으로 고객을 위한 가치창조라는 경영목적을 효과적·능률적으로 달성하기 위한 인적, 물적 자원의 최적 결합 및 활용을 의미한다. 이러한 경영혁신에 대한 개념을 바탕으로 신제품, 생산기술, 새로운 구조나 관리시스템과 관리회계정보특성 간의 적합성에 대한 이론적 근거를 정리하면 다음과 같다.

Vercio(1993)는 기업의 조직을 크게 제품조직, 기능조직, 프로세스조직으로 구분하는 가운데, 고객을 위한 가치창조를 궁극적인 목적으로 삼는 기업에게는 제품이 핵심이 될 수밖에 없으며 상기 세 가지 조직유형 간의 연계를 가능케 하는 매개체가 곧 활동(activity)이라고 하였다. 이러한 활동개념을 바탕으로 위의 세 가지 조직에 적합한 원가계산시스템과 원가관리시스템으로 ABC(활동기준 원가계산)와 ABM(활동기준원가관리)을 제시하였다.

제조 기업 내 첨단생산기술(Advanced Manufacturing Technology: AMT)의 도입은 관리회계정보가 제공하는 각종 정보의 유형과 보고방식에 많은 변화를 초래하였다(Nanni 등. 1992: Gosse. 1993). AMT 도입에 따라 요구되는 대표적인 관리회계정보로서 비재무적 성과정보를 들 수 있다(MacArthur, 1996: Bledsoe와 Ingram. 1997). 비재무적 성과측정치는 AMT의 전략적 이점들이나 목표들을 구현, 평가하는 수단으로 사용될 수 있으며, 조직구성원들로 하여금 전략적 목표들을 달성하도록 동기 유발하며 촉진시키는 역할도 한다(Kaplan. 1983, 1984). 많은 학자들(예: Ittner와 Larcker. 1995, Chenhall, 1997, Harrison과 Poole, 1997)이 AMT와 비재무적 성과 정보들 간의 상호관련성을 입증하였다.

상보성 이론에 의하면 첨단 생산시스템은 조직구조, 통제시스템 및 관리회계정보 등과 같은 조직 내 다른 구성요소들과의 상호보완 관계를 명확히 수립할 때만 조직(생산)성과 증진에 기여할 수 있다(Milgrom과 Roberts, 1995). 특히 관리회계정보시스템이 제공하는 비재무적 정보는 첨단생산시스템과 상호 작용하여 생산성과 증진에 긍정적인 영향을 미칠 수 있다는 것이다(Ittner와 Larcker, 1995, Abernethy와 Lillis, 1995). 따라서 AMT 수준이 높은 경우, 상호보완 관계측면에서 본다면 재무적 정보보다 비재무적 정보가 더 적합하다는 것을 알 수 있다.

위의 제품, 생산기술, 기업조직구조, 통제시스템 등과 관리회계정보 간의 관련성을 바탕으로 다음과 같은 가설을 수립하였다.

┃가설 3 ➡ 경영혁신과 관리회계정보특성 간의 적합성은 조직성과에 유의적인 영향을 미칠 것이다.

4) 차별화 전략, 경영혁신, 및 관리회계정보특성 간의 적합성 연구

지금까지 전략, 유기적 구조, 최고경영자 특성에 대한 연구에서 두 변수 간의 관계에 대한 연구들의 결론은 두 변수 간의 관계를 고려하여 적합성이 존재하며, 이 적합성이 조직의 성과에 유의적인 영향을 미치는 것으로 파악되었다. 이에 따라 조직성과에 미치는 영향관계를 설명할 때 보다 높은 설명력을 가지는 모형을 수립하고 이를 해석하기 위해서는 보다 많은 변수를 적용한 적합성을 이용한 영향관계분석이 보다 바람직한 결과를 나타낼 수 있을 것이다.[55]

지금까지의 두 변수 간의 관계를 정리하면, 차별화 전략과 유기적 구조 간의 적합성(Porter, 1980, Chandler, 1962, Hambrick, 1983b, White & Hamermesh, 1981), 차별화 전략과 최고경영자 특성 간의 적합성(Thomas, Litschert & Ramaswamy, 1991, Baum, 1994), 최고경영자 특성과 유기적 구조 간의 적합성(Chandler, 1962, Hambrick, 1983b, Cummings, 1983)이 존재하므로, 두 변수들만의 관계들을 정리하면, 차별화 전략-유기적 구조, 유기적 구조-최고경영자 특성 그리고 차별화 전략-최고경영자 특성 간의 적합성이 조직성과에 유의적인 영

---

55) 이 관계를 고려할 때 두 변수 간의 관계로만 한정하는 경우에는 복잡한 상황을 고려하지 않고 단순화하여 결과를 왜곡하는 오류를 범할 수 있다는 점을 간과해서는 안 된다.

향을 미칠 것이라는 것을 알 수 있다.

지금까지 이론적인 근거를 통해 두 변수들 간의 적합성이 존재할 것이라는 것을 알 수 있었다. 이에 따라 여기서는 세 변수를 동시에 고려한 적합성이 조직성과에 미치는 영향관계를 파악하고자 한다. 즉 다음과 같은 가설을 설정할 수 있을 것이다.

┃가설 4➡ 차별화 전략, 경영혁신 그리고 관리회계정보특성 간의 적합성이 조직성과에 유의적인 영향을 미친다.

(3) 변수의 정의 및 측정방법

1) 경영혁신

본 연구에서는 이상식(1998)의 연구에서 적용된 설문항목을 적용하였는데, 경영혁신을 ABC, TQM, JIT, 균형 잡힌 성과 표, 벤치마킹, 시간기준경쟁, 리스트럭처링, 아웃소싱, 다운사이징에 대한 도입정도로 구분하고, ① 미도입, ② 계획단계, ③ 실시초기단계, ④ 실시중간단계, ⑤ 완료단계의 5점 척도로 측정하였다. 또한 각 경영혁신기법의 필요성을 Likert의 5점 척도로 측정하였다. 이러한 분석방법은 경영혁신이 도입·활용되고 있다고 인지하는 집단이 아직 미도입 또는 계획단계에 있다는 기업에 비하여 경영혁신이 경영성과 향상에 매우 많은 기여를 했고, 내부경영혁신의 필요성에 대해서도 보다 더 적극적으로 인지하고 있다는 관점에서 출발한다. 아울러 경영혁신기법들의 실시초기단계, 실시중간단계와 완료단계에 있는 기업들이 각 경영혁신기법의 수행과정에서 발생하는 문제점과 경영자 및 종업원의 관심도를 Likert의 7점 척도로 측정한다.

2) 차별화 전략

본 연구에서 경쟁전략에 대한 변수는 Porter(1980)의 본원적 경쟁전략 유형과 Miles and Snow(1978)의 전략 유형을 고려하였다. 측정은 Miller(1987)가 개발한 포터의 본원적 경쟁전략에 대한 측정도구를 사용하였다. 측정도구는 기업이 취하고 있었던 경쟁전략을 기준으로 하여, 경쟁자에 대한 태도와 혁신적 성향, 경쟁상의 공격성, 위험에 대한 태도, 의사결정의 과감성의 항목으로 리커어트 7점 척도로 측정되었다.

3) 관리회계정보특성

회계정보특성은 선행연구자들이 사용한 회계정보특성 변수들 중에 Chenhall과 Morris(1986), 최해수(2000)가 사용한 변수들 즉, 정보범위, 정보적시성, 정보 집합도를 사용하였다. 정보범위(information scope)는 회계정보시스템이 운영회계정보시스템의 특성인 재무, 수량, 내부정보에 비해 비재무, 비수량, 외부정보의 이용 정도로 정의한다. 정보적시성(information timeliness)은 회계정보시스템이 경영자에게 적시에 정보를 제공하는지의 여부로 정의하였다. 정보 집약도(Information Aggregation)는 회계정보시스템이 단일 시점, 단일 부서의 세밀한 정보에 비해 여러 시점, 여러 부서의 요약 압축된 정보의 이용 정도로 정의하였다.

4) 성과변수

성과는 조직의 바람직한 행동의 결과로서 조직 유효성으로 일컬어지기도 한다. 조직의 유효성은 여러 학자들에 의해 다양하게 정의되고 있다(Quinn and Cameron, 1983, Quinn, 1988). 본 연구에서는 조직의 성과 지표로서 주관적인 성과평가로써 그룹에서 기대하는 성과 수준의 달성 정도에 대한 성과 평가와 주요 경쟁자에 대한 경쟁우위에 대한 평가를 동시에 고려하여 분석할 것이다.

5) 적합성 변수

본 연구에서는 Van de ven & Drazin(1985)의 연구에서 시스템 접근법에 의한 적합성을 적용하였다. 이를 위해 다중회귀식에서 삼방향 상호 작용 항이 유의수준의 범위 내에 존재하면 유의적인 적합성이 존재하는 것으로 판단한다.

다음 〈표 3−1〉은 본 연구의 목적을 달성하기 위한 각각의 변수들에 대한 대리변수들을 표로 나타낸 것이다. 변수의 항목과 각 변수를 측정하기 위한 조작적 정의에 해당하는 구체적인 항목을 나열하였다. 각 항목에 대한 측정은 7점 측도를 사용하여 측정하였다. 마지막으로 관련 항목을 사용한 기존 연구들을 나열하였다. 위의 〈표 3−1〉은 본 연구의 목적을 달성하기 위한 각각의 변수들에 대한 대리변수들을 표로 나타낸 것이다. 변수의 항목과 각 변수를 측정하기 위한 조작적 정의에 해당하는 구체적인 항목을 나열하였다. 각 항목에 대한 측정은 7점 측도를 사용하여 측정하였다.

<표 3-1> 변수의 조작적 정의

변수명	대리변수	관련 연구
차별화 전략	① 경쟁자에 대한 귀사의 태도(V1.1) ② 귀사의 기업혁신에 대한 경향(V1.2) ③ 귀사의 경쟁자에 대한 공격성(V1.3) ④ 위험에 대한 귀사의 태도(V1.4) ⑤ 귀사의 의사결정의 과감성(V1.5)	• Porter(1980, 1985) • Miles & Snow(1978) • Miller(1987)
경영 혁신	① 벤치마킹(Benchmarking) 도입 정도 ② 리엔지니어링(Reengineering) 도입 정도 ③ 아웃소싱(Outsourcing) 도입 정도 ④ 다운사이징(Downsizing) 도입 정도 ⑤ 시간기준경쟁(TBC) 도입 정도 ⑥ 전략적 제휴(SA) 도입 정도 ⑦ 고객만족경영(CSM) 도입 정도 ⑧ 활동기준원가계산(ABC) 도입 정도	이상식(1998)
관리회계 정보특성	① 회사내부정보와 비교하여 경쟁업체의 기술개발동향, 재무비율, 수익률, 경제지표 등 외부정보 ② 재무적, 수량적 정보와 비교하여 부산물수준, 조직구성원 이직률, 소비자 선호도, 노사관계정보 등 비재무적, 비수량적 정보 ③ 단기적, 운영적 정보와 비교하여 원가동인, 목표원가, 품질원가, 제품수명 주기원가정보 등 장기적, 전략적 정보 ④ 과거정보와 비교하여 표준원가, 예산, 재무예측, 손익예측 정보 등 미래예측정보 ⑤ 제품별 매출실적, 생산월보 등 각 부서의 요약된 회계정보 ⑥ 주, 월, 분기, 연간 등 특정 기간에 대한 요약된 회계정보 ⑦ 할인현금흐름분석모델, 신용도분석모델, CVP분석모델 등 정형적인 의사결정모델을 위한 요약된 회계정보 ⑧ 책임회계단위별 예산대비실적분석정보와 같은 통합된 회계정보 ⑨ 책임회계단위별, 부서별, 예산목표 설정을 위한 통합된 회계정보 ⑩ 내부대체거래정보, 공통비배분정보 등 타부서와의 통합된 회계정보	Chenhall & Morris(1986),

변수명	대 리 변 수	관련 연구
조직성과	① 매출액 및 그 성장률(V4.1) ② 이익 창출(V4.2) ③ 현금흐름(V4.3) ④ 연간목표 달성(V4.4) ⑤ 신제품 및 신시장 개척(V4.5) ⑥ 성과 일반(V4.6) ⑦ 그룹에 대한 기여도(V4.7) ⑧ 연구 개발 투자(V4.8)	• Gupta & Govindarajan, 1986 • Govindarajan, 1988
적합성	3변수 간의 내적 일관도(세 변수 간 상호 작용 항)	• Van de ven & Drazin(1985) • Choe(1998)

Ⅳ. 실증분석 및 가설검증

(1) 조사대상기업의 선정 및 표본의 특성

본 연구는 우리나라의 제조업체를 대상으로 표본을 선정하였다. 본 연구의 모집단은 대우증권에서 발행한 상장회사 서베이(2002)에 수록된 기업을 대상으로 하였으며, 설문은 표본 추출된 제조업체를 대상으로 우편조사와 E-mail 조사를 실시하였다. 본 연구의 최종 분석에 사용된 표본의 기업특성은 다음 〈표 4-1〉과 같다.

<표 4-1> 표본기업의 특성을 업종별, 규모별 요약

업 종	표본 수	비율	매출액	표본 수	비율
음식료품	30	13.0	1000억 이하	59	26%
제1차 금속산업	7	3.0			
조립금속제품	11	5.0			
기계 및 장비제조업	11	5.0	1000~2000억	46	20%
사무·계산 및 회계용 기계	9	4.0			
영상·음향 및 통신장비	11	5.0			
전기기계 및 전기변환 장치	18	8.0	2000~4000억	11	5%
자동차 및 트레일러	11	5.0			
선박·기타 운송장비	9	4.0	4000~7000억	23	10%
의료·정밀·광학기기 및 시계	21	9.0			
가구 및 기타 제조업	18	8.0			
섬유제품	5	2.0	7000~9000억	59	26%
의복·모피·가죽·신발제품	16	7.0			
목재·나무제품	2	1.0			
펄프·종이 및 종이제품	14	6.0			
화합물 및 화학제품	21	9.0	무응답	30	13%
석유 정제제품	2	1.0			
고무·플라스틱제품	7	3.0			
비금속광물제품	5	2.0			
합 계	228	100	합 계	228	100%

　　표본기업들은 건설업을 제외한 19개 업종의 제조업체로 구성되었으며, 표본기업의 특성들을 고루 적용하기 위해 각 업종별로 고루 표본을 추출하였다. 설문에 대한 응답자는 기업의 생산 활동 및 원가관리활동 전반에 대해 충분히 파악할 수 있는 경리, 총무관련 부서 책임자나 관리자, 부서 담당자 등을 대상으로 하였다. 설문조사 기간은 2003년 4월 15일부터 4월 30일까지 16일간으로, 리서치 패널 회사를 통해 설문작업을 수행하였다. 리서치 패널회사를 통한 설문

조사의 경우 회수율을 높일 수 있고 또한 신속한 설문 회수가 가능하다는 장점이 있다. 또한 피응답자들이 사전 동의과정을 거치기 때문에 응답에 대한 신뢰도를 높일 수 있었다. 설문지는 총 235부를 회수하였고, 설문에 대한 일관성이 없거나 무성의하게 작성한 설문지 7부를 제외하고 228부를 본 연구에 이용하였다.

(2) 측정도구의 신뢰성 및 타당성 분석

1) 신뢰성 분석

본 연구에서 신뢰성 검증을 위해 Cronbach's Alpha Test를 이용하여 검증하였다. 차별화 전략, 최고경영층 특성, 유기적 구조, 조직성과에 대한 신뢰성 분석을 실시하였다. 세부적인 신뢰성 검증에 대한 내용은 다음 〈표 4-2〉와 같다.

다음 〈표 4-2〉를 보면 신뢰성 분석결과 차별화 전략, 최고경영층 특성, 유기적 구조, 기업성과 변수들의 신뢰성 계수(α계수)는 모두 0.6 이상으로 나타났다. 설문항목의 수가 10개 이하인 경우 α계수가 0.7 이상이면 신뢰도가 상당히 양호하다고 보고 있으며(Nunnally, 1978), 분석단위가 조직 혹은 부서 단위일 경우에는 α계수가 0.6 정도이면 측정지표의 신뢰성에 큰 문제가 없는 것으로 판단한다(Van de ven & Ferry, 1980). 따라서 본 연구에서 변수를 구성하는 항목들에 대한 측정치들은 유효하게 이용될 수 있음을 알 수 있다.

<표 4-2> 변수들에 대한 신뢰성 분석 결과

통계량 변 수	분석 전 항목	분석 후 항목	α 계수	평균	최솟값	최댓값	N
차별화 전략	5	5	0.6552	4.1395	3.6842	4.4518	228
경영혁신	8	8	0.9325	4.2398	3.8202	4.5877	228
관리회계정보 특성	10	10	0.9359	4.2083	4.0132	4.4167	228
조직성과	8	8	0.9257	4.2648	3.9868	4.3684	228

2) 타당성 분석

본 연구에 사용된 다항목 척도들의 구성타당성 검증을 위하여 요인분석(Factor Analysis)을 실시하였다. 요인분석에서는 Varimax법에 의한 직교 회전에 의하여 요인 적재치를 산출하였다. 요인분석의 결과 일반적으로 요인적재치가 0.4 이상을 나타낼 경우 해당 설문항목이 특정 요인으로 묶어진다고 본다(Choe, 1998). 이에 따라 다음 〈표 4-3〉은 각 변수들의 항목들을 요인분석을 실시하여 유인추출 기준에 적합하고, 요인적재치가 0.4 이상인 항목들에 대해서만 각 성분별로 표시하였다. 차별화 전략과 유기적 구조, 조직성과에 적용된 항목들의 경우 신뢰성 분석의 결과 채택된 항목들이 모두 하나의 성분으로 구성되는 것으로 나타났다.

<표 4-3> 변수들에 대한 타당성 분석 결과

	항목	요인적재값	Eigen value	% of Var
차별화 전략	S1	0.6533	2.1218	42.4366
	S2	0.6139		
	S3	0.5504		
	S4	0.6765		
	S5	0.7468		
경영혁신	I1	0.807321	5.454205	68.17756
	I2	0.845078		
	I3	0.817686		
	I4	0.85647		
	I5	0.867331		
	I6	0.798895		
	I7	0.791897		
	I8	0.817638		
관리회계정보특성	A1	0.777561	6.348126	63.48126
	A2	0.719099		
	A3	0.80087		
	A4	0.812124		
	A5	0.774392		
	A6	0.766519		
	A7	0.793441		
	A8	0.835644		
	A9	0.856955		
	A10	0.82221		
조직성과	P1	0.8506	5.3044	66.3046
	P2	0.8428		
	P3	0.7476		
	P4	0.8531		
	P5	0.7643		
	P6	0.8653		
	P7	0.8073		
	P8	0.7740		

(3) 가설검증

1) 두 변수 간의 상호 작용 항이 조직성과에 미치는 영향에 대한 가설 검정

〈가설 1〉, 〈가설 2〉, 〈가설 3〉에 대한 검정을 위하여 차별화 전략, 경영혁신, 관리회계정보특성들 간의 Pearson 상관분석을 실시하였다. 그 결과가 〈표 4-4〉에 제시되어 있다.

<표 4-4> 독립변수들 간의 상관관계 (Pearson Correlation, N: 228)

	차별화 전략	경영 혁신
경영 혁신	0.330**	
관리회계정보특성	.422**	.665**

〈표 4-4〉를 보면, 차별화 전략과 경영혁신 간의 관계에는 유의적인 상관관계가 존재하는 것으로 나타났다. 즉 차별화 전략에 대한 수준이 높은 기업일수록 경영혁신의 정도는 높게 나타나고 있다. 차별화 전략과 관리회계정보특성 간의 관계에도 유의적인 상관관계가 존재하는데 이는 차별화 전략의 수준이 높은 기업일수록 관리회계정보특성이 높게 나타난다는 것을 알 수 있다. 그리고 경영혁신과 관리회계정보특성 간의 관계에도 유의적인 상관관계가 존재하는 것으로 나타났는데, 이는 경영혁신수준이 높은 기업일수록 관리회계정보특성이 높게 나타난다는 것을 의미한다.

이러한 상관관계분석을 바탕으로 가설들을 검정하기 위해 회귀분석을 실시하였다. 본 연구에서 두 변수 간의 적합성을 두 변수의 상호 작용 항으로 구하여 이 상호 작용 항을 독립변수로 하여 종속변수인 조직성과에 미치는 영향을 규명하기 위해 회귀분석을 실시한 것이다.

본 연구의 두 변수 간의 상호 작용효과를 검증하기 위한 변수들은 크게 차별화 전략, 경영혁신, 그리고 관리회계정보특성으로 구분할 수 있다. 이에 따라 두 변수 간의 상호 작용효과를 검증하기 위한 다중회귀식은 다음과 같다.

차별화 전략과 경영혁신 간의 적합성이 조직성과에 미치는 영향
$$Y = \alpha + \beta_1 DIF + \beta_2 INV + \beta_3 DIF \times INV + \epsilon \qquad \text{(식 1)} [56]$$

차별화 전략과 관리회계정보특성 간의 적합성이 조직성과에 미치는 영향
$$Y = \alpha + \beta_1 DIF + \beta_2 MAI_1 + \beta_3 DIF \times MAI_2 + \epsilon \qquad \text{(식 2)}$$

경영혁신과 관리회계정보특성 간의 적합성이 조직성과에 미치는 영향
$$Y = \alpha + \beta_1 INV + \beta_2 MAI_1 + \beta_3 INV \times MAI_2 + \epsilon \qquad \text{(식 3)}$$

위의 식을 바탕으로 회귀분석을 실시하였다. 회귀분석에서는 상호 작용 항에 대한 회귀계수의 유의확률이 0.15 이하인 항목을 분석에

---

56) Y: 조직성과, DIF: 차별화 전략, INV: 경영혁신, MAI: 관리회계정보특성

포함하였다. 회귀분석에서는 상호 작용 항에 대한 회귀계수의 유의확률이 0.10 이하인 항목을 분석에 포함하는 것이 일반적이지만, 본 연구에서는 유의성이 다소 제한되더라도 한계적 분석을 위하여 유의확률이 0.15 이하인 항목도 분석에 포함하였다(Ittner & Larcker, 1997).

<표 4-5> 두 변수 간 적합성이 조직성과에 미치는 영향

차별화 전략과 경영혁신 간 적합성 분석			차별화 전략과 관리회계정보특성 간 적합성 분석			경영혁신과 관리회계정보특성 간 적합성 분석		
변수	계수	P	변수	계수	P	변수	계수	P
상수	2.504	0.000	상수	2.268	0.006	상수	2.443	0.000
① 차별화 전략	0.133	0.376	① 차별화 전략	−.036	0.861	① 경영혁신	−0.002	0.986
② 경영혁신	0.086	0.609	② 관리회계 정보특성	.213	0.264	② 관리회계 정보특성	0.263	0.010
① × ②	0.060	0.125[57]	① × ②	.070	0.124	① × ②	0.045	0.074
R^2	0.420		R^2	0.449		R^2	0.454	
F value	54.105		F value	60.848		F value	62.183	
P	0.000		P	0.000		P	.000	

차별화 전략과 경영혁신 간의 상호 작용 항이 조직성과에 미치는 영향에 대한 〈가설 1〉을 검정하기 위해 〈표 4-5〉를 보면, 차별화 전략과 경영혁신 간의 상호 작용 항이 조직성과에 유의적인 영향을

---

57) 회귀분석에서는 상호 작용 항에 대한 회귀계수의 유의확률이 0.10 이하인 항목을 분석에 포함하는 것이 일반적이지만, 본 연구에서는 유의성이 다소 제한되더라도 한계적 분석을 위하여 유의확률이 0.15 이하인 항목도 분석에 포함하였다(Ittner & Larcker, 1997).

미치고 있어 〈가설 1〉은 채택되었다. 차별화 전략과 관리회계정보특성 간의 상호 작용 항이 조직성과에 유의적인 영향을 미치는 것으로 나타나 〈가설 2〉도 채택되었다. 경영혁신과 관리회계정보특성 간의 상호 작용 항이 조직성과에 유의적인 영향을 미치고 있어 〈가설 3〉도 채택되었다.

회귀분석 결과 상호 작용 항의 회귀계수가 성과변수들에 유의적인 영향을 미치는 것으로 나타난 회귀식에 대해서는 단조적(Monotonic), 비단조적(Non monotonic) 증가분석을 추가하여 실시하였다(Schoonhoven, 1981, Choe, 1998). 본 연구에서 적용된 두 변수 간의 다중회귀식은 다음과 같다.

차별화 전략과 경영혁신 간의 적합성이 조직성과에 미치는 영향에 대한 회귀식은 (식 1), 차별화 전략과 관리회계정보특성 간의 적합성이 조직성과에 미치는 영향에 대한 회귀식은 (식 2), 경영혁신과 관리회계정보특성 간의 적합성이 조직성과에 미치는 영향에 대한 회귀식은 (식 3)이다.

$$Y = 2.504 + 0.133 \cdot DIF + 0.086 \cdot INV + 0.060 \cdot DIF \cdot INV + \epsilon \quad (\text{식 1}) \text{ [58]}$$

$$Y = 2.268 - 0.036 \cdot DIF + 0.213 \cdot MAI_1 + 0.070 \cdot DIF \cdot MAI_2 + \epsilon \quad (\text{식 2})$$

$$Y = 2.443 + 0.263 \cdot MAI - 0.002 \cdot INV + 0.045 \cdot INV \cdot MAI_2 + \epsilon \quad (\text{식 3})$$

(식 1)은 차별화 전략(DIF)에 대하여 미분하고, (식 2)는 관리회계정보특성(MAI)에 대하여 미분하고, (식 3)은 경영혁신에 대하여 미분하여 다음 (식 4), (식 5), (식 6)을 구했다.

---

58) Y: 조직성과, DIF: 차별화 전략, INV: 경영혁신, MAI: 관리회계정보특성

$$\frac{\triangle Y}{\triangle DIF} = 0.133 + 0.146 \cdot INV \qquad\qquad (식4)$$

$$\frac{\triangle Y}{\triangle MAI} = 0.213 + 0.034 \cdot DIF \qquad\qquad (식5)$$

$$\frac{\triangle Y}{\triangle INV} = -0.002 + 0.308 \cdot MAI \qquad\qquad (식6)$$

(식 4), (식 5), (식 6)에서 좌변의 값을 0으로 둘 경우, INV의 값은 -0.911, DIF의 값은 -6.265, MAI의 값은 0.006이다. 이때, 이 값들은 각각의 변수의 실제 측정범위(INV: 1~7, DIF: 1.4~6.4, MAI: 1~7) 내에 포함되지 않는다. 그러므로 차별화 전략과 경영혁신 간의 관계는 조직성과에 단조적으로 영향을 미친다.[59] 마찬가지로 차별화 전략과 관리회계정보특성 간의 관계도 조직성과에 단조적으로 영향을 미친다. 그리고 경영혁신과 관리회계정보특성 간의 관계도 조직성과에 단조적으로 영향을 미치는 것으로 나타났다.

(식 4), (식 5), (식 6)의 값들을 일차방정식을 이용하여 다음과 같은 그림으로 나타낼 수 있다.

---

59) 좌변의 값을 0으로 둘 경우, 나타나는 변수의 값들이 만약 각각의 변수의 실행수준의 실제 측정범위(INV: 1~7, DIF: 1.4~6.4, MAI: 1~7) 내에 포함된다면 두 변수 간의 관계는 비단조 증가의 형태로 조직성과(Y_i)에 영향을 미치는 것으로 파악할 수 있다.

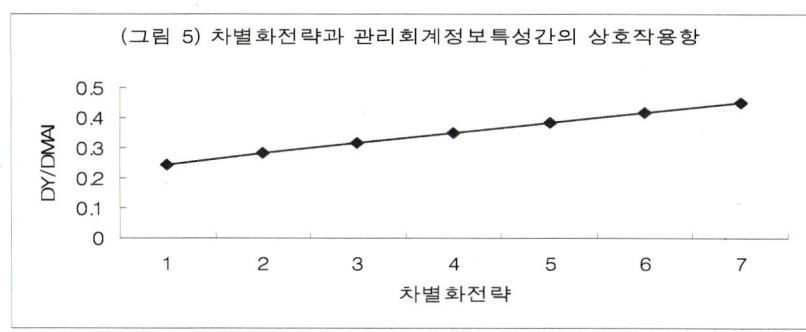

(그림 5) 차별화전략과 관리회계정보특성간의 상호작용항

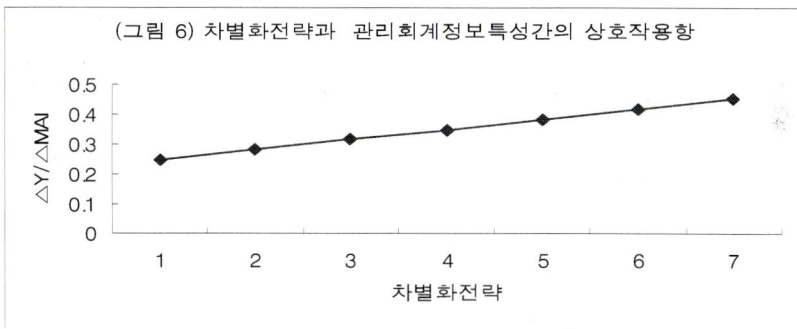

(그림 6) 차별화전략과 관리회계정보특성간의 상호작용항

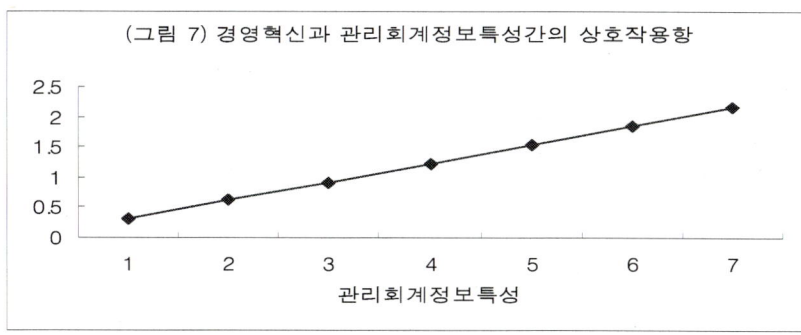

(그림 7) 경영혁신과 관리회계정보특성간의 상호작용항

2) 세 변수 간의 상호 작용 항이 조직성과에 미치는 영향에 대한
   가설 검정

본 연구의 〈가설 4〉를 검정하기 위해 차별화 전략, 경영혁신, 그리고 관리회계정보특성 간의 세 변수를 적용한 세 변수 간 상호 작용 항을 독립변수로 포함하는 다중회귀분석을 실시하였다. 이에 따라 세 변수 간 상호 작용효과를 검증하기 위한 다중회귀식은 다음과 같다.

$$Y = \alpha + \beta_1 DIF + \beta_2 INV + \beta_3 MAI + \beta_4 DIF \times INV$$
$$+ \beta_5 DIF \times MAI + \beta_6 INV \times MAI + \beta_7 DIF \times INV$$
$$\times MAI + \epsilon \qquad (식 7)$$

Y: 조직성과   DIF: 차별화 전략

INV: 경영혁신   MAI: 관리회계정보특성

위의 식을 바탕으로 회귀분석을 실시하였다. 〈표 4-6〉은 세 변수를 이용한 적합성이 기업성과에 미치는 영향을 검증하기 위한 회귀식의 결과이다.

<표 4-6> 차별화 전략, 경영혁신, 관리회계정보특성 간의 세 변수 간
상호 작용 항이 조직성과에 미치는 영향

변수	계수	유의확률
(상수)	4.755	0.002
① 차별화 전략	−0.586	0.158
② 경영혁신	−1.388	0.015
③ 관리회계정보특성	−0.177	0.691
① × ②	0.355	0.011
① × ③	0.112	0.307
② × ③	0.255	0.020
① × ② × ③	−0.055	0.029
R^2	0.505	
F value	32.104	
P	0.000	

위의 〈표 4-6〉의 결과에 의하면 조직성과에 유의적인 영향력을
미치는 상호 작용 항을 순서별로 표시하면, 표준화 계수의 절댓값이
가장 큰 (차별화 전략) × (경영혁신)이 가장 큰 영향을 미치고, 그다
음으로 (차별화 전략) × (관리회계정보특성), (차별화 전략) × (경영혁
신) × (관리회계정보특성)의 순서로 나타났다.

한편 (차별화 전략) × (경영혁신) × (관리회계정보특성)의 경우는 조
직성과에 부정적인 방향으로 영향을 미치는 것으로 나타났다. 이는
각각의 변수들의 상호 작용 항이 조직성과에 음의 영향을 미친다는
것을 의미한다.[60] 그러므로 〈가설 4〉도 채택되었다.

---

60) 본 연구에서는 조직의 성과를 주로 원가절감과 관련된 항목으로 파악하
였다. 그러므로 차별화 전략) × (경영혁신) × (관리회계정보특성)의 상호

이에 따라 〈가설 4〉는 채택되었다. 즉 차별화 전략에 대한 비중이 높고, 경영혁신의 정도가 높으며, 관리회계정보특성의 정도가 높은 기업은 이들 세 변수의 상호 작용효과로 조직성과에 음의 영향을 미친다.

다음 〈표 4-7〉은 본 연구에서 다룬 적합성의 관계가설과 채택 여부에 대한 표이다.

<표 4-7> 적합관계와 조직성과에 대한 영향관계 및 가설의 채택 여부

가설	적합관계	가설채택	조직성과 영향관계
가설 1	차별화 전략 ↔ 경영혁신	채택	양의영향
가설 2	차별화 전략 ↔ 관리회계정보특성	채택	양의영향
가설 3	경영혁신 ↔ 관리회계정보특성	채택	양의영향
가설 4	차별화 전략 ↔ 경영혁신 ↔ 관리회계정보특성	채택	음의영향

다음은 삼방향 상호 작용 항이 조직성과에 유의적인 영향을 미치는 것으로 나타났으므로, 이를 보다 구체적으로 영향관계를 규명하기 위해 Schoonhoven(1981)과 Choe(1998) 연구에서 적용된 단조적(Monotonic), 비단조적(Non monotonic) 증가분석을 추가하여 실시하였다.

위의 〈표 4-6〉의 계수를 적용하여 다음과 같은 다중회귀식을 도출하였다.

작용 효과는 원가절감에 부정적인 영향을 미치는 것으로 이해할 수 있다.

$$Y = 4.755 - 0.586 \cdot DIF - 1.388 \cdot INV - 0.177 \cdot MAI$$
$$+ 0.355 \cdot DIF \cdot INV + 0.112 \cdot DIF \cdot MAI + 0.255 \cdot INV \cdot MAI$$
$$- 0.055 \cdot DIF \cdot INV \cdot MAI + \epsilon \qquad \text{(식 8)}$$

위의 (식 8)을 바탕으로 본 연구에서 적용된 다중회귀식을 경영혁신에 대하여 미분하면 다음과 같다.

$$\frac{\triangle Y}{\triangle INV} = -1.388 + 0.355 \cdot DIF + 0.255 \cdot MAI$$
$$- 0.055 \cdot DIF \times MAI \qquad \text{(식 9)}$$

위의 (식 5)에서 관리회계정보특성을 상수로 두면 다음과 같이 정리할 수 있다.

$$\frac{\triangle Y}{\triangle INV} = (-1.388 + 0.255 \cdot MAI)$$
$$+ (0.355 - 0.055 \cdot MAI)DIF \qquad \text{(식 10-1)}$$

위의 (식 6)에 관리회계정보특성의 실제 측정값 중 최고치인 7[61])을 대입하면 다음과 같다.

$$\frac{\triangle Y}{\triangle INV} = 0.397 - 0.03 \cdot DIF \qquad \text{(식 11)}$$

위의 (식 7)에서 $\triangle Y / \triangle INV$ 값이 0인 경우의 차별화 전략의 값을 구하면 13.233이다. 이 값은 차별화 전략의 실제 값의 범위인 1과 7 사이에 포함되지 않으므로 차별화 전략과 $\triangle Y / \triangle INV$ 간의 함수관계는 단조적이라 할 수 있다.

한편 위의 (식 6)에서 상수인 관리회계정보특성에 설문지 실제 값

61) 차별화 전략을 구성하는 설문항목들의 평균값임.

중 최소치인 162)을 대입하면 다음과 같다.

$$\frac{\triangle Y}{\triangle INV} = -1.133 + 0.3 \cdot DIF \qquad (\text{식 } 12)$$

위의 (식8)에서 $\triangle Y/\triangle INV$ 값이 0인 경우의 차별화 전략의 값을 구하면 3.777이다. 이 값은 차별화 전략의 실제 값인 1과 7 사이에 존재하므로, 차별화 전략(DIF)과 $\triangle Y/\triangle INV$ 간의 함수관계는 비단조적이라 할 수 있다.

<표 4-8> △Y / DINV와 차별화 전략(DIF) 간의 영향관계

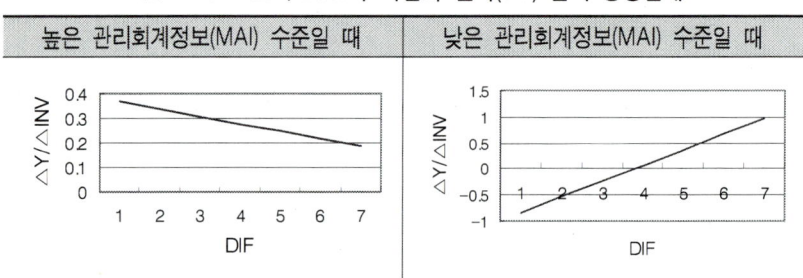

위의 〈표 4-8〉에서 높은 관리회계정보(MAI)의 수준일 때, 차별화 전략(DIF)의 강조 수준이 높아질 경우 경영혁신(INV) 도입수준이 높을수록 조직성과는 감소된다. 한편, 낮은 관리회계정보(MAI)의 수준일 때는 차별화 전략(DIF)의 강조 수준이 일정수준 이하일 경우 경영혁신(INV)의 도입수준이 높을수록 조직성과는 감소한다. 반면 차별화 전략(DIF)의 강조수준이 일정수준 이상일 경우에는 경영혁신

---

62) 차별화 전략을 구성하는 설문항목들의 평균값임.

도입(INV) 수준이 높을수록 조직성과는 향상된다는 것을 의미한다. 이는 경영혁신(INV) 도입수준과 차별화 전략(DIF) 강조의 정도에 상관없이 관리회계정보(MAI) 수준에 따라서 조직성과의 차이가 발생한다는 것을 의미한다.

다음은 본 연구에서 적용된 다중회귀식(식 8)을 차별화 전략(DIF)에 대하여 미분한 후 나온 식을 경영혁신(INV)을 상수로 하여 정리하면 다음 (식 10−2)과 같다.

$$\frac{\triangle Y}{\triangle DIF} = (-0.586 + 0.355 \cdot INV)$$
$$+ (0.112 - 0.055 \cdot INV)MAI \qquad (식\ 10-2)$$

(식 10−2)에 경영혁신(INV)의 실측값 중 최고치인 7을 대입한 후 $\triangle Y / \triangle DIF$ 값이 0인 경우의 관리회계정보(MAI)의 값은 6.956이다. 또한 (식 10−2)에 경영혁신(INV)의 실측값 중 최소치인 1을 대입하여 나온 관리회계정보(MAI)의 값은 4.053이다. 이를 통하여 경영혁신(INV)의 실측값의 최고치와 최소치를 대입하는 두 가지의 경우 관리회계정보(MAI)와 $\triangle Y / \triangle DIF$ 간의 함수관계는 비단조적이라 할 수 있다.

<表 4-9> △Y / △DIF와 관리회계정보(MAI) 간의 영향관계

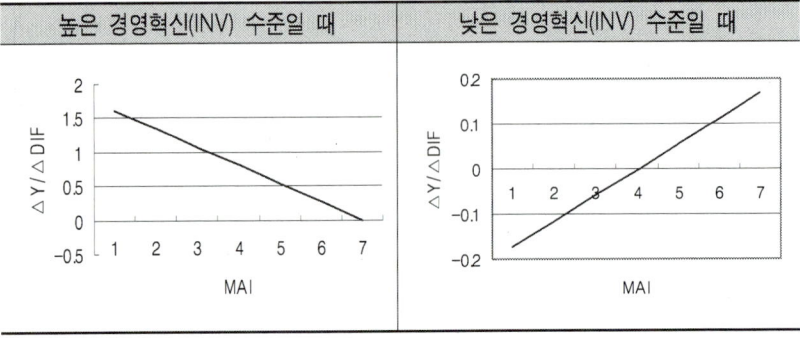

높은 경영혁신(INV) 수준일 때	낮은 경영혁신(INV) 수준일 때

위의 〈표 4-9〉는 높은 경영혁신(INV)의 수준일 때, 관리회계정보(MAI)의 수준이 일정 수준 이하인 경우는 차별화 전략(DIF)의 강조수준이 높아질수록 조직성과가 향상된다. 반면에 관리회계정보(MAI)의 수준이 일정 수준 이상일 때는 차별화 전략(DIF)의 강조수준이 높아질수록 조직성과가 감소된다. 즉 지나치게 높은 관리회계정보(MAI) 수준일 때 경영혁신(INV) 수준과 차별화 전략(DIF) 수준의 상호 작용 항은 조직성과를 떨어뜨린다는 것을 의미한다. 한편, 낮은 경영혁신(INV)의 수준일 때, 관리회계정보(MAI) 수준이 일정 수준 이하일 경우에는 차별화 전략(DIF) 수준이 높아질수록 조직성과는 감소된다. 반면 관리회계정보(MAI) 수준이 일정 수준 이상일 때 차별화 전략(DIF)의 강조수준이 높아질수록 조직성과는 증가한다. 이는 〈표 4-8〉의 설명과 일맥상통하는 의미를 나타내고 있다.

이어서 본 연구에서 적용된 다중회귀식(식 8)을 관리회계정보(MAI)에 대하여 미분한 후 나온 식을 차별화 전략(DIF)을 상수로 하여 정리하면 다음 (식 10-2)와 같다.

$$\frac{\triangle Y}{\triangle MAI} = (-0.177 + 0.112 \cdot DIF)$$
$$+ (0.255 - 0.055 \cdot DIF)INV \quad (식\ 10-3)$$

(식 10-3)에 관리회계정보(MAI)의 실측값 중 최고치인 7을 대입한 후 $\triangle Y/\triangle MAI$ 값이 0인 경우의 경영혁신(INV)의 값은 4.67이다. 즉 경영혁신(INV)과 $\triangle Y/\triangle MAI$ 간의 함수관계는 관리회계정보(MAI)의 실측값의 범위인 1과 7의 범위에 속하므로 비단조적이라 할 수 있다. 또한 (식 10-3)에 관리회계정보(MAI)의 실측값 중 최소치인 1을 대입하여 나온 경영혁신(INV)의 값은 0.325이다. 즉 경영혁신(INV)과 $\triangle Y/\triangle MAI$ 간의 함수관계는 관리회계정보(MAI)의 실측값의 범위인 1과 7의 범위에 속하지 않으므로 단조적이라 할 수 있다.

<표 4-10> △Y / △MAI와 경영혁신(INV) 간의 영향관계

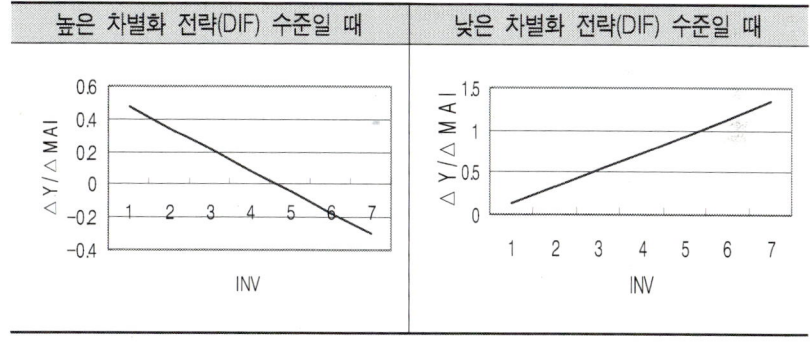

높은 차별화 전략(DIF) 수준일 때	낮은 차별화 전략(DIF) 수준일 때

위의 〈표 4-10〉은 차별화 전략(DIF)의 강조수준이 높은 수준일 때, 경영혁신(INV)의 수준이 일정 수준 이하인 경우 관리회계정보 (MAI)의 수준이 높아질수록 조직성과가 향상된다. 반면, 경영혁신 (INV)의 수준이 일정 수준 이상일 때는 관리회계정보(MAI)의 강조 수준이 지나치게 높으면 조직성과가 감소된다. 한편, 차별화 전략 (DIF)의 강조수준이 낮은 수준일 때, 경영혁신(INV)의 도입수준이 높아지고, 관리회계정보(MAI)의 수준이 높아질수록 조직성과가 향상 됨을 의미한다.

다음 〈표 4-11〉은 삼방향 상호 작용항의 조직성과에 대한 영향 관계를 정리한 표이다. 삼방향 상호 작용 항을 각각의 독립변수로 보고 조직성과를 종속변수로 하여 각각의 상호 작용 항의 독립변수 들의 작용에 대한 종속변수인 조직성과에 미치는 영향관계를 파악하 였다.

<표 4-11> 삼방향 상호 작용 항의 성과에 대한 영향관계 정리

결합관계	독립변수			종속변수
	관리회계정보 특성	차별화 전략	경영혁신	조직성과
①	고	고	고	감소
②	저	일정 수준 이상	고	증가
③	저	일정 수준 이하	고	감소
④	일정 수준 이상	고	고	감소

결합관계	독립변수			종속변수
	관리회계정보 특성	차별화 전략	경영혁신	조직성과
⑤	일정 수준 이하	고	고	증가
⑥	일정 수준 이상	고	저	증가
⑦	일정 수준 이하	고	저	감소
⑧	고	고	일정 수준 이상	감소
⑨	고	고	일정 수준 이하	증가
⑩	고	저	고	증가

〈표 4-11〉에서 결합관계 ①, ④, ⑧의 경우 세 변수의 수준이 높거나, 일정 수준 이상이면 조직성과는 감소하였다. ②, ⑤, ⑥, ⑨, ⑩의 경우 두 변수의 수준이 높거나, 일정 수준 이상이고, 나머지 한 변수의 수준이 낮을 경우 조직성과는 증가한다. ③, ⑦의 경우 두 변수의 수준이 낮거나, 일정 수준 이하이고, 나머지 한 변수의 수준이 높은 경우 조직성과는 감소한다. 이러한 결과들을 정리하면, 관리회계정보특성, 차별화 전략, 경영혁신의 세 변수 간의 상호 작용 항이 조직성과에 미치는 영향관계 연구의 결과, 세 독립변수가 동시에 높은 수준인 경우에는 오히려 조직성과의 감소를 가져온다. 조직성과의 향상을 위해서는 두 독립변수가 높은 수준이고, 나머지 한 변수가 낮은 수준일 경우 특히 높게 나타난다. 세 변수 중에 높고

낮음에 따라 조직성과에 결정적으로 영향을 미치는 변수는 관리회계
정보특성으로 ④에서 ⑦의 결과를 통해 명확하게 파악되고 있다.

V. 결 론

(1) 요약과 논의

본 연구의 목적은 우리나라 제조 기업이 채택하고 있는 전략의
유형 중 차별화 전략과 경영혁신, 관리회계정보특성 간의 적합성이
존재하는가? 그 적합성이 조직성과에 유의적인 영향을 미치는가? 그
리고 적합성을 구성하는 독립변수들 간의 상호 작용 항의 조합의 차
이에 따라 조직성과에 미치는 영향력에 차이가 있는가를 규명하는
데 있다. 이를 위해 본 연구에서는 Drazin and Van de Ven(1985)은
상황이론의 세 가지 접근법을 적용하여 비교하였다. 선택적 접근법
에 의한 적합성을 규명하기 위해 각각의 독립변수들 간의 상관관계
분석을 통해 적합성이 존재하는 것을 확인하였다. 이어서 상호 작용
접근법에 의한 적합성이 조직성과에 미치는 영향관계를 파악하기 위
해 두 변수 간의 상호 작용 항을 이용하여 회귀분석을 실시하였다.
그 결과 두 변수 간 상호 작용 항이 조직성과에 유의적인 영향을
미치는 것으로 나타나 〈가설 1〉, 〈가설 2〉, 〈가설 3〉은 채택되었다.
조직 적응과 변화를 이해하기 위해서는 조직 및 전략 변수들 간 복
잡하고 다면적인 구성형태를 파악하기 위한 시스템적 접근법에 의한

적합성이 조직성과에 미치는 영향을 규명하기 위해 세 변수 간 상호 작용 항이 구하여 조직성과에 미치는 영향을 〈가설 4〉를 통해 파악하였다. 그 결과 차별화 전략·경영혁신·관리회계정보특성의 세 변수 간 상호 작용 항은 조직성과에 유의적인 음의 영향을 미치는 것으로 나타났다.

가설의 검정을 통해 관리회계정보특성, 차별화 전략, 경영혁신의 세 독립변수의 상호 작용 항이 조직성과에 유의적인 영향을 미치는 것으로 나타났다. 이에 따라 추가연구를 통해 조직성과의 증감에 영향을 미치는 각 독립변수들의 상태를 파악하였다. 그 결과 관리회계정보특성, 차별화 전략, 경영혁신의 세 독립변수가 모두 일정 수준 이상일 경우에는 오히려 조직성과가 감소하는 것으로 나타났다. 두 독립변수는 일정 수준 이상이고, 나머지 한 독립변수가 일정 수준 이하일 경우에는 조직성과가 증가하는 것으로 나타났다. 반대로 두 독립변수는 일정 수준 이하이고, 나머지 한 독립변수가 일정 수준 이상일 경우에는 조직성과가 감소하는 것으로 나타났다. 그리고 본 연구의 결과 세 독립변수 중 조직성과의 증감에 결정적으로 작용하는 변수는 관리회계정보특성변수로 나타났다.

본 연구를 통해 기업들이 관리회계정보특성, 차별화 전략, 경영혁신 등 세 변수를 통해 조직성과를 향상시키고자 한다면, 차별화 전략, 경영혁신의 수준을 극대화하려는 노력이 필요하며, 관리회계정보특성의 경우 적절한 통제를 통해 조직성과의 향상에 기여하도록 조절할 필요가 있는 것으로 나타났다.

본 연구의 의미라면, 적합성 개념을 적용하여 복잡하고 다면적인 기업조직의 성과에 영향을 미치는 변수들 간의 관계를 파악하고, 이들 변수들 간의 조합관계를 통해 조직성과 향상에 기여하는 변수들의 유의적인 결합관계를 도출한 것이라 할 수 있다. 이는 전략경영의 필요성이 더욱더 강조되는 오늘날 조직성과 향상에 기여하는 다양한 변수들의 합리적인 조합이 무엇보다 필요하다는 것을 실증분석을 통해 제시하였다. 그리고 이러한 조합을 구하기 위해 적합성에 대한 접근법을 달리하여 접근법 간의 차이를 비교 분석함으로써 어떠한 조합이 합리적인 조합이 될 것인가를 규명하였다.

추가 연구를 위한 제안으로, 본 연구를 통해 전략적 측면에서 조직의 성과향상을 위해서는 성과에 영향을 미치는 변수들 간의 합리적인 조합이 무엇보다 중요하다는 것을 알았으나, 본 연구에서는 단순히 '차별화 전략', '경영혁신', '관리회계정보특성'만을 적용하였다. 보다 나은 연구를 위해서는 다양한 변수의 적용이 필요할 것으로 본다.

또한, 시스템적 접근법을 통한 적합성 연구방법으로 다중회귀분석 이외에 군집분석 또는 Q형 요인 분석을 통한 분석방법을 적용하여 분석할 필요가 있을 것으로 본다. 그리고 본 연구에서는 주관적인 성과지표만을 사용하였는데, 객관적 성과지표도 동시에 사용하여 두 성과지표 간의 비교를 통한 연구도 해볼 필요가 있을 것으로 본다.

참고문헌

강병항(1996). 狀況要因과 管理會計시스템의 情報特性間 適合度가 經營成果에 미치는 影響 / 建國大 大學院 학위논문(박사).

김영효(1992). 조직의 상황요인에 따른 회계정보시스템의 유형 및 회계정보이용자 만족도에 관한 연구 / 西江大 大學院 학위논문(박사).

김인수(1996). 거시조직이론: 조직설계의 이론과 실제. 무역경영사. p.163.

신건권(1994). 상황변수와 관리회계정보시스템의 산출정보 특성 간 적합도가 성과에 미치는 영향 / 西江大 大學院 학위논문(박사).

김재명 정규석 박상규 2004 중소기업의 경영혁신과 경영전략 통합 로드맵 개발 산학경영연구. Vol.17 No.1.

이상식(1998). 회계정보시스템. 경쟁전략 및 경영혁신과 기업성과와의 관련성 / 啓明大 大學院 학위논문(박사).

이중희(1993). 공장자동화에 따른 원가회계시스템의 재구축을 위한 연구. 한국회계학회. 회계학연구(제16호). 7. pp.123~146.

전영승(1993). 會計情報시스템의 狀況要因과 實行方式 및 情報特性間의 適合關係가 成果에 미치는 영향 / 國民大 大學院 박사학위논문.

조동성. 이동현. "본원적 경쟁전략의 동태적 결합", 경영학 연구 24(3) (1995): 5-36.

최종민과 이진주(1990). "성과를 고려한 상황변수와 會計情報 시스템 特性間의 관계" / 經營學硏究 27(1990. 2.) pp.137-170.

최종민 이연희(2002). 첨단 생산기술 도입과 비재무 성과정보의 생산성 개선효과. 경영학연구. Vol.31. No.1 pp.37-62.

최해수(2000). 호텔기업의 상황변수와 회계정보특성 간의 적합성이 호텔 회계정보시스템의 성과에 미치는 영향 / 경북대 대학원 2000 박사학위논문.

Abernethy. M. A and C. H. Guthrie. 1994. An Empirical of the 'Fit' between Strategy and Management System Design. Accounting and Finance pp.49－66.

Baum, J. R. 1994. The Relation of Traits, Competences, Vision, Motivation, and Strategy to Venture Growth, Unpublished Doctoral Dissertation. The University of Maryland.

Bruns, W. J,. J. H. Waterhouse. 1975. Budgetary Control and Organizational Structure. Journal of Accounting Research 13 177－203.

Chenhall, R. H,. D. Morris 1986. The Impact of Structure, Environment and Interdependence on the Perceived Usefulness of Management Accounting System. The Accounting Review 61 16－35.

Chenhall, R. H,. K. Langfield－Smith. 1998. The Relationship between Strategic Priorities, nagement Techniques and Management Accounting: An Empirical Investigation Using a Systems Approach. Accounting, Organizations and Society 23(3) 243－264.

Choe, Jong－min. 1996. The relationships among performance of accounting information systems, Influence factors and evolution level of information systems. Journal of Management Information Systems 215－240.

Choe, Jong－min. 1998. The Effects of User Participation on the Design of Accounting Information Systems. Information & Management 34 185－198.

Demer. 1973. Cognitive Characteristics and the Perceived Importance of Information, The Accounting Review 511～519.

Dess, G. G., P. S. Davis. 1984. Porter's Generic Strategies as a Determinants of Strategic Group Membership and Organizational Performance. Academy of Management Journal 27 467−488.

Drazin, R., A. H. Van de Ven. 1985. The Concept of Fit in Contingency Theory. Researh in Organizational Behavior: 333−365.

Ginzerberg A., N. Venkatraman, 1985. Contingency Perspectives of Organizational Strategy: A Critical Review of the Empirical Research. Academy of Management Review 10 3 421−434.

Gordon, L. A., D. Miller. 1976. A Contingency Framework for the Design of acounting Information Systems. Accounting, Organizations & Society 1 59~70.

Gordon, L. A., V. K. Narayanan. 1984. Management Accounting Systems, Perceived Environmental Uncertainty and Organization Structure: An Empirical Investigation. Accounting, Organizations and Society 9 33~47.

Hambrick, D. C. 1983. Some Tests of Effectiveness and Functional Attributes of Miles & Snow's Strategy Types. Academy of Management Journal 26 5−26.

Hambrick, D. C., I. C. MacMillan. and R. R. Barbosa. 1983. Business Unit Strategy and Changes in the Product R&D Budget. Management Science 29 7 757−769.

Ittner, C. D., D. F. Larcker. 1997. Quality Strategy, Strategic control Systems, and Organizational Performance. Accounting, Organization and Society 293−314.

Kaplan, R. S., D. P. Norton. 1998. Using the Balanced Scorecard as a Strategic Management System. Harvard Business Review 74 75−85.

Kim, K. K. 1988. Organizational Coordination and Performance in Hospital Accounting Systems: An Empirical Investigation. The Accounting Review LXIII 472−489.

Kimberly, J. R., M. J. Evanisko. 1981. Organizational Innovation: The Influence of Individual, Organizational, and Contextual Factors on Hospital Adoption of Technological and Administrative Innovations. Academy of Management Journal. 24 689−713.

Merchant, Kenneth A. 1990. The Effects of Fimancial Controls on Data Manipulation and Management Myopia. Accounting, Organizations & Society. 15 297−313.

Miles. D. and C. Snow. 1978. Organizational Strategy, Structure, and Process, New York: McGrew−Hill.

Milgrom, p., J. Roberts. 1995. Complementarities and fit strategy, structure, and organizational change inmanufacturing. Journal of Accountingand Economics. 19 179−2.

Miller, D and p. H. Friesen. 1982. Innovation in Conservation and Entrepreneurial Firms: Two Model of Strategic Momentum. Strategic Management Journal 3 1−25.

Miller, D. S., P. H. Friesen. 1982. Structural Change and Performance: Quantum vs. Piecemeal−Incremental Approaches. Academy of Management Journal 25. 867−892.

Nunally, J. C. 1975. Psychometric Theory(Second Edition). New York: McGraw−Hill.

Porter, M. 1980. Competitive Strategy: Techniques for Analyzing Industries and Competition. New York: The Free Press.

Quinn, R. E., K. Cameron. 1983. Organizational Life Cycles and Shifting

Criteria of Effectiveness: Some Preliminary Evidence. Management Science. 29 33-19.

Schoonhoven. 1981. Problems with contingency theory: testing assumptions hidden within the language of contingency theory. Administrative Science Quarterly 26. 349-377.

Schumpeter, J. 1909. On The Concept of Social Value. Quarterly Journal of Economics 23 2 213-232.

Shank, J. K., V. Govindarajan. 1992. Strategic Cost Management: The Value Chain Perspective. Journal of Management Accounting Research 4 Spring 179-197.

Utterback, J. M., W. J. Abernathy. 1975. A Dynamic Model of Process and Product Innovation, OMEGA 3 6 639~656.

Van de Ven, A. H., R. Drazin. 1985. The Concept of Fit in Contingency Theory. Researh in Organizational Behavior. 333-365.

Van de Ven, A. H., R. Ferry. 1980. Measuring and Assessing Organizations. Wiley Interscience.

White, R. E., R. C. Hamermesh. 1981. Toward a Model of Business Unit Performance: An Integrative Approach. Academy of Management Review. 6 Issue 2 p.213-224.

Yadav, S. B. 1985. Classifying An Organization to Identify Its Information Requirements: A Comprehensive Framework. Journal of Management Information Systems. 2 39-61.

Young, S. M. and F. Selto. 1991. New Manufacturing Practices and Cost Management A Review of the Literature and Directions for Research. Journal of Accounting Literature 265-298.

차별화 전략, 유기적 구조, 최고경영자특성의 적합성이 조직성과에 미치는 영향*

Ⅰ. 서 론

오늘날 기업들은 환경 변화에 적응하기 위해 전략의 변화를 추구하며, 이를 위한 조직구조의 변화, 그리고 내부적 요소들 간의 결합을 통한 다양한 노력과 투자를 하고 있다. 이러한 노력들은 전사적이고, 총체적인 접근으로 상황, 전략, 조직구조, 생산시스템, 정보시스템 등 전반적인 요소들을 고려하고 있다.

전략은 기업의 외부적 경쟁 환경과 내부능력을 조화롭게 결합시켜 기업의 목표를 달성하도록 하는 메커니즘을 갖고 있다. 이런 메커니즘은 전략과 상황요인과의 관계, 전략과 구조요인과의 관계 등의 복잡한 관계를 형성하면서 이들 관계들 간의 적합성이 기업의 성과에 영향을 미치게 된다.

기업이 처한 경쟁 환경이 제품수명 주기의 단축, 더 많은 제품라인과 다양성을 요구하는 격심한 경쟁체제하에서는 원가와 규모중심의 경쟁보다 차별화를 중심으로 하는 경쟁으로 상황이 변화한다. 이에 따라 상황과 내부능력을 결합시키는 전략적 메커니즘은 자연히 차별화 전략을 채택하게 된다.

---

* 본 연구는 2005년 산업경제연구 18권 5호에 게재된 내용임.

조직구조란 조직의 목표를 효율적으로 달성하기 위해 조직의 구성요소들 사이에 지속적으로 존재하는 상호관계의 유형이다. 환경적응론적 관점에서 보면, 바람직한 조직구조는 여러 개의 외재적 변수에 의해 결정되며, 그것들은 여러 개의 내재적인 구성요소와 적합한 것이어야 한다. 전략 메커니즘의 관점에서 보면, 전략의 유형이 다르면 조직구조도 달라야 한다. 즉 공격적 전략이나 차별화 전략을 채택한 기업의 경우 사업부제 조직, 프로젝트조직이 적합한데, 이들 조직의 구조적 특성이 유기적, 분권적, 적응적, 개방적이라는 것이다.

전략경영론적 연구에서 기업의 전략행위는 최고경영자의 행위로 이해되어야 한다. 왜냐하면 조직목적 달성을 위한 모든 프로그램의 성공적 수행에 있어 최고경영자의 역할이 절대적이기 때문이다. 즉 최고경영자가 전략 메커니즘에서 결정적인 역할을 한다고 볼 수 있다.

전략수립에 영향을 미치는 각종 요인들과 전략 간의 관계규명 및 영향관계에 대한 연구는 각 요인과 전략 간의 관계만 아니라 이들을 포함한 조직의 내·외부요인들을 함께 고려할 때 바람직한 결과를 얻을 수 있다(Ginzerberg & Venkatraman, 1985). 즉 특정전략유형이 특정산업이나 기업에 채택되었을 때는 그 기업이 처한 상황을 고려한 후 경쟁우위를 확보할 수 있는 방안으로 특정 전략을 선택하게 된 것이다. 이어서 특정전략을 뒷받침하기 위한 조직내부요소들의 재정립이 이루어지게 된다. 그러므로 전략경영론적 측면에서 고려한다면, 이러한 상황요인이나 구조요인, 최고경영자 속성변수들이 조화를 이룰 때 기업성과의 향상을 이룰 수 있을 것이다.

이에 따라 본 연구는 오늘날의 기업들이 속한 전략적 환경을 치열한 경쟁체제로 전제하고 이에 적합한 전략으로 차별화 전략을 선정하였다. 이어서 전략경영론적 메커니즘을 고려하여 차별화 전략과 적합한 조직구조를 유기적 구조로 상정하였다. 그리고 전략경영론적 관점에서 전략행위의 가장 중요한 역할을 하는 최고경영층의 특성 중에도 차별화 전략과 유기적 구조에 적합한 특성이 있을 것으로 보고 이를 규명하여 이들 변수들 간의 유의적인 관계를 규명하고, 이러한 관계들이 기업의 성과향상을 위한 적합한 관계가 존재하는지 실증분석을 통해 규명하고자 한다.

이를 위해 본 연구는 다음과 같은 연구를 수행하고자 한다.

첫째, 차별화 전략, 유기적 구조, 특정 최고경영자 특성 변수 간에 유의적인 상관관계가 존재하는가? 둘째, 이들 상관관계를 통해 적합성이 조직성과에 유의적인 영향을 미치도록 하는 적합성이 존재하는가? 셋째, 적합성에 대한 변수의 적용을 달리하면 성과에 미치는 영향도 달라지는가? 등을 규명하고자 한다. 이러한 연구목적을 달성하기 위해 국내의 제조 기업들을 대상으로 실증분석을 통해 가설을 검증해 보고자 한다. 실증분석을 위해 SPSS 12.0 통계패키지를 이용하였다. 특히 상관관계분석과 다중회귀분석을 이용하여 가설을 실증분석하였다.

Ⅱ. 이론적 배경

(1) 차별화 전략

기업의 경쟁우위는 그들의 비용구조, 제품차별화, 혹은 특정 시장에 있어서 경쟁기업보다 유리한 전략적 위치를 점하게 됨으로써 달성될 수 있다(Porter, 1980). 예컨대, 기업들은 규모의 경제, 경험곡선 효과, 생산요소에 대한 저비용 접근성, 혹은 기술우위 등을 바탕으로 경쟁기업보다 더 낮은 비용지위를 달성함으로써 경쟁우위를 달성할 수 있다. 또한 기업들은 독특한 제품사양을 개발하거나 적시성, 명성, 혹은 다른 기업과의 연계 등을 바탕으로 제품차별화를 달성함으로써 경쟁우위를 확보할 수도 있다. 나아가 기업들은 세분화된 시장에서 저원가나 제품차별화를 달성함으로 경쟁력을 확보할 수 있을 것이다(Porter, 1980: Dess & Davis. 1984, Miles & Snow, 1978).

오늘날 전략관련 연구자들은 전략적 선택 이론에 상황이론 관점을 도입하고 있다. 조직 전략에 대한 상황이론적인 접근을 시도한 연구들은 대체로 상황변수를 외부환경으로 제한하는 경향이 지배적이며, 상황변수를 투입변수로 놓고 과정변수로서 조직 / 전략 변수들로, 그리고 산출 변수로서 대개 조직성과나 유효성 등의 성과변수를 두고 있다(Ginsberg and Venkatraman, 1985).

차별화 전략과 저원가 전략으로 대별되는 Porter(1980, 1985)의 전략유형에서 차별화의 원천은 품질, 생산의 유연성, 고객 서비스, 신속한 배송, 제품 설계의 우위 등의 요소를 포함하고 있다.

Parthasarthy와 Sethi(1993)는 전략의 유형에 따라 적합한 생산시스템형태나 조직구조의 형태가 다르게 나타난다는 것을 규명하였다. 특히 차별화 전략은 유연생산시스템이나 유기적 조직구조와 적합한 관계를 가지고 있을 때 조직의 성과 향상을 가져온다는 것을 실증적으로 규명하였다.

급격한 환경변화와 빠른 신제품의 개발이 필요하며, 또 신시장 개척이 절실한 시장환경에 속한 기업들은 제반사항들에 대해 신속한 대응이 필요하게 되며 이에 적합한 사업부제조직의 형태를 띠게 되고, 이 조직구조의 특성은 주로 유기적, 분권적, 적응적, 개방적, 탄력적인 형태를 띠게 된다. 그리고 전략의 형태는 공격형 전략 또는 차별화 전략을 추구하게 된다(Fry, 1982, Burns & Stalker, 1962, Aiken & Hage, 1971).

(2) 최고경영자 특성

1980년대 이후 David(1985), Cohen(1988), Hurs, Rush & White(1989) 등의 전략 경영론 관련 연구자들은 기업의 전략행위는 최고경영자의 행위로 이해되어야 한다고 하였다. 즉 조직 목적달성을 위한 모든 프로그램들이 성공적으로 시행되기 위해서는 조직의 전체적 운영에 대해 궁극적인 책임을 지는 최고경영자의 전념 및 명시적 관여가 절대적이며 이를 통해 전략적 목적달성과 성과향상을 꾀할 수 있다는 것이다. 전략경영연구의 입장에서 다뤄진 최고경영자의 특성변수로는 경영자의 배경적 특성, 심리적 특성 그리고 역량특성 등이 있다.

최고경영자의 배경적 특성과 조직성과 간의 관련성에 대한 연구에서는 주로 최고경영자의 풍부한 사업 및 산업경험이 성과를 제고시킨다는 연구결과가 주류(Sandberg, 1986, Roure & Madique, 1986)를 이루면서, 그 반대의 결과(Van de ven et al., 1984)도 나타나고 있다.

최고경영자의 심리적 특성인 성취욕구, 통제위치, 위험감수성향, 자기권능감(Self efficacy) 등과 조직성과 사이의 관련성을 연구(Amit et al., 1993, Sexton & Bowman, 1985, Bandura, 1986, Sadri & Robertson, 1993)하였다. 이들 심리적 특성은 기업성과, 행동성과에 긍정적인 영향을 미치는 것으로 나타났다.

한편, 최고경영자의 역량특성도 기업성과에 긍정적인 영향을 미치는 것으로 나타났다(Baum, 1994, Baron, 2000).

지금까지 최고경영자특성은 성과에 직접적인 영향을 미치기도 하고, 전략과 구조변수를 통한 매개효과와 같이 간접적인 영향을 미치기도 한다. 한편, 본 연구에서 최고경영자특성을 다양한 변수들과의 상호 작용효과에 대해 집중적으로 연구하고자 한다.

(3) 유기적 구조

조직구조에 대한 종래의 연구는 언제 어디서나 바람직한 조직구조를 추구하였으나, 오늘날 환경 적응론의 영향을 받아 바람직한 조직구조라는 것은 기업외부의 영향요인들과 내부적 역량을 고려한 적합한 조직구조를 의미한다.

조직구조의 형태는 연구자에 따라 다양하게 표시되고 있는데, Bums and Stalker(1961)는 그들이 관찰했던 조직구조의 형태를 기계적인(Mechanical) 조직구조와 유기적(Organic) 조직구조의 형태로 구분하

고 있다. 기계적 구조는 안정적 환경을 바탕으로 의사소통이 상명하
달식 전통적 형태를 나타내고 있다. 유기적 조직은 동태적 환경을
바탕으로 의사소통 방식은 주로 충고나 자문의 형태를 띠고 있다.
유기적 구조의 조직에서는 정보의 흐름이 상하 자유롭게 움직인다.
일반적인 조직의 형태인 유기적 조직과 기계적 조직의 특성은 다음
의 〈표 2-1〉과 같이 요약된다.

<표 2-1> 유기적 조직과 기계적 조직의 특성

구분	유기적 구조	기계적 구조
적합한 환경	동태적 환경	안정적 환경
과업의 분화	낮음	높음
의사소통	충고, 자문	명령, 지시
권한의 위치	능력과 기술	조직의 최고층에 집중
갈등해결방식	토론, 상호 작용	상급자의 의사결정
정보의 흐름	상하 자유로움	제한되고 하향적
공식화 정도	낮음	높음

자료원: 김인수, 거시조직이론: 조직설계의 이론과 실제. 무역경영사, 1996, p.163.

위의 표에서 보듯이 환경적 측면에서 동태적 환경에서는 주로 유
기적 구조 형태가 적합한 조직형태라는 것을 알 수 있다. 마찬가지
로 동태적 환경에서는 전략도 차별화 전략이 적합한 전략의 형태라
는 것을 알 수 있다. 그러므로 차별화 전략과 유기적 구조는 동태적
환경하에서는 서로가 적합한 관계라는 것을 간접적으로 알 수 있다.

(4) 적합성 연구

구조 상황이론의 관점에서, Drazin and Van de Ven(1985)은 상황이론에 있어서 적합성에 대한 서로 다른 세 가지 접근 방법을 제시하고 있다. 먼저, 적합성에 대한 선택적 접근(Selection Approach)은 단순히 상황변수(환경, 기술, 규모 등)와 조직구조 간 관계만 가설화하고 이러한 관계가 성과에 미치는 영향에 대해서는 관심을 가지지 않는 연구 관점이다.

둘째, 상호 작용 접근(Interaction Approach)은 적합성을 성과에 대한 상황 요인과 조직구조 간 상호 작용 효과로 해석한다. 즉 상황요인과 조직구조의 상호 작용이 조직성과의 변이를 설명한다는 관점을 취한다.

조직은 복잡한 실체로서 조직 적응과 변화를 이해하기 위해서는 조직 및 전략 변수들 간 복잡하고 다면적인 구성형태를 파악하는 새로운 연구 접근 방법이 필요하다. 즉 조직은 복잡한 실체이기 때문에 소수 변수들 간의 선형적인 관계를 규명하는 부분적인 접근 방법은 부적절하며 관련 변수들 간의 복잡한 상호 작용을 파악하는 총체적인 연구 방법이 필요하다(Miller, 1981). 이에 따라 제시된 접근법이 Drazin and Van de Ven(1985)이 제시한 세 번째 접근법인 시스템적 접근법(System Approach)이다. 이 접근법은 여러 가지 상황요인들이 구조변수와 관계가 있으며, 단순히 변수들 간의 인과관계나 유형을 찾는 것보다는 변수 전체의 총체적인 관계를 파악하고, 일관된 관계 유형을 분석하기 위한 방법으로 다양한 변수들 간의 복잡한 상호 관계를 파악하기 위한 연구 방법이다.

적합성에 대한 총체적 관점에서의 검증으로 군집분석과 Q형 요인 분석이 주로 사용되고 있지만 이러한 통계적 방법은 본질적으로 탐색적이기 때문에 실증적으로 관련된 다변수적인 상호 연관성은 도출이 되지만 이에 대한 해석은 연구자에 의존할 수밖에 없다.

Govindarajan(1986)과 Schoonhoven(1981)은 작업불확실성과 정보특성, 그리고 사용자 참여가 관리회계정보시스템의 성과에 미치는 영향을 규명하기 위해 세 변수들의 상호 작용 항을 도출하여 이 상호작용 항이 성과에 유의적인 영향을 미치는 것을 실증분석을 통해 규명하였다. 최종민(1998)은 작업환경 불확실성, 조직변수 그리고 관리회계정보특성 간의 상호 작용 항이 정보시스템의 성과에 미치는 영향을 검증하였다. 이 연구에서는 삼방향 상호 작용 항이 존재하는 경우 두 변수에 의한 양 방향 상호 작용 항도 별도로 도출하여 두 상호 작용 항 간의 설명력의 정도를 비교하였다. 그 결과 삼방향 상호 작용 항이 양 방향 상호 작용 항보다 설명력이 높게 나타났다. 그리고 이들 삼방향 상호 작용 항이 존재하는 회귀식을 이용하여 특정조직변수를 최댓값과 최솟값으로 구분하여 작업불확실성이 증가하는 경우 관리회계정보특성과 성과변수 간의 관계가 어떻게 나타나는가를 일차방정식을 이용하여 규명하였다. 삼방향 상호 작용 항을 이용한 기존연구를 통해 기존의 적합성 연구에서 다변수적인 상호연관성에 대한 연구가 가지고 있던 검증분석방법의 체계적인 수단의 부족을 메울 수 있는 방법이라고 볼 수 있다.

Ⅲ. 연구 모형 및 가설 설정

(1) 연구 모형

지금까지 이론 연구를 바탕으로 ① 차별화 전략과 최고경영자 특성 간의 적합성, ② 최고경영자 특성과 유기적 구조 간의 적합성, ③ 경쟁전략과 유기적 구조 간의 적합성을 파악하였다(가설 1, 2, 3). 이를 바탕으로 이들 적합성이 조직의 성과에 유의적인 영향을 미칠 것이라는 가설을 수립하였다. 또한 ④ 차별화 전략, 최고경영자 특성, 유기적 조변수의 세 변수의 적합성이 조직성과에 미치는 영향을 파악하기 위해 가설을 수립하였다(가설 4). 다음 [그림 1]은 이들 적합관계를 바탕으로 연구모형을 설정한 것이다.

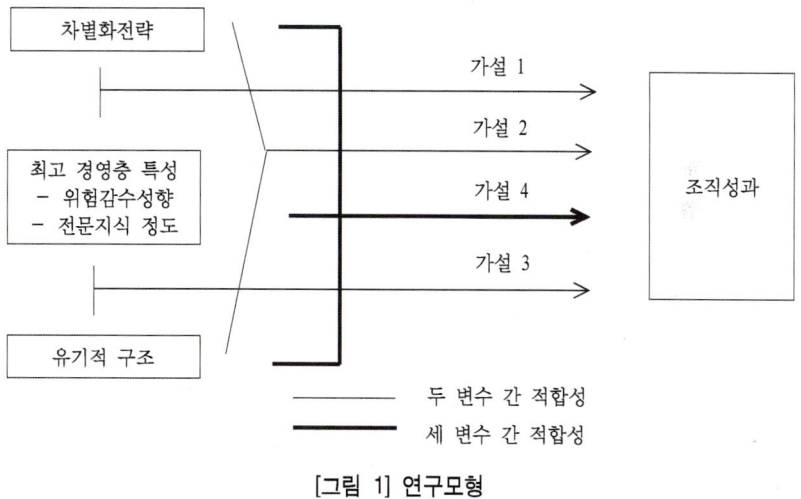

[그림 1] 연구모형

(2) 가설 설정

1) 차별화 전략과 최고경영자 특성 간의 적합성에 대한 연구

전략적 선택과정에서 나타나는 지각이 최고경영자의 인지기반 및 가치관과 결합되어 있기 때문에 최고경영자에 의해서 이루어진 선택은 어느 정도 그들의 특성을 반영한다. 즉 객관적으로 동일한 환경에 직면했을 경우, 특성이 다른 경영자들은 개인의 경험과 가치관에 기초하여 상이한 의사결정을 내릴 것이다(Hambrick & Mason, 1984). 그리고 인간의 의사결정은 그 사람이 가지고 있는 가치관과 정보에 의해 결정되며, 이 의사결정에 의해 행동이 결정된다(March & Simon, 1958). 따라서 하나 이상의 가능성이 존재한다면, 의사결정은 불확실성과 위험을 같이 고려해야 한다. 즉 위험 감수성향이 높은 최고경영자들은 불확실성과 위험을 동시에 고려하면서 의사결정을 하려는 경향이 있고, 보다 낮고 예측 가능한 수익률을 가지고 있으면서 위험이 적은 것보다는 매우 높은 수익률을 가지고 있는 위험한 것을 선호하고, 대담하고 공격적으로 기회를 추구하려 한다. 따라서 위험 감수성향이 높은 최고경영자는 불확실성 및 위험이 높은 제품 / 기술ㆍ마케팅의 개발이나 채택을 강조하는 차별화 전략을 선택할 것이다.

최고경영자의 특성 중 심리적 특성은 벤처기업가 특성연구와 리더십연구에서 가장 많이 이루어져 왔다. 이들 연구에서는 성취욕구(Amit et al., 1993: Sexton & Bowman, 1985), 통제위치(Van de Ven et al,, 1984), 위험감수성향(Baum, 1994, Amit et al.. 1993), 자기권능감(self-efficacy)(Bandura, 1986, Chen et al., 1998) 등과 성과 사

이의 관련성을 검정하였다.

최고경영자의 역량특성에 관한 Baum(1994) 및 Baron(2000)의 연구에 의하면 최고경영자의 역량특성은 조직성과에 긍정적인 영향을 미치고 있다.

한편 Baum(1994)에 의하면 경영자의 역량특성은 성과에 직접적인 영향을 미치기도 하고, 전략과 구조를 통해 간접적인 영향을 미치기도 한다. 지금까지의 이론적 연구를 통해 다음과 같은 가설을 수립할 수 있을 것이다.

▌가설 1➡ 차별화 전략과 최고경영자 특성 간의 적합성은 조직성과에 유의적인 영향을 미칠 것이다.

　　　<가설 1-1> 차별화 전략과 최고경영자의 위험감수성향 간의 적합성은 조직성과에 유의적인 영향을 미칠 것이다.

　　　<가설 1-2> 차별화 전략과 최고경영자의 전문지식 정도 간의 적합성은 조직성과에 유의적인 영향을 미칠 것이다.

2) 차별화 전략과 유기적 구조 간의 적합성에 대한 연구

정보처리 관점에 따르면, 환경 불확실성이 높아짐에 따라 처리해야 할 정보의 양은 증가한다(Tushman & Nadler, 1978). 원가절감에 관련된 정보만을 주로 수집하는 원가우위 전략과는 달리, 차별화 전략에서는 차별화의 방법이 제품차별화, 마케팅차별화, 서비스차별화

등 매우 다양하기 때문에 이에 대한 의사결정을 위해서는 다량의 정보가 필요해진다. 처리해야 할 정보의 양이 많아지면, 제한된 합리성을 가진 경영자들 입장에서는 정보를 처리할 수 있는 능력에 한계가 있기 때문에 정보의 과부하가 걸리게 되고 이에 따라 의사결정이 지연될 수 있다. 환경적응력을 생명으로 하는 차별화 전략의 경우 의사결정의 지연은 차별화 자체를 어렵게 만들 수 있다. 따라서 차별화 전략을 취하면 환경 불확실성이 높아지고 이에 따라 분권화의 필요성이 증가한다. 또한 차별성 있는 제품을 만들기 위해서는 구성원들의 창조적인 아이디어에 많이 의존하게 된다(Porter, 1980). 따라서 의사결정을 집권화하기보다는 구성원들에게 자율성을 부여함으로써 자유롭게 창의적인 아이디어를 개발할 수 있도록 유도해야 한다. 아울러 차별화 전략을 취하는 기업들은 폭넓은 제품라인을 가지기 때문에 최고경영자의 관리업무에 대한 부담을 줄이기 위해서도 권한이양이 이루어져야 한다(Chandler, 1962, Hambrick, 1983b). 지금까지의 이론적 근거로 다음과 같은 가설을 도출할 수 있을 것이다.

▌가설 2➡ 차별화 전략과 유기적 구조 간의 적합성은 조직성과에
　　　　유의적인 영향을 미칠 것이다.

3) 최고경영자 특성과 유기적 구조 간의 적합성에 대한 연구

환경 불확실성의 높은 상황에 처한 기업들은 의사결정을 집권화하기보다는 구성원들에게 자율성을 부여함으로써 자유롭게 창의적인 아이디어를 개발할 수 있도록 유도해야 한다. 이 과정에서 최고경영

층의 주도적인 역할이 요구된다(Porter, 1980, Chandler, 1962, Hambrick, 1983b).

경쟁이 심해 불확실성에 직면한 조직은 의사결정 시 불확실성과 위험을 같이 고려해야 한다. 즉 위험 감수성향이 높은 최고경영자들은 불확실성과 위험을 동시에 고려하면서 의사결정을 하려는 경향이 있고, 보다 낮고 예측 가능한 수익률을 가지고 있으면서 위험이 적은 것보다는 매우 높은 수익률을 가지고 있는 위험한 것을 선호하고, 대담하고 공격적으로 기회를 추구하려 한다.

Bums and Stalker(1961)는 조직은 외부 환경의 정황에 적합한 조직구조를 가져야 하며 그에 맞는 관리행동을 형성해 나가야 한다는 것을 주장하였다. 즉 환경이 안정적일수록 조직구조는 기계적인 조직유형으로 형성되는 경향이 있고 조직 환경이 불확실한 상황에 처해 있을수록 유기적인 조직구조가 형성된다.

최고경영자 특성과 조직구조 간의 관계는 단순히 두 변수들만의 관계로 파악될 수 없다. 특히 환경 불확실성, 기업의 전략유형 등의 변수들을 동시에 고려해야 한다. 즉 환경 불확실성이 높은 기업의 경우에서는 상황변화에 대처하는 능력이 뛰어나거나 경험이 많은 최고경영자 특성이 필요하게 된다. 또한 이러한 이유로 위험을 감수하려는 경향이 높은 경영층은 의사소통이 원활하게 이루어지고, 정보의 흐름이 자유로워 환경 불확실성에 빠르게 대처할 수 있는 유기적 구조로 재편하려고 할 것이다.

지금까지의 환경 불확실성과 조직구조의 관계와, 최고경영자의 특성과 조직구조와의 관계를 바탕으로 최고경영자특성과 유기적 구조에 관한 관계를 설명하면 다음과 같다. 최고경영자의 특성이 환경 불확실성에 적합한 특성을 가지고 있으며, 주로 환경 불확실성에 적합한 조직구조 형태를 취한다는 것을 알 수 있었다. 이에 따라 다음과 같은 가설을 수립할 수 있겠다.

┃가설 3➡ 최고경영자 특성과 유기적 구조 간의 적합성은 조직성과에 유의적인 영향을 미칠 것이다.
　　＜가설 3-1＞ 최고경영자의 위험감수성향과 유기적 구조 간의 적합성은 조직성과에 유의적인 영향을 미칠 것이다.
　　＜가설 3-2＞ 최고경영자의 전문지식 정도와 유기적 구조 간의 적합성은 조직성과에 유의적인 영향을 미칠 것이다.

4) 차별화 전략, 최고경영자 특성, 및 유기적 구조 간의 적합성 연구

지금까지 전략, 유기적 구조, 최고경영자 특성에 대한 연구에서 두 변수 간의 관계에 대한 연구들의 결론은 두 변수 간의 관계를 고려하여 적합성이 존재하며, 이 적합성이 조직의 성과에 유의적인 영향을 미치는 것으로 파악되었다. 이에 따라 조직성과에 미치는 영향관계를 설명할 때 보다 높은 설명력을 가지는 모형을 수립하고 이를 해석하기 위해서는 보다 많은 변수를 적용한 적합성을 이용한 영향관계분석이 보다 바람직한 결과를 나타낼 수 있을 것이다.[63]

---

63) 이 관계를 고려할 때 두 변수 간의 관계로만 한정시키는 경우에는 복잡한 상황을 고려하지 않고 단순화하여 결과를 왜곡하는 오류를 범할 수 있다는 점을 간과해서는 안 된다.

지금까지의 두 변수 간의 관계를 정리하면, 차별화 전략과 유기적 구조 간의 적합성(Porter, 1980, Chandler, 1962, Hambrick, 1983b, White & Hamermesh, 1981), 차별화 전략과 최고경영자 특성 간의 적합성(Thomas, Litschert & Ramaswamy, 1991, Hofer, 1987: Walsh et al.. 1996, Baum, 1994), 최고경영자 특성과 유기적 구조 간의 적합성(Chandler, 1962, Hambrick, 1983b, Cummings, 1983, David, 1985, Cohen, 1988, Hurs, Rush & White, 1989)이 존재하므로, 두 변수들만의 관계들을 정리하면, 차별화 전략-유기적 구조, 유기적 구조-최고경영자 특성 그리고 차별화 전략-최고경영자 특성 간의 적합성이 조직성과에 유의적인 영향을 미칠 것이라는 것을 알 수 있다.

지금까지 이론적인 근거를 통해 두 변수들 간의 적합성이 존재할 것이라는 것을 알 수 있었다. 이에 따라 여기서는 세 변수를 동시에 고려한 적합성이 조직성과에 미치는 영향관계를 파악하고자 한다. 즉 다음과 같은 가설을 설정할 수 있을 것이다.

▎가설 4⟹ 차별화 전략, 유기적 구조 그리고 최고경영자 특성 간의 적합성이 조직성과에 유의적인 영향을 미친다.
    <가설 4-1> 차별화 전략, 유기적 구조 그리고 최고경영자 위험감수성향 간의 적합성이 조직성과에 유의적인 영향을 미친다.
    <가설 4-1> 차별화 전략, 유기적 구조 그리고 최고경영자 전문지식 정도 간의 적합성이 조직성과에 유의적인 영향을 미친다.

5) 가설과 조직성과에 영향을 미치는 적합관계

가설	적합관계	세부가설
가설 1	차별화 전략 ↔ 최고경영자 특성	
	차별화 전략 ↔ 위험감수성향	가설 1-1
	차별화 전략 ↔ 전문지식 정도	가설 1-2
가설 2	차별화 전략 ↔ 유기적 구조	
가설 3	최고경영자특성↔유기적 구조	
	위험감수성향 ↔ 유기적 구조	가설 3-1
	전문지식 정도 ↔ 유기적 구조	가설 3-2
가설 4	차별화 전략 ↔ 유기적 구조 ↔ 최고경영자 특성	
	차별화 전략 ↔ 유기적 구조 ↔ 위험감수성향	가설 3-1
	차별화 전략 ↔ 유기적 구조 ↔ 전문지식 정도	가설 3-2

(3) 변수의 조작적 정의

1) 차별화 전략

본 연구에서 경쟁전략에 대한 변수는 Porter(1980)의 본원적 경쟁 전략 유형과 Miles and Snow(1978)의 전략 유형을 고려하였다. 측정 은 Miller(1987)가 개발한 포터의 본원적 경쟁전략에 대한 측정도구 를 사용하였다. 측정도구는 기업이 취하고 있었던 경쟁전략을 기준 으로 하여, 경쟁자에 대한 태도와 혁신적 성향, 경쟁상의 공격성, 위 험에 대한 태도, 의사결정의 과감성의 항목으로 리커어트 7점 척도 로 측정되었다.

2) 최고경영자 특성

최고경영자 특성의 변수는 위험 감수성향(Amit et al., 1993, Sexton & Bowman, 1985), 연구개발, 마케팅 / 영업에 대한 경험이나 전문지식 (Wooldridge & Floyd, 1990)의 2개로 구분하여 측정하였다. 즉 위험 감수성향은 1) 높은 위험과 수익성이 있는 사업을 더 선호, 2) 과감한 행동의 선택, 3) 불확실한 상황에 대한 과감한 대처, 4) 남의 지도에 따라가기보다는 직접 남을 지도하는 경우가 많음의 4가지 항목으로 구분하여 측정하였고, 연구개발 · 마케팅 / 영업에 대한 경험이나 전문지식은 1) 연구개발, 2) 마케팅 및 영업의 영역에서 최고경영자가 어느 정도의 경험이나 전문지식을 가지고 있는지로 측정하였다.

3) 유기적 구조

조직구조 유형에 대해서는 대부분의 논의를 포괄하고 있고 연구에서 많이 사용되어 왔던 유형인 기계적(Mechanistic) − 유기적(Organic) 두 축의 연속선이며(Bums and Stalker, 1961), 이는 Mintzberg(1979)가 논의했던 관료적(Bureaucratic) − 비관료적(Adhocratic) 구조와 관련이 된다.

본 연구에서는 유기적 구조 정도를 문서화된 규칙이나 절차가 거의 없고 의사결정 권한은 분권화되어 있으며, 상황적응에 적합하도록 만들어진 조직구조 유형을 사용하는 정도로 정의하고, 이를 측정하기 위하여 위에서 논의된 요소를 포괄하고 있으며, 조직의 유연성 정도 혹은 기계적 − 유기적 조직구조를 연속선상에서 측정하는 Khand-walla(1977)의 측정 도구를 사용하였다.

4) 종속변수

성과는 조직의 바람직한 행동의 결과로서 조직 유효성으로 일컬어
지기도 한다. 조직의 유효성은 여러 학자들에 의해 다양하게 정의되
고 있다(Cameron and Whetten, 1983, Quinn and Cameron, 1983, Quinn,
1988; Zammuto, 1982, Cameron, 1982, Cameron, 1978, Steers, 1975).
본 연구에서는 조직의 성과 지표로서 주관적인 성과평가로서 그룹에
서 기대하는 성과 수준의 달성 정도에 대한 성과 평가와 주요 경쟁
자에 대한 경쟁우위에 대한 평가를 동시에 고려하여 분석할 것이다.

<표 3-1> 변수의 조작적 정의

변수명	대 리 변 수	관련 연구
차별화 전략	① 경쟁자에 대한 귀사의 태도(V1.1) ② 귀사의 기업혁신에 대한 경향(V1.2) ③ 귀사의 경쟁자에 대한 공격성(V1.3) ④ 위험에 대한 귀사의 태도(V1.4) ⑤ 귀사의 의사결정의 과감성(V1.5)	• Porter(1980, 1985) • Miles & Snow (1978) • Miller(1987)
최고 경 영 자 특성	① 최고경영자는 확실함보다는 높은 위험과 　수익성이 있는 사업을 더 선호한다.(V2.1) ② 최고경영자는 과감한 행동을 선택한다.(V2.2) ③ 최고경영자는 불확실한 상황이 오면 움 　츠리기보다는 과감히 대처한다.(V2.3) ④ 최고경영자는 남의 지도에 따라가기보다는 　내가 남을 지도하는 경우가 많다.(V2.4) ⑤ 최고경영자는 연구개발업무에 어느 정 　도의 경험이나 전문지식을 가지고 있 　다.(V2.5) ⑥ 최고경영자는 마케팅 및 영업 업무에 어 　느 정도의 경험이나 전문지식을 가지고 　있다.(V2.6)	• Amit et al.(1993) • Sexton & Bowman 　(1985) • Wooldridge & Floyd 　(1990)

변수명	대 리 변 수	관련 연구
유기적 구조	① 매우 개방적인 의사소통 채널, 재무 / 경영정보에의 자유로운 접근(V3.1) ② 다양한 관리스타일 수용(V3.2) ③ 사안에 적합한 전문가가 의사결정권한을 가짐(V3.3) ④ 변하는 상황에 민감하게 대처하는 것을 강조(V3.4) ⑤ 공식절차보다 문제해결과 업무의 마무리를 강조(V3.5) ⑥ 통제가 느슨하고 비공식적 / 협동규범에 크게 의존(V3.6) ⑦ 상황이나 개인 특성에 따라 업무행동이 결정되는 경향이 높음(V3.7)	• Bums and Stalker (1961) • Mintzberg(1979) • Khandwalla(1977)
조직성과	① 매출액 및 그 성장률(V4.1) ② 이익 창출(V4.2) ③ 현금흐름(V4.3) ④ 연간목표 달성(V4.4) ⑤ 신제품 및 신시장 개척(V4.5) ⑥ 성과 일반(V4.6) ⑦ 그룹에 대한 기여도(V4.7) ⑧ 연구 개발 투자(V4.8)	• Gupta & Govindarajan, 1986 • Govindarajan, 1988
적합성	- 3변수 간의 내적 일관도 (세 변수 간 상호 작용 항)	• Van de ven & Drazin(1985) • Choe(1998)

위의 〈표 3-1〉은 본 연구의 목적을 달성하기 위한 각각의 변수들에 대한 대리변수들을 표로 나타낸 것이다. 변수의 항목과 각 변수를 측정하기 위한 조작적 정의에 해당하는 구체적인 항목을 나열하였다. 각 항목에 대한 측정은 7점 측도를 사용하여 측정하였다.

Ⅳ. 실증분석 및 가설검증

(1) 조사대상기업의 선정 및 표본의 특성

본 연구는 우리나라의 제조업체를 대상으로 표본을 선정하였다. 본 연구의 모집단은 대우증권에서 발행한 상장회사 서베이(2002)에 수록된 기업을 대상으로 하였으며, 설문은 표본 추출된 제조업체를 대상으로 우편조사와 E-mail 조사를 실시하였다. 본 연구의 최종 분석에 사용된 표본의 기업특성은 다음 〈표 4-1〉과 같다.

<표 4-1> 표본기업의 특성을 업종별, 규모별 요약

업 종	표본 수	비율	매출액	표본 수	비율
• 음식료품	30	13.0	1000억 이하	59	26%
• 제1차 금속산업	7	3.0			
• 조립금속제품	11	5.0			
• 기계 및 장비제조업	11	5.0	1000~2000억	46	20%
• 사무·계산 및 회계용 기계	9	4.0			
• 영상·음향 및 통신장비	11	5.0			
• 전기기계 및 전기변환 장치	18	8.0	2000~4000억	11	5%
• 자동차 및 트레일러	11	5.0			
• 선박·기타 운송장비	9	4.0			
• 의료·정밀·광학기기 및 시계	21	9.0	4000~7000억	23	10%
• 가구 및 기타 제조업	18	8.0			
• 섬유제품	5	2.0			
• 의복·모피·가죽·신발제품	16	7.0	7000~9000억	59	26%
• 목재·나무제품	2	1.0			
• 펄프·종이 및 종이제품	14	6.0			
• 화합물 및 화학제품	21	9.0			
• 석유 정제품	2	1.0	무응답	30	13%
• 고무·플라스틱제품	7	3.0			
• 비금속광물제품	5	2.0			
합 계	228	100	합 계	228	100%

표본기업들은 건설업을 제외한 19개 업종의 제조업체로 구성되었으며, 표본기업의 특성들을 고루 적용하기 위해 각 업종별로 고루 표본을 추출하였다. 설문에 대한 응답자는 기업의 생산 활동 및 원가관리활동 전반에 대해 충분히 파악할 수 있는 경리, 총무관련 부서 책임자나 관리자, 부서 담당자 등을 대상으로 하였다. 설문조사 기간은 2003년 4월 15일부터 4월 30일까지 16일간으로, 리서치 패널회사를 통해 설문작업을 수행하였다. 리서치 패널회사를 통한 설문조사의 경우 회수율을 높일 수 있고 또한 신속한 설문 회수가 가능하다는 장점이 있다. 또한 피응답자들이 사전 동의과정을 거치기 때문에 응답에 대한 신뢰도를 높일 수 있었다. 설문지는 총 235부를 회수하였고, 설문에 대한 일관성이 없거나 무성의하게 작성한 설문지 7부를 제외하고 228부를 본 연구에 이용하였다.

(2) 측정도구의 신뢰성 및 타당성 분석

1) 신뢰성 분석

본 연구에서 신뢰성 검증을 위해 Cronbach's Alpha Test를 이용하여 검증하였다. 차별화 전략, 최고경영층 특성, 유기적 구조, 조직성과에 대한 신뢰성 분석을 실시하였다. 세부적인 신뢰성 검증에 대한 내용은 다음 〈표 4-2〉와 같다.

다음 〈표 4-2〉를 보면 신뢰성 분석결과 차별화 전략, 최고경영층 특성, 유기적 구조, 기업성과변수들의 신뢰성 계수(α계수)는 모두 0.6 이상으로 나타났다. 설문항목의 수가 10개 이하인 경우 α계수가 0.7

이상이면 신뢰도가 상당히 양호하다고 보고 있으며(Nunnally, 1978), 분석단위가 조직 혹은 부서 단위일 경우에는 α계수가 0.6 정도이면 측정지표의 신뢰성에 큰 문제가 없는 것으로 판단한다(Van de ven & Ferry, 1980). 따라서 본 연구에서 변수를 구성하는 항목들에 대한 측정치들은 유효하게 이용될 수 있음을 알 수 있다.

<표 4-2> 변수들에 대한 신뢰성 분석 결과

통계량 변 수	분석 전 항목	분석 후 항목	α 계수	평균	최댓값	최솟값	N
차별화 전략	5	5	0.6552	4.1395	3.6842	4.4518	228
TOP	6	6	0.8625	4.2398	3.8202	4.5877	228
유기적 구조	7	7	0.9359	4.2083	4.0132	4.4167	228
최고경영자 특성	8	8	0.9336	4.3509	4.193	4.4868	228
조직성과	8	8	0.9257	4.2648	3.9868	4.3684	228

2) 타당성 분석

본 연구에 사용된 다항목 척도들의 구성타당성 검증을 위하여 요인분석(Factor Analysis)을 실시하였다. 요인분석에서는 Varimax법에 의한 직교 회전에 의하여 요인 적재치를 산출하였다. 요인분석의 결과 일반적으로 요인적재치가 0.4 이상을 나타낼 경우 해당 설문항목이 특정 요인으로 묶어진다고 본다(Choe, 1998). 이에 따라 〈표 4-3〉은 각 변수들의 항목들을 요인분석을 실시하여 유인추출 기준에 적합하고, 요인적재치가 0.4 이상인 항목들에 대해서만 각 성분별로 표시하였다.

차별화 전략과 유기적 구조, 조직성과에 적용된 항목들의 경우 신뢰성 분석의 결과 채택된 항목들이 모두 하나의 성분으로 구성되는 것으로 나타났다. 다만, 최고경영자특성의 경우 신뢰성 분석 결과 채택된 6개 항목이 2개의 성분으로 구분된다. 이에 따라 각각의 성분을 '위험감수성향'과 '전문지식 정도'로 명명하였다.

<표 4-3> 변수들에 대한 타당성 분석 결과

		항목	요인적재 값	Eigen value	% of Var
차별화 전략		V1.1	0.6533	2.1218	42.4366
		V1.2	0.6139		
		V1.3	0.5504		
		V1.4	0.6765		
		V1.5	0.7468		
최고경영자 특성	위험감수성향	V2.1	0.7263	3.5738	59.5640
		V2.2	0.8770		
		V2.3	0.8363		
	전문지식 정도	V2.4	0.8913	1.0244	17.073
		V2.5	0.8508		
		V2.6	0.7436		
유기적 구조		V3.1	0.7864	3.0846	61.6921
		V3.2	0.8191		
		V3.3	0.7767		
		V3.4	0.8227		
		V3.5	0.7178		
조직성과		V4.1	0.8506	5.3044	66.3046
		V4.2	0.8428		
		V4.3	0.7476		
		V4.4	0.8531		
		V4.5	0.7643		
		V4.6	0.8653		
		V4.7	0.8073		
		V4.8	0.7740		

(3) 가설검증

1) 두 변수 간의 상호 작용 항이 조직성과에 미치는 영향에 대한 가설 검정

〈가설 1〉, 〈가설 2〉, 〈가설 3〉에 대한 검정을 위하여 차별화 전략, 유기적 구조, 최고경영자 특성들 간의 Pearson 상관분석을 실시하였다. 그 결과가 〈표 4-4〉에 제시되어 있다.

<표 4-4> 독립변수들 간의 상관관계(Pearson Correlation, N: 228)

	차별화 전략	위험감수성향	전문지식 정도
위험감수성향	0.587799515*		
전문지식 정도	0.407246741*	0.577201*	
유기적 구조	0.418671433*	0.37972*	0.321217*

〈표 4-4〉에서, 대체적으로 모든 변수 간에는 상관관계가 존재한다. 특히 차별화 전략과 유기적 구조 간의 관계에는 유의적인 상관관계가 존재하는 것으로 나타났다. 즉 차별화 전략에 대한 수준이 높은 기업일수록 유기적 구조의 정도는 높게 나타나고 있다. 차별화 전략과 최고경영자 특성들(위험감수성향, 전문지식 정도) 간의 관계에도 유의적인 상관관계가 존재하는데 이는 차별화 전략의 수준이 높은 기업일수록 최고경영층의 위험감수성향이 높게 나타나고 있으며, 또한 이들 기업들의 최고경영층의 전문지식 정도가 높게 나타나고 있다. 그리고 유기적 구조와 최고경영자 특성들(위험감수성향, 전

문지식 정도) 간의 관계에도 유의적인 상관관계가 존재하는 것으로 나타났는데, 이는 유기적 구조수준이 높은 기업일수록 최고경영층의 위험감수성향과 전문지식 정도들이 높게 나타난다는 것을 의미한다.

이러한 상관관계분석을 바탕으로 가설들을 검정하기 위해 회귀분석을 실시하였다. 본 연구에서 두 변수 간의 적합성을 두 변수의 상호 작용 항으로 구하여 이 상호 작용 항을 독립변수로 하여 종속변수인 조직성과에 미치는 영향을 규명하기 위해 회귀분석을 실시한 것이다.

본 연구의 두 변수 간의 상호 작용효과를 검증하기 위한 변수들은 크게 차별화 전략, 최고경영자 특성, 그리고 기업구조로 구분할 수 있다. 최고경영자 특성은 다시 '위험감수성향'과 '전문지식 정도'의 두 가지로 구분된다. 이에 따라 두 변수 간 상호 작용효과를 검증하기 위한 다중회귀식은 다음과 같다.

차별화 전략과 유기적 구조 간의 적합성이 조직성과에 미치는 영향

$$Y = \alpha + \beta_1 DIF + \beta_2 STR + \beta_3 DIF \times STR + \epsilon \qquad (\text{식 } 1)\,[64]$$

차별화 전략과 최고경영층 특성 간의 적합성이 조직성과에 미치는 영향

$$Y = \alpha + \beta_1 DIF + \beta_2 Tman_1 + \beta_3 Tman_2 + \beta_4 DIF \times Tman_1$$
$$+ \beta_5 DIF \times Tman_2 + \epsilon \qquad (\text{식 } 2)$$

---

64) Y: 조직성과 DIF: 차별화 전략 STR: 유기적 구조 Tman1: 위험감수성향 Tman2: 전문지식 정도

유기적 구조와 최고경영층 특성 간의 적합성이 조직성과에 미치는
영향

$$Y = \alpha + \beta_1 DIF + \beta_2 Tman_1 + \beta_3 Tman_2 + \beta_4 DIF \times Tman_1$$

$$+ \beta_5 DIF \times Tman_2 + \epsilon \qquad (식 3)$$

위의 식을 바탕으로 회귀분석을 실시하였다. 회귀분석에서는 상호
작용 항에 대한 회귀계수의 유의확률이 0.10 이하인 항목을 분석에
포함하였다.

<표 4-5> 두 변수 간 적합성이 조직성과에 미치는 영향

차별화 전략과 최고경영자 특성 간 적합성 분석			차별화 전략과 유기적 구조 간 적합성 분석			최고경영자 특성과 유기적 구조 간 적합성 분석		
변수	계수	P	변수	계수	P	변수	계수	P
① 차별화 전략	0.0151	0.938	① 차별화 전략	0.2200	0.253	② 유기적 구조	0.1963	0.299
② 위험감 수성향	-0.6369	0.031	② 유기적 구조	0.1145	0.647	② 위험감 수성향	-0.2967	0.161
③ 전문 지식수준	0.6565	0.039	① × ②	0.2379	0.512	③ 전문 지식수준	0.6453	0.002
① × ②	1.1207	_0.011_				① × ②	0.7006	_0.024_
① × ③	-0.4762	0.333				① × ③	-0.5089	_0.1412_
R^2	0.371		R^2	0.268		R^2	0.373	
F value	26.199		F value	27.407		F value	26.428	
P	0.000		P	0.000		P	0.000	

차별화 전략과 최고경영자 특성 간의 상호 작용 항이 조직성과에

미치는 영향에 대한 〈가설 1〉을 검정하기 위해 〈표 4-5〉를 보면, 차별화 전략과 최고경영자 특성 중 위험감수성향 간의 상호 작용 항이 조직성과에 유의적인 영향을 미치고 있어 〈가설 1-1〉은 채택되었으나, 차별화 전략과 최고경영자 특성인 전문지식 정도 간의 상호 작용 항이 조직성과에 유의적인 영향을 미치지 않는 것으로 나타나 〈가설 1-2〉는 기각되었다. 그러므로 〈가설 1〉은 부분적으로 채택되었다. 이 결과에 대한 의미는 차별화 전략을 추구하는 정도가 높은 기업에서 최고경영자의 특성 중 위험감수성향이 높으면 이들의 상호 작용효과가 조직성과에 양의 영향을 미친다는 것이다.

차별화 전략과 유기적 구조 간의 상호 작용 항이 조직성과에 미치는 영향에 대한 〈가설 2〉를 검정하기 위해 〈표 4-5〉를 보면, 이들 간에는 상호 작용 항이 조직성과에 유의적인 영향을 미치지 않으므로 〈가설 2〉는 기각되었다. 즉 차별화 전략과 유기적 구조 간에는 비록 높은 상관관계를 갖고 있으나 이들 변수 간의 적합성은 조직성과 향상에 유의적인 영향을 미치지 않는 것으로 나타났다.

유기적 구조와 최고경영층의 특성 간의 상호 작용 항이 조직성과에 미치는 영향에 대한 〈가설 3〉을 검정하기 위해 〈표 4-5〉를 보면, 유기적 구조와 위험감수성향 간의 상호 작용 항과, 유기적 구조와 전문지식 정도 간의 상호 작용 항이 조직성과에 유의적인 영향을 미치는 것으로 나타나 〈가설 3-1〉과 〈가설 3-2〉는 채택되었다. 그러므로 가설 3은 채택되었다. 이 결과에 대한 의미는 먼저, 유기적 구조의 정도가 높고, 최고경영층의 위험감수성향이 높은 기업은 이들 두 변수의 상호 작용효과로 조직의 성과에 양의 영향을 미친다. 다음으로, 유기적 구조의 정도가 높고, 최고경영층의 경험이나 전문지식이 높으면 이들 간의 상호 작용효과로 조직성과에 음의 영향을 미친다는 것을 알 수 있다.

2) 세 변수 간의 상호 작용 항이 조직성과에 미치는 영향에 대한 가설 검정

본 연구의 〈가설 4〉를 검정하기 위해 차별화 전략, 최고경영자 특성, 그리고 유기적 구조 간의 세 변수를 적용한 세 변수 간 상호 작용 항을 독립변수로 포함하는 다중회귀분석을 실시하였다. 최고경영자 특성은 '위험감수성향'과 '전문지식 정도'의 두 가지로 구분되므로 각각의 세 변수 간 상호 작용 항을 구하여 분석에 적용하였다. 이에 따라 세 변수 간 상호 작용효과를 검증하기 위한 다중 회귀식은 다음과 같다.

$$Y = \alpha + \beta_1 DIF + \beta_2 STR + \beta_3 Tman_1 + \beta_4 Tman_2 + \beta_5 DIF$$
$$\times STR + \beta_6 DIF \times Tman_1 + \beta_7 DIF \times Tman_2 + \beta_8 STR$$
$$\times Tman_1 + \beta_9 STR \times Tman_2 + (\beta_{10} DIF \times STR \times Tman_1)$$
$$+ (\beta_{11} DIF \times STR \times Tman_2) + \epsilon \qquad (\text{식 } 4)$$

위의 식을 바탕으로 회귀분석을 실시하였다. 〈표 4-6〉은 차별화 전략(DIF), 유기적 구조(STR), 위험감수성향, 전문지식 정도 간의 세 변수를 이용한 적합성이 기업성과에 미치는 영향을 검증하기 위한 회귀식의 결과이다.

<표 4-6> 차별화 전략, 유기적 구조, 최고경영자 특성들 간의 세 변수 간 상호
작용 항이 조직성과에 미치는 영향

변수	표준화 계수	유의확률
(상수)		0.6916
① 차별화 전략	0.8185	0.1797
② 유기적 구조	1.5002	**0.0639**
③ 위험감수성향	−2.5801	**0.0045**
④ 전문지식 정도	2.4470	**0.0105**
① × ②	−2.2159	**0.0816**
① × ③	3.5662	**0.0120**
① × ④	−3.2840	**0.0421**
② × ③	2.9840	**0.0291**
② × ④	−3.7446	**0.0286**
① × ② × ③	−3.4468	**0.0698**
① × ② × ④	4.945079	**0.0418**
R^2	0.427902	
F value	14.68706	
P	0.001	

위의 〈표 4-6〉의 결과에 의하면 조직성과에 가장 큰 영향력을
미치는 상호 작용 항을 순서별로 표시하면, 표준화 계수의 절댓값이
가장 큰 (차별화 전략) × (유기적 구조) × (전문지식수준)이 가장 큰 영
향을 미치고, 그다음으로 (유기적 구조) × (전문지식수준), (차별화 전
략) × (위험감수성향), (차별화 전략) × (유기적 구조) × (위험감수성향)
등의 순서로 나열된다.

한편 (유기적 구조) × (전문지식수준), (차별화 전략) × (유기적 구

조) × (위험감수성향), (차별화 전략) × (유기적 구조), (차별화 전략) × (전문지식 정도)의 경우는 조직성과에 부정적인 방향으로 영향을 미치는 것으로 나타났다. 이는 각각의 변수들의 상호 작용 항이 조직성과에 음의 영향을 미친다는 것을 의미한다.

〈표 4-6〉을 통해 회귀분석 결과 상호 작용 항의 회귀계수가 성과변수들에 유의적인 영향을 미치는 것으로 나타나 상호 작용한 성과에 미치는 영향관계를 보다 구체적으로 파악하기 위해 Schoonhoven(1981)과 Choe(1998)연구에서 적용된 단조적(Monotonic), 비단조적(Non monotonic) 증가분석을 추가하여 실시하였다.

본 연구에서 적용된 다중회귀식을 유기적 구조에 대하여 미분하면 다음과 같다.

$$\frac{\triangle Y}{\triangle STR} = \beta_2 + \beta_5 DIF + \beta_8 Tman_1 + \beta_9 TMAN_2$$
$$+ \beta_{10} Tman_1 \times DIF + \beta_{11} Tman_2 \times DIF \qquad (식\ 5)$$

위의 (식 5)에서 최고경영자특성에 해당하는 위험감수성향(Tman1)과 전문지식 정도(Tman2)를 상수로 두면 다음과 같이 정리할 수 있다.

$$\frac{\triangle Y}{\triangle STR} = (\beta_2 + \beta_8 Tman_1 + \beta_9 Tman_2)$$
$$+ (\beta_5 + \beta_{10} Tman_1 + \beta_{11} Tman_2) DIF \qquad (식\ 6)$$

이에 따라 회귀식을 바탕으로 위의 (식 6)에 각각의 계수를 대입해 보면 다음과 같다.

$$\frac{\triangle Y}{\triangle STR} = (\ 1.5002 + \ 2.9840\,Tman_1 - 3.7446\,Tman_2)$$

$$+ \ (-2.2159 - 3.4468\,Tman_1 + \ 4.9451\,Tman_2)\,DIF \qquad z(식\ 7)$$

위의 (식 7)에서 상수인 위험감수성향(Tman1)과 전문지식 정도 (Tman2)에 최고경영자특성에 대한 설문지에 대한 실제 값 중에서 최고치인 7을 대입하면 다음과 같다.

$$\frac{\triangle Y}{\triangle STR} = -3.824 + 8.2722\,DIF \qquad\qquad (식\ 8)$$

위의 (식 8)에서 $\triangle Y / \triangle STR$ 값이 0인 경우의 차별화 전략(DIF) 의 값을 구하면 0.4623이다. 이 값은 차별화 전략의 실제 값의 범위 인 1과 7 사이에 포함되지 않으므로 차별화 전략과 $\triangle Y / \triangle STR$ 간의 함수관계는 단조적이라 할 수 있다.

한편 위의 (식 7)에서 상수인 위험감수성향(Tman1)과 전문지식 정 도(Tman2)에 최고경영자 특성에 대한 설문지에 대한 실제 값 중에 서 최소치인 1을 대입하면 다음과 같다.

$$\frac{\triangle Y}{\triangle STR} = 0.7396 - 0.7176\,DIF \qquad\qquad (식\ 9)$$

위의 (식 9)에서 $\triangle Y / \triangle STR$ 값이 0인 경우의 차별화 전략(DIF) 의 값을 구하면 1.031이다. 이 값은 차별화 전략의 실제 값인 1과 7 사이에 존재하므로, 차별화 전략과 $\triangle Y / \triangle STR$ 간의 함수관계는 비단조적이라 할 수 있다. 이에 따라 〈가설 4〉는 채택되었다. 즉 차 별화 전략에 대한 비중이 높고, 유기적 구조의 정도가 높으며, 최고경영자의 위험감수성향이 높은 기업은 이들 세 변수의 상호 작용효과로 조직성과에 음의 영향을 미친다. 또 차별화 전략에 대한 비중이 높고, 유기적 구조의 정도가 높으며, 최고경영자의 경험과 전문지식수준이 높은 기업은 이들 세 변수의 상호 작용효과로 조직성과에 양의 영향을 미친다.

다음 〈표 4-7〉은 본 연구에서 다룬 적합성의 관계가설과 채택 여부에 대한 표이다.

<표 4-7> 적합관계와 조직성과에 대한 영향관계 및 가설의 채택 여부

가설	적합관계	세부가설	영향관계	가설 채택
가설 1	차별화 전략 ↔ 최고경영자 특성			부분 채택
	차별화 전략 ↔ 위험감수성향	가설 1-1	양의영향	채택
	차별화 전략 ↔ 전문지식 정도	가설 1-2	-	기각
가설 2	차별화 전략 ↔ 유기적 구조		-	기각
가설 3	최고경영자 특성↔유기적 구조			채택
	위험감수성향 ↔ 유기적 구조	가설 3-1	양의영향	채택
	전문지식 정도 ↔ 유기적 구조	가설 3-2	음의영향	채택
가설 4	차별화 전략 ↔ 유기적 구조 ↔ 최고경영자 특성			채택
	차별화 전략 ↔ 유기적 구조 ↔ 위험감수성향	가설 3-1	음의영향	채택
	차별화 전략 ↔ 유기적 구조 ↔ 전문지식 정도	가설 3-2	양의영향	채택

3) 추가 연구

〈가설 4〉가 채택됨에 따라 다음은 좀 더 세부적인 연구를 명하고
자 한다. 먼저 (DIF) × (STR) × (Tman1)의 상호 작용효과가 조직성과
에 음의 영향을 미친다고 했는데, 구체적으로 어떠한 변수가 어떠한
작용을 했는가를 규명하기 위해 두 변수들의 상호 작용 항을 참고해
보자. (차별화 전략) × (위험감수성향)의 상호 작용 항과 (유기적 구
조) × (위험감수성향)의 상호 작용 항은 조직성과에 양의 영향을 미
치고 있고, (차별화 전략) × (유기적 구조)의 상호 작용 항은 음의 영
향을 미치고 있다. 그러므로 (차별화 전략) × (유기적 구조) × (위험감
수성향1)의 상호 작용 항에서도 주로 (차별화 전략) × (유기적 구조)
의 상호 작용 항이 조직성과에 음의 영향을 미치는 데 기여하는 것
으로 판단된다.

한편, (차별화 전략) × (유기적 구조) × (전문지식수준)의 상호 작용
효과의 경우 (차별화 전략) × (유기적 구조), (차별화 전략) × (전문지
식수준), (유기적 구조) × (전문지식수준)의 두 변수 간의 상호 작용
항 모두가 조직성과에 음의 영향을 미치는 것으로 나타났다. 그런데
이들 세 변수 간의 상호 작용 항의 효과는 조직성과에 양의 영향을
미치는 것으로 나타났다. 이러한 결과는 의미해석의 상반된 결과를
낳게 한다. 이때 어떠한 것을 취사선택해야 하는가 하는 문제가 발
생하게 되는데, 이때는 당연히 영향력의 정도를 나타내는 표준화계
수의 절댓값이 큰 경우의 상호 작용 항이 나타내는 바를 채택해야
할 것이다. 이에 따라 차별화 전략, 유기적 구조, 최고경영층의 전문
적 지식과 관련된 변수의 상호 작용효과를 연구할 때는 주로 세 변

수 간의 상호 작용 항과 두 변수 간 상호 작용항 간의 효과에 대한 해석에 대해 세심한 주의를 기울일 필요가 있다.

만약, 차별화 전략의 수준이 높고, 유기적 구조의 정도가 높은 기업이 조직성과의 향상을 추구한다면, 전문지식의 수준이 높은 최고경영자가 필요하다. 반면에 만약 최고경영자가 위험을 추구하고 공격적인 성향이 강한 모험가형 경영자라면 이는 오히려 조직성과를 떨어뜨리는 결과를 낳게 될 것이라는 것을 〈가설 4〉의 검정과정을 통해서 파악할 수 있었다.

(4) 적합성 분석 방법 간의 비교

다음 〈표 4-7〉는 적합성을 도출하는 과정의 회귀식을 달리하여 그 결과를 비교해 본 표이다. 표에서 두 변수 상호 작용 항에 대한 것은 두 변수 간 상호 작용 항이 조직성과에 미치는 영향을 회귀분석을 통해 규명한 것이다. 즉 본 연구의 회귀식 (식 1), (식 2), (식 3)에 대한 영향관계를 나타낸 것이다. 세 변수 상호 작용 항에 대한 것은 세 변수 간 상호 작용 항을 동시에 적용한 회귀식 (식 4)를 이용하여 규명한 것이다. (식 4)의 독립변수에는 두 변수 간 상호 작용 항과 세 변수 간 상호 작용 항이 동시에 포함되었다. 이에 따라 〈표 4-8〉의 세 변수 상호 작용 항에서 두 변수 간 상호 작용 항이 유의적인 영향을 나타내는 것은 (식 4)에 동시에 포함된 두 변수 간 상호 작용 항에 대한 회귀계수가 유의적인 의미를 나타낸다는 의미이다.

<표 4-8> 적합성 분석 간의 비교

	(DIF) × (Tman1)	(DIF) × (Tman2)	(DIF) × (STR)	(STR) × (Tman1)	(STR) × (Tman2)	(DIF) × (STR) × (Tman1)	(DIF) × (STR) × (Tman2)
두 변수 상호 작용 항	양의 영향	-	-	양의 영향	음의 영향	-	-
세 변수 상호 작용 항	양의 영향	음의 영향	음의 영향	양의 영향	음의 영향	음의 영향	양의 영향

* DIF: 차별화 전략   STR: 유기적 구조
  Tman1: 위험감수성향   Tman2: 전문지식 정도

위의 표를 통해서 두 변수 간의 상호 작용 항을 통한 분석방법보다 세 변수 간의 상호 작용 항을 통한 분석방법이 보다 설명력이 높다는 것을 알 수 있다.

두 변수 상호 작용 항은 Drazin and Van de Ven(1985)의 연구에서 상호 작용 접근법에 의한 적합성이 조직성과에 대한 효과를 나타내고 있다. 이에 따르면 차별화 전략과 최고경영자의 위험감수성향 간의 상호 작용 항, 유기적 구조와 최고경영자의 위험감수성향 간의 상호 작용 항, 유기적 구조와 최고경영자의 전문지식 정도 간의 상호 작용 항이 조직성과에 영향을 미치는 것으로 나타났다.

세 변수 상호 작용 항은 Drazin and Van de Ven(1985)의 연구에서, 관련 변수들 간의 복잡한 상호 작용을 파악하는 총체적인 연구 방법인 시스템적 접근법이다.[65] 이 접근법은 단순히 변수들 간의 인

---

65) 시스템적 접근법 도입의 의의라면, 조직은 복잡한 실체이기 때문에 소수 변수들 간의 선형적인 관계를 규명하는 부분적인 접근 방법은 부적절하며 조직 및 전략 변수들 간 복잡하고 다면적인 구성형태를 파악하는 새로운 연구 접근 방법이 필요한데, 그것이 시스템적 접근법이라는 것이다.

과관계나 유형을 찾는 것보다는 변수 전체의 총체적인 관계를 파악하고, 일관된 관계 유형을 분석하기 위한 방법으로 다양한 변수들 간의 복잡한 상호 관계를 파악하기 위한 연구 방법이다. 본 연구에서는 〈표 4-8〉을 통해 위에서 나열한 두 가지 접근법을 비교해 보았다.

이에 따라 본 연구에서는 모든 변수들에 대해 두 변수 간 상호 작용 항도 독립변수에 포함하고, 세 변수 간 상호 작용항도 독립변수에 포함하여 분석을 하였다. 그 결과 모든 상호 작용 항이 조직성과에 유의적인 영향을 미치는 것으로 나타났다. 먼저, 두 변수 간 상호 작용 항인 차별화 전략과 위험감수성향 간의 상호 작용 항, 유기적 구조와 위험감수성향 간의 상호 작용 항은 조직성과에 양의 양향을 미친다. 또 차별화 전략과 전문지식 정도 간의 상호 작용 항, 유기적 구조와 전문지식 정도 간의 상호 작용 항은 조직성과에 음의 영향을 미치는 것으로 나타났다. 다음으로 세 변수 간 상호 작용인 차별화 전략·유기적 구조·위험감수성향 간의 상호 작용 항은 조직성과에 음의 영향을 미치고, 차별화 전략·유기적 구조·전문지식 정도 간의 상호 작용 항은 조직성과에 양의 영향을 미친다.

조직성과에 양의 영향을 미친다는 것은 상호 작용 항의 값이 높으면 조직성과도 높다는 것을 의미한다. 반대로 음의 영향을 미친다는 것은 상호 작용 항의 값이 높으면 높을수록 조직성과는 낮아진다는 것을 의미한다.

본 연구에서 기존의 연구와 다른 결과를 보이는 부분은 다음과 같다. 시스템적 접근법을 적용한 분석에서 차별화 전략과 전문지식 정도 간의 상호 작용 항, 차별화 전략과 유기적 구조 간의 상호 작용 항이 조직성과에 음의 영향을 미치는 것으로 나타났다.[66] 그런데 이들 두 변수 간 상호 작용 항에 하나의 변수가 추가된 세 변수 간 상호 작용 항에서는 두 변수 간 상호 작용 항과 다른 결과를 나타내고 있다. 현실적으로 차별화 전략과 유기적 구조의 정도 간의 상호 작용 정도가 높으면 높을수록 조직성과는 낮아진다. 그런데 상호 작용 항에 최고경영자의 전문지식 정도가 포함되면 조직성과의 향상을 가져올 수 있다. 반면에 최고경영자의 위험감수성향의 포함은 조직성과의 향상에 전혀 기여하지 못한다는 것을 알 수 있다. 즉 같은 최고경영자 특성 중에서도 조직성과 향상에 기여하는 변수가 다르게 나타나고 있다. 이는 상호 작용 항의 변수의 조합에 따라 조직성과에 대한 영향이 달라질 수 있다는 것을 의미한다.

V. 결 론

(1) 요약과 논의

본 연구의 목적은 우리나라 제조 기업이 채택하고 있는 전략의 유형 중 차별화 전략, 유기적 구조, 최고경영자 특성 간의 적합성이 존재하는가? 그 적합성이 조직성과에 유의적인 영향을 미치는가? 그리고 적합성을 구성하는 독립변수들 간의 상호 작용 항의 조합의 차

---

66) 이들은 상호 작용 접근법에서 조직성과에 유의적인 영향을 미치지 않는 것으로 나타났다.

이에 따라 조직성과에 미치는 영향력에 차이가 있는가? 등을 규명하는 데 있다. 이를 위해 본 연구에서는 Drazin and Van de Ven(1985)은 상황이론의 세 가지 접근법을 적용하여 비교하였다. 선택적 접근법에 의한 적합성을 규명하기 위해 각각의 독립변수들 간의 상관관계분석을 통해 적합성이 존재하는 것을 확인하였다. 이어서 상호 작용 접근법에 의한 적합성이 조직성과에 미치는 영향관계를 파악하기 위해 두 변수 간의 상호 작용 항을 이용하여 회귀분석을 실시한 결과 차별화 전략과 최고경영자 특성 간의 상호 작용 항이 조직성과에 유의적인 영향을 미치는 것으로 나타났고, 유기적 조직과 최고경영자 특성 간의 상호 작용 항이 조직성과에 유의적인 영향을 미치는 것으로 나타나 〈가설 1〉은 부분적으로 채택되었다. 차별화 전략과 유기적 구조 간의 적합성이 조직성과에 미치는 영향에 대한 〈가설 2〉는 기각되었다. 유기적 구조와 최고경영자특성 간의 적합성이 조직성과에 미치는 영향에 관련 가설인 〈가설 3〉은 채택되었다. 이는 유기적 구조와 위험감수성향(Tman1) 간의 상호 작용 항과, 유기적 구조와 전문지식 정도(Tman2) 간의 상호 작용 항이 조직성과에 유의적인 영향을 미치는 것으로 나타났다.

조직 적응과 변화를 이해하기 위해서는 조직 및 전략 변수들 간 복잡하고 다면적인 구성형태를 파악하기 위한 시스템적 접근법에 의한 적합성이 조직성과에 미치는 영향을 규명하기 위해 세 변수 간 상호 작용 항이 구하여 조직성과에 미치는 영향을 〈가설 4〉를 통해 파악하였다. 그 결과 차별화 전략·유기적 구조·최고경영자의 위험감수성향의 세 변수 간 상호 작용 항은 조직성과에 유의적인 음의 영향을 미치고, 차별화 전략·유기적 구조·최고경영자의 전문지식 정도 간의 세 변수 간 상호 작용 항은 조직성과에 유의적인 양의 영향을 미치는 것으로 나타났다. 한편 차별화 전략과 유기적 구조의 두 변수 간 상호 작용 항이 상호 작용 접근법을 통한 적합성에서는 조직성과에 유의적인 영향을 미치지 않은 것으로 나타났으나, 시스템적 접근법을 통한 적합성을 적용한 결과 음의 영향을 미치는 것으로 나타났고, 여기에 추가적으로 최고경영자의 전문지식 정도 변수를 포함시켜 세 변수 간 상호 작용 항을 통한 조직성과에 대한 영향관계를 파악한 결과 조직성과에 양의 영향을 미치는 것으로 파악되었다. 반면에 최고경영자의 위험감수성향 변수가 포함되었을 때는 음의 영향을 미치는 것으로 파악되어 상호 작용 항의 변수의 조합에 따라 조직성과에 대한 영향이 달라질 수 있다는 것을 의미한다.

본 연구의 의미라면, 적합성 개념을 적용하여 복잡하고 다면적인 기업조직의 성과에 영향을 미치는 변수들 간의 관계를 파악하고, 이들 변수들 간의 조합관계를 통해 조직성과 향상에 기여하는 변수들의 유의적인 결합관계를 도출한 것이라 할 수 있다. 이는 전략경영의 필요성이 더욱더 강조되는 오늘날 조직성과 향상에 기여하는 다양한 변수들의 합리적인 조합이 무엇보다 필요하다는 것을 실증분석을 통해 제시하였다. 그리고 이러한 조합을 구하기 위해 적합성에 대한 접근법을 달리하여 접근법 간의 차이를 비교분석함으로써 어떠한 조합이 합리적인 조합이 될 것인가를 규명하였다.

추가 연구를 위한 제안으로, 본 연구를 통해 전략적 측면에서 조직의 성과향상을 위해서는 성과에 영향을 미치는 변수들 간의 합리적인 조합이 무엇보다 중요하다는 것을 알았으나, 본 연구에서는 단순히 '차별화 전략', '유기적 구조', 최고경영자 특성 중 '위험감수성향'과 '전문지식 정도'만을 적용하였다. 보다 다양한 변수의 적용이 필요할 것으로 본다.

또한, 시스템적 접근법을 통한 적합성 연구방법으로 다중회귀분석 이외에 군집분석 또는 Q형 요인 분석을 통한 분석방법을 적용하여 분석할 필요가 있을 것으로 본다. 그리고 본 연구에서는 주관적인 성과지표만을 사용하였는데, 객관적 성과지표도 동시에 사용하여 두 성과지표 간의 비교를 통한 연구도 해볼 필요가 있을 것으로 본다.

참고문헌

김인수, 거시조직이론: 조직설계의 이론과 실제. 무역경영사, 1996, p.163.

Amit, R.. Glosten, L. & E. Muller(1993), "Challenges to Theory Development in Entrepreneurship Research", Journal of Management Studies, 30(5), 815 − 834.

Bandura, A. (1986), Social Foundation of Thought and Action: A Social Cognitive Theory, Englewood Cliffs, N J: Prentice − Hall.

Bantel, K. A. (1996), "Niche Strategy − Planning Focus Synergy in Technological, Entrepreneur and Firms", Frontiers of Entrepreneurship Research, 601 − 615.

Baron, R. A. (2000), "Psychological Perspectives on Entrepreneurship: Cognitive and Social Factors in Entrepreneurs' Success", Current Directions in Psychological Science. In Press.

Baum, J, R. (1994), The Relation of Traits, Competences, Vision,

Motivation, and Strategy to Venture Growth, Unpublished Doctoral Dissertation, The University of Maryland.

Bird, B. (1989), Entrepreneurial Behavior, Glenview, IL, Scott Foresman and Company.

Burns. T. & G. M. Stalker(1961), The Management of Innovation, Tavistock. London.

Chandler, G. N. & Jansen, E. (1992), "The Founder's Self—Assessed Competence and Venture Performance", Journal of Business Venturing, 7, 223—236.

Chandler, G. N. & S. H. Hanks(1994), "Market Attractiveness, Resource— Based Capabilities, Venture Strategies, and Venture Performance", Journal of Business Venturing, 9, 331—349.

Chen, C. C., Green, P. G. & A. Crick(1998), "Does Entrepreneurial Self— Efficacy Distinguish Entrepreneurs from Managers?", Journal of Business Venturing, 13, 295—316.

Choe, Jong—min, 1998. The Effects of User Participation on the Design of Accounting Information Systems. Information & Management, Vol.34, 185—198.

Cooper. A. C.. Willard, G. S. & G. Y. Woo(1986), "Strategies of High Performance New and Small Firms: A Reexamination of the Niche Concept", Journal of Business Venturing, 1, 247—260.

Dess, G. G. & Davis. P. S., (1984), "Porter's Generic Strategies as a Determinants of Strategic Group Membership and Organizational Performance." Academy of Management Journal, 27, pp.467—488.

Gartner, W. B. (1985), "A Conceptual Framework for Describing the Phenomenon of New Venture Creation", Academy of Management

Review. 10(4), 696−706.

Ginsbeg A. and Venkatraman, N., "Contingency Perspectives of Organizational Strategy: A Critical Review of the Empirical Research" Academy of Management Review, Vol.10, No.3, 1985, pp.421−434.

Hambrick, D. C, "Some Tests of Effectiveness and Functional Attributes of Miles & Snow's Strategy Types", Academy of Management Journal, Vol.26, 1983, pp.5−26.

Herron, L. & R. B. Robinson, Jr. (1993), "A Structural Model of the Effects of Entrepreneurial Characteristics on Venture Performance", Journal of Business Venturing: 8, 281−294.

Ittner, C. D., & Larcker, D. F. (1997), Quality Strategy, Strategic control Systems, and Organizational Performance., Accounting, Organization and Society, 293−314.

Khandwalla, P. N. (1974). "Mass Output Orientation of Operations Technology and Organizational Structure", Administrative Science Quarterly, 19, 74−97.

Kunkel. S. W. & C. W. Holer(1993), How Strategy and Industry Structure Interaction to Affect New Venture Performance, Academy of Management, Entrepreneurship Division, Atlanta Georgia.

McDougall, P. P., Jeffrey, G. C.. Robinson, Jr., R. B. & L. Herron(1994), "The Effect of Industry Growth and Strategic Breadth on New Venture Performance and Strategy Content", Strategic Management Jouinal. 15, 537−554.

Miles. R. E,, & Snow, C. C. (1978), Organizational Strategy. Structure and Process, New York: McGraw−Hill.

Miller, D. S Friesen, P. H., (1982). "Structural Change and Performance: Quantum vs. Piecemeal—Incremental Approaches", Academy of Management Journal, 25, pp.867—892.

Nunally, J.C. 1975. Psychometric Theory(Second Edition). New York: McGraw—Hill.

Porter, M., (1980), Competitive Strategy: Techniques for Analyzing Industries and Competition. New York: The Free Press.

Sandberg, W, R. and C. W. Hofer(1987), "Improving New Venture Performance: The Role of Strategy, Industry, and the Entrepreneur", Journal of Business Venturing., 2, 5—28.

Sandberg, W. R. (1986), New Venture Performance, MA: Lexington.

Sexton, D. and N. Bowman(1985), "The Entrepreneur: A Capable Executive and More", Journal of Business Venturing. 1. 129—140.

Van de Ven, A. H., and R. Ferry. (1980), Measuring and Assessing Organizations, Wiley Interscience.

전략유형, FMS수준, 관리회계정보특성의 적합성이 생산성과에 미치는 영향*

Ⅰ. 서론

(1) 연구의 목적

오늘날 기업들은 세계화로 인해 더욱 치열해진 경쟁체제, 급격한 기술의 변화, 고객요구의 다양화, 제품수명 주기의 단축 경향으로 기존의 소품종 대량생산체제에서 다품종 소량생산체제로의 전환이 필요하게 되었다.

이러한 환경적 변화 속에서 생존해 나가기 위해 기업은 다양한 측면의 대응책을 수립해야 한다. 특히 이러한 대응책을 수립할 때 기업들은 전사적이고, 총체적인 접근이 필요하다. 즉 상황, 전략, 조직구조, 생산시스템, 정보시스템 등의 변수들을 총체적으로 분석해야 할 것이다.

Wren[1987]은 기업경영은 기업이 처한 상황 속에서 전개되는 과정이며 산물이라고 주장하였다. 즉 기업의 성과는 환경, 경영전략, 내부조직 등 다양한 상황 요소들의 복합적인 작용으로 나타나는 결과이다.

---

* 본 연구는 2002년 회계학연구 제27권 제1호에 게재된 내용임.

Chandler(1962)[67]는 전략은 기업의 목표달성을 위한 자원배치와 환경과의 상호 작용에 대한 보다 근본적인 유형이라고 정의했다. 그는 또한 전략을 내부능력과 외부적 경쟁환경의 조화를 통한 기업의 목표를 달성하는 메커니즘이라고 말했다. Miller(1992)[68] 등의 연구에서는 전략과 관련된 연구에서 전략의 유형에 따른 적합한 조직구조가 다르며, 다른 생산시스템, 그리고 다른 정보시스템을 나타내고 있다. 그러므로 이들의 연구에서는 전략의 유형을 구분하고 이러한 유형에 따라 조직구조, 생산시스템, 정보시스템 등과의 적합한 관계를 도출하려고 노력해야 한다.

그리고 오늘날과 같이 급변하는 환경의 변화에 적합한 생산시스템의 수요가 증가하게 되었다. 그러한 생산시스템으로는 FMS(유연생산시스템), CIM(컴퓨터 통합 생산시스템), CAD / CAM(컴퓨터 지원설계 / 컴퓨터 지원제조) 등이 있다. 이들 진보된 제조기술의 도입을 통한 생산시스템은 기업의 경쟁우위 확보도 필수적인 조건이 되었다.

한편 생산시스템은 기업의 환경의 변화에 따라 변화되어 왔다. 즉 기업이 처한 상황이 안정적인 상황에서는 소품종 대량생산형태를 통해 규모의 경제효과가 기업의 경쟁우위를 확보하는 데 기여하도록 해야 할 것이며, 급변하는 상황에서는 그에 맞는 새로운 생산시스템의 변화가 요구된다. 이러한 생산시스템의 변화를 유발하는 요인은 제품수명 주기의 단축, 수요변화에 따른 제품의 다양화, 고객우선주

---

67) Chandler, A. D. 1962. Strategy and Structure Cambridge, Mass.: The M.I.T. Press.
68) Miller, J. G., A. De Meyer and J. Nakane. 1992. *Benchmarking Global Manufac turing*, Irwin.

의 사고, 제품의 품질강조 등이 있다.

상황의 변화에 따라 적합한 정보시스템의 특성도 달라져야 한다. Young & Selto(1991)는 기업전략과 회계기법 간의 영향관계를 검토하였으며, Johnson과 Kaplan(1987), Shank와 Govindarajan(1993) 등의 연구에서는 새로운 전략의 유형에는 새로운 회계기법이나 새로운 경영기법이 적합하다는 것을 규명했다. Chenhall과 Langfield-Smith (1998)는 이러한 적합관계가 기업의 성과에 유의적인 영향을 미친다는 것을 규명하였다.

오늘날 제조 기업들은 환경 변화에 적응해야 한다는 것을 인식하고 이를 위해 전략의 변화, 유연성 확보를 위한 막대한 투자 그리고 적절한 관리회계정보 획득을 위한 노력을 하고 있는 것도 사실이다. 그러나 이러한 노력들이 바람직한 방향으로 나가고 있는지는 의문이다. 단순히 전략만의 변화나 유연성 확보를 위한 막대한 투자 또는 관리회계정보시스템만의 변화를 꾀한다고 해서 기업의 경쟁력 향상을 기대할 수 있는 것은 아니다. 오히려 이들 모두가 조화롭게 변해야만 기업의 경쟁력을 확보할 수 있는 것이다. 예를 들어 전략은 환경 변화에 적합하게 변해도 생산시스템이나 관리회계정보시스템이 이에 따라가 주지 않는다면 경쟁력 향상은 기대할 수 없다.

환경변화에 따라 전략과 생산시스템, 정보시스템이 적합한 관계를 나타내면 성과향상에 영향을 미친다는 것이 지금까지의 이론이다. 이들 연구의 일반적인 경향은 두 변수들 간의 적합관계 위주로 분석되었다.

본 연구는 이를 바탕으로 다음과 같은 목적으로 연구를 수행하고자 한다. 첫째, 전략,[69] 생산시스템, 정보시스템의 세 변수 간에 동시에 적합관계가 존재한다면 기업의 성과에 유의적인 영향을 미치는가를 규명하고, 둘째, 이들 적합관계를 통한 기업 성과에 미치는 영향이 두 변수 간의 적합관계를 통한 기업성과에 미치는 영향과 어떠한 차이가 존재하는가를 검토하고자 한다.

II. 이론적 배경

(1) 적합성이 성과에 미치는 영향에 대한 기존 연구

1) 전략-FMS 간의 적합성 연구

Chandler(1962)는 전략을 기업의 장기목표 결정과 그 목표달성을 위한 행동 결정, 자원배분 결정으로, 목표달성을 위한 현재 및 미래의 자원배치와 환경과의 상호 작용에 있어서의 근본적인 유형으로 정의하였다. 즉 전략은 기업의 외부적 경쟁환경과 내부능력을 조화롭게 결합하여 기업의 목표를 달성하도록 하는 하나의 메커니즘이라고 정의할 수 있다. Porter(1980)[70]는 전략을 경쟁우위를 확보하기 위해 외부로부터의 기회와 위협 그리고 내부로부터의 강, 약점에 대

---

69) 본 연구에서는 우리나라 제조업체가 특정산업이나 특정시장, 제품부문에서 어떻게 경쟁하고 있는가에 초점을 맞추고 있으므로 전략적 수준에 있어서는 사업부 차원에서의 전략을 적용하고자 한다. 사업부 차원에서 가장 중요한 전략구성요소는 탁월한 차별적 능력과 경쟁적 우위의 확보라고 할 수 있다.

70) Porter, M. E. 1980. Competitive Strategy, *New York: Free Press.*

한 반응이라고 정의하였다. 이를 바탕으로 일반적으로 전략은 기업이 치열한 경쟁환경에서 경쟁우위를 확보하기 위해 장기적인 접근방법으로 내부적으로 자신의 장단점의 분석을 통해 기업 외부적인 상황에 적응해 나가기 위한 메커니즘이라고 정리할 수 있을 것이다.

오늘날의 제조 기업은 제품수명 주기의 단축, 기술 중심의 경쟁체제 강화, 다양성과 고품질에 대한 고객요구의 증가, 그리고 기술변화의 가속화 등의 동적인 경영환경으로 변화하고 있다. 이러한 상황에서 제조 기업은 소량생산의 효율성과 유연성에 의한 경쟁적 강점의 확보가 매우 중요하게 되었다. 이러한 경쟁적 강점의 확보를 위한 효율적인 수단으로 오늘날 크게 대두되고 있는 것이 생산시스템을 통한 유연성의 확보이다. FMS는 새로운 첨단생산시스템의 일종으로 다양한 종류의 제품을 다양한 생산량으로 제조할 수 있어 제품의 양과 종류 모두에 유연성을 유지할 수 있는 생산시스템의 일종이다.

De Meyer et al(1989)[71])는 공장자동화의 전략적 적용에 있어서 세계 3대 산업지역의 생산전략의 차이에 대한 사례분석을 실시하였다. 그 결과 미국과 유럽 지역의 경우 품질향상과 원가절감에 초점을 둔 전략을 주로 채택한 반면, 일본의 경우 유연성을 생산전략의 가장 중요한 수단으로 채택하고 있는 것으로 나타났다. Watts and Sohn (1989)[72])은 유연성의 전략적 중요성을 강조하면서 생산유연성과 전략 간의 관계를 규명하였다. 그들의 연구에 따르면 유연성이 생산성,

71) De Meyer, A., J. Nakane, J. G Miller and K. Ferdows, Flexibility. 1989.: The next Competitive Battle - The Manufacturing Futures Survey, Strategic Management Journal, 10(2), pp.135~144.
72) Watts, C. and B. K. Sohn. 1989. Manufacturing Flexibility and Competitive Strategy, Proceedings of 1989. Midwest DSI Conference, May.

가격, 품질보다 더 중요한 경쟁수단으로 인식되고 있는 것으로 나타났다. 또한 기업전략과 유연성과의 관계에 대해서는 기업전략은 조직의 목표를 제공하는 역할을 하고, 유연성은 이 전략적 목표를 달성하는 수단으로 인식되고 있다. Parhasarthy & Sethi(1992)[73]는 유연자동화 상황하의 기술-전략-구조 간의 관계를 설명하는 프레임워크를 제시하였다. 이것은 기업의 전략형성과 실행단계에서 제조기술에 대한 기존논문을 검토한 후 기업의 유연자동화의 정도가 사업전략이나 조직구조에 미치는 영향관계에 대한 프레임워크이다. 특히 적합성 이론을 바탕으로 유연자동화, 사업전략, 조직구조가 상호 작용하여 기업의 성과에 유의적인 영향을 미치는가에 대한 실증분석을 실시하였다. 연구의 결과를 정리하면 전략의 형성단계에서는 제품이나 시장다양성을 추구하는 유연자동화나 혁신을 추구하는 사업전략이라면 유연자동화의 정도가 높을수록 성과는 높게 나타날 것이다. 또한 원가리더십 전략의 중요성이 높아질 때 유연자동화의 정도가 높아질수록 성과가 높아지는 것으로 나타났다. 전략의 실행단계에서는 기술과 내외부적 환경과의 관련성은 유연성을 강화하여 성과를 높게 나타낸다.

Parhasarthy & Sethi(1993)[74]는 조절회귀분석(Moderated Regression)을 이용하여 첨단생산기술인 유연자동화(Flexible Automation)와 사업전

73) Parthasathy, R. and S. P. Sethi The Impact of Flexible Automation on Business Strategy and Organizational Structure, Academy of Management Review Vol.17, no.1, 86-111, 1992.
74) Parthasathy, R. and S. P. Sethi Relating Strategy and Structure to Flexible automation: A Test of Fit and Performance Implications, Strategic Management Journal Vol.14, 529-549(1993).

략, 조직구조, 제조구조 그리고 성과 간의 적합한 관계를 실증 분석하였다. 독립변수는 유연자동화의 정도, 종속변수는 성과변수, 조절변수는 사업전략, 조직구조, 제조구조이다. 연구결과를 보면 유연자동화와 유연화전략 간의 분석결과 범위와 속도의 유연성은 유연화전략과 상호 작용하여 성과에 영향을 미치는 것으로 나타났으며, 품질전략은 독립적으로 성과에 유의한 영향을 미쳤으나, 무엇보다 유연자동화와 성과 간의 관계에 조절효과가 더 분명하게 나타났다. 저원가전략은 성과에 음의 영향을 미쳤는데, 이는 다른 모든 조건이 동일할 때 유연자동화 기업이 저원가 전략을 추구할 경우 낮은 성과를 나타낸다는 것을 의미한다. 이는 그들의 1992년 연구와는 상반되는 연구결과를 나타내고 있다.

전반적으로 전략은 달성할 목표를 제공해 주고, FMS은 생산기술로서 수단으로의 역할을 하며 전략과 FMS 간에 적합성이 존재한다. 그리고 전략과 FMS 간의 적합성이 존재하면 성과에 영향을 미친다는 것으로 정리할 수 있다.

2) 전략과 정보특성의 적합성에 대한 연구

회계정보시스템에서 제공되는 정보들의 질적 특성이 정보시스템 자체의 가치 및 성과와 결부되어 회계정보의 가치나 유용성을 결정하게 된다. 회계정보시스템 연구에서 사용된 시스템 특성변수로는 시스템이 산출하는 회계정보특성, 시스템의 정교화 정도, 성과평가 및 보상시스템의 유형, 시스템 이행방식 등이 사용되었다. 이 중에서 산출정보특성이라 함은 회계정보시스템이 산출한 정보가 어떠한 특성을 가지고 있는가를 의미한다. Young and Selto(1991)[75]는 관리회계시스템과 관련된 기업전략 회계기법, 생산방식, 행동효과 등의 분석 프레임워크를 도출하였다. 그들의 연구결과 기업전략은 생산방식, 회계기법에 영향을 미치는 것으로 나타났다. Miles and Snow(1978)[76]는 경쟁전략과 경영통제시스템 간의 관계를 규명하였다. 기업이 방어적 전략을 채택한 경우 경영통제시스템은 주로 구체적 경영기능 지향적이며, 내부지향적, 위계조직 의존적인 계획수립방법을 채택하고 있으며, 공격적 전략의 경우 외부 지향적, 점증적, 포괄적, 제품시장 지향적, 제품시장 의존적인 계획수립방법을 채택하고 있음을 밝혀냈다. Shank and Govindarajan(1992)[77]은 전략의 유형에 따라 각기 다른 원가분석이 필요하며, 전략유형에 적합한 원가분석기법을 적용함으로써 성과가 높아진다는 것을 실증분석을 통해 규명하였다. Chenhall and Langfield-Smith(1998)[78]는 전략유형과 경영기법, 회계실무와의 적합성이 성과에 미치는 영향을 규명하고 전략의 유형에 따라 각각 다른 경영기법과 회계기법을 적용하면 성과를 높일 수 있

---

75) Young, S. M. and F. Selto. 1991. New Manufacturing Practices and Cost Management A Review of the Literature and Directions for Research, Journal of Accounting Literature, 265-298.
76) Miles. D. and C. Snow. 1978. Organizational Strategy, Structure, and Process,(New York: McGrew-Hill.
77) Shank, J. K., and V. Govindarajan. 1992. Strategic Cost Management: The Value Chain Perspective. Journal of Management Accounting Research, 4 Spring, 179-197.
78) Chenhall, R. H. & Langfield-Smith. 1988. 'The Relationship Between Strategic Priorities, Management Thchniques and Management Accounting: An Empirical Investigation Using a System Approach, Accounting, Organization and Society, Vol.23, No.3, pp.243-264.

다는 것을 실증 분석을 통해 검증하였다. 전략적 원가관리적 측면을 설명하면서, 기업 내에서 사업전략과 회계정보의 관계에 대해 설명하였다. 즉 사업전략의 개발과 실행을 4단계에 걸쳐 설정하고 회계정보는 각 단계별로 각각 다른 역할을 수행한다는 것을 규명하였다.

Abernethy and Guthrie(1994)[79]는 MIS의 설계특성과 기업성과와의 관계를 검증하기 위해 정보범위와 전략유형 간의 결합관계가 경영성과에 미치는 영향을 상호접근법을 적용하여 규명하였다. 그들의 연구에 따르면 방어형 전략을 추구하는 기업보다 공격형 전략을 추구하는 기업의 경우, 광범위 정보에 대한 의존도 높다. 그리고 이러한 적합관계가 형성되면 성과도 높아진다는 것을 규명하였다.

지금까지의 전략과 회계정보의 관계를 정리하면 전략의 유형에 따라 적합한 정보의 특성이 다르다는 점과 전략유형과 정보특성 간에 적합한 관계가 형성되었을 때 성과에 유의적인 영향을 미친다는 것이다.

3) FMS와 정보특성 간의 적합성에 대한 연구

Garrison(1988)[80]은 생산 환경변화가 내부운영이나 관리목적의 관리회계정보의 필요성을 증대시키며, 생산자동화 수준의 향상에 따라 관리지향적 회계시스템으로 변화해야 한다고 주장하였다. Gosse(1993)[81]

---

79) Abernethy, M. A and C. H. Guthrie. 1994. "An Empirical of the 'Fit' between Strategy and Management System Design", Accounting and Finance. pp.49－66.

80) Garrison, Ray H. 1988., Managerial Accounting: Concepts for Planning, Control, Decision Making, 5th ed., Business Publications, Inc.

81) Gosse, D. I. 1993. "Cost Accounting's Role in Computer－Integrated

는 전통적 생산방식과 CIM 간의 원가정보의 차이에 대한 비교 연구, 각각의 생산방식에 따라 원가회계활동들이 달라져야 한다는 것을 밝혀냈으며, CIM의 경우 지속적이고 실제적인 원가정보에 대한 중요성을 강조하는 것으로 나타났다.

Bruggeman and Slagmulder(1995)[82])는 FMS기술이 원가계산시스템에 미치는 영향은 주로 상황에 좌우된다고 하였다. 그들은 FMS기술의 이용과 효과적인 원가계산시스템의 설계 간의 관계를 결정하는 요인들을 인식하는 프레임워크를 제시하였다. 그 프레임워크에서는 (1) 원가관리회계시스템을 설계할 때 의사결정과 통제활동을 인식해야 하고, (2) 관련정보가 인식되어야 하고, 정확성이 이러한 활동들을 지원하기 위해 제공되어야 하며, (3) 효과적인 자료수집, 계산, 정보제공보고시스템이 설계되어야 한다는 것을 규명하였다.

Shim and Killough(1998)[83])는 TQM 또는 JIT를 이용하는 공장이 그러한 제조실무와 특정 관리회계시스템과 조화를 이룰 때, 더 높은 성과를 달성하는지를 조사하였다. 본 연구는 TQM과 JIT에 초점을 두고 작업현장의 관리회계시스템을 조사하였다. 그리고 성과에 대한 평가는 고객 및 품질성과에 초점을 두었다. 본 연구의 결과가 시사

Manufacturing An Empirical Field Study", Journal of Management Accounting Research, Vol.5, Fall.

82) Bruggeman, W. and R. Slagmulder. 1995. The Impact of Technological Change on Management Accounting Management Accounting Research, Vol.6, 241−252.

83) Shim, K. L. and L. N. Killough. 1998. The Performance Effects of Complementarities Between Manufacturing Practices and Management Accounting Systems. Journal of Management Accounting Research, Vol.10. 325−346.

하는 점은 성과란 TQM / JIT와 특정의 관리회계시스템과의 상호보완 관계를 통해 얻어진다는 것을 알 수 있으며, TQM / JIT와 같은 생산 시스템을 도입한 기업이 충분한 성과를 획득하지 못한 이유로 그에 적절한 관리회계시스템을 적용하지 못했기 때문이라는 것을 강조하고 있다. 또한 관리회계시스템의 입장에서는 최적의 관리회계시스템이 존재하는 것이 아니라 생산시스템의 형태에 따른 관리회계시스템이 필요하다는 것을 시사하고 있다.

생산시스템의 유형과 관리회계정보특성 간의 관계에 대한 기존 연구에서 FMS의 도입에 따라 특정 정보의 유용성이 높은 것으로 나타났으며, 생산환경의 변화에 따라 원가계산정보도 달라져야 한다는 것을 강조하고 있다(Garrison, 1988, Gosse, 1993, Bruggeman and Slagmulder, 1995). 한편 이러한 생산시스템과 관리회계정보특성 간의 적합성이 존재할 때 기업의 성과에 유의적인 영향을 미치는 것으로 나타났다(Shim and Killough, 1998).

(2) 세 변수 간 적합성이 성과에 미치는 영향에 대한 연구[84]

적합성에 관한 기존 연구에서는 주로 두 변수 간의 적합성을 적용하여 이들 변수들 간의 적합성이 존재하는지를 검증하였다.[85]

---

84) 상황이론의 기본연구모형은 상황변수와 조직특성변수 간의 적합성이 조직성과에 미치는 영향에 대한 연구이다. 이들 변수들이 모두 적합한 관계를 나타내면 조직성과가 높게 나타나는 것이 당연하다. 조직의 적합성이 성과변수에 미치는 영향을 설명할 때 다양한 변수들을 적용하면 할수록 설명력은 높아지게 된다(Choe,. 1998, Chanhall & Lanfield-Smith, 1998). Drazin & Van de ven(1985) 등의 연구에서도 선택적 접

기존의 적합성 연구는 두 변수 간의 상호 작용만 고려하여 상황을 너무 단순화하였다는 비판이 있다(신건권, 1993,[86] Choe, 1998[87]). 이에 따라 최근에는 복잡한 상황에 맞춰 복수의 변수를 동시에 적용하는 다양한 접근방법이 도입되고 있다. 복잡한 상황에 따라 다양한 변수를 동시에 적용한 적합성이 두 변수 간의 적합성을 적용한 적합성보다 상황에 대한 설명력이 높은 것으로 나타났다(Choe, 1998).

이에 따라 FMS를 도입한 기업에서는 전략유형, FMS수준, 관리회계정보특성 간의 관계를 새롭게 정립해야 할 것이고, 성과평가도 달라져야 할 것이다. 즉 FMS를 도입한 기업에서는 생산성과를 고려하여 전략유형, FMS수준, 관리회계정보특성 간의 관계가 생산성과에 미치는 영향을 규명할 필요가 있다.

지금까지의 전략, FMS, 관리회계정보특성 간의 관계를 표로 나타내면 〈표 Ⅱ-1〉과 같이 나타낼 수 있을 것이다.

근법, 상호 작용 접근법, 시스템접근법 등으로 상황이론의 적합성 개념을 정리하고, 두 변수 간의 적합성이 조직성과에 미치는 영향을 설명하는 상호 작용 접근법보다 상황요인, 조직구조 및 성과들 간의 다변량적 적합관계를 설명하는 시스템접근법이 더 설명력이 높은 것으로 나타났다.

85) Drazin & Ven de van(1985)의 연구에서는 두 변수들 간의 적합성을 적용한 접근법을 선택적 접근법(Selection Approach)이라고 하며, 주로 상황변수와 구조변수 간 일치관계를 규명하는 데 초점을 맞추었다.

86) 신건권. 1994. 상황변수와 관리회계정보시스템의 산출정보 특성 간 적합도가 성과에 미치는 영향, 박사학위논문. 서강대학교.

87) Choe(1998)의 연구에서 삼방향 상호 작용 항이 기존의 이 방향 상호 작용 항보다 높은 상황 설명력을 나타내고 있다. 즉 그의 연구에서 작업환경과 조직구조 그리고 관리회계정보특성 간의 삼방향 상호 작용 항이 기존의 이 방향 상호 작용 항보다 정보만족도나 정보이용도에 대한 영향을 보다 더 잘 설명하고 있다.

<표 Ⅱ-1> 전략유형, FMS수준, 관리회계정보특성 간의 삼차원적 적합관계

경쟁전략 FMS수준 관리회계정보특성	차별화 전략	저원가 전략
FMS수준	높은 FMS수준	낮은 FMS수준
관리회계정보특성	-비재무적 정보 -외부적 정보 -수시적 정보	-재무적 정보 -기간적 정보 -주기적 정보
적합관계	적 합	적 합

Ⅲ. 연구모형 및 가설설정

(1) 연구모형

지금까지 이론 연구를 바탕으로 전략유형, FMS수준, 관리회계정보특성의 두 변수들 간의 적합성이 성과에 유의적인 영향을 미치는가를 파악하였다. 이를 바탕으로 위의 〈표 Ⅱ-1〉와 같이 삼차원적 적합관계를 도출할 수 있을 것이다. 다음 [그림 1]은 이들 적합관계를 바탕으로 연구모형을 설정한 것이다.

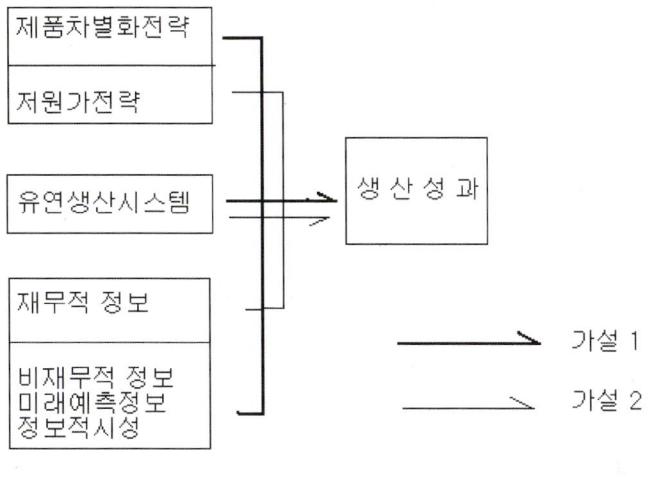

[그림 1] 연구모형

(2) 가설설정

1) 차별화 전략, FMS수준, 관리회계정보특성의 적합성

차별화 전략, FMS수준, 관리회계정보의 적합성이 성과에 미치는 영향을 규명하기 위해 먼저 앞에서 두 변수들의 적합성에 대한 이론적 연구를 바탕으로 세 변수들 간의 적합성이 생산성과에 미칠 것이라는 가설을 수립하였다.

먼저, 차별화 전략과 FMS 간의 적합성을 고려해 보면, Parthasarthy & Sethi(1993)는 실증분석을 통해 전략과 조직구조의 선택이 FMS의 수준을 향상시키면 시킬수록 성과는 높아질 것이라는 것을 규명하였다.

둘째, 차별화 전략과 관리회계정보특성 간의 적합성에 대해 살펴보면, Shank와 Govindarajan(1992)은 전략의 유형에 따라 각기 다른 원가분석방법이 요구되며 이들의 적합한 관계에 따라 성과에 유의적인 영향을 미친다는 것을 검증하였다. Chenhall & Lanfield-Smith (1998)는 차별화 전략을 강조하는 기업이 그에 적합한 경영기법과 관리회계실무를 도입할 경우 높은 성과가 나타난다는 것을 실증분석으로 검증하였다. 그들의 연구는 전략의 유형과 경영기법과 관리회계실무의 유형 간에는 적합성이 존재하며 이들의 적합성은 성과향상에 기여하는 것을 실증분석을 통해 검증하였다. 특히 차별화 전략을 추구하는 기업은 비재무적 정보에 대한 선호도가 높은 것으로 나타났다. Abernethy & Guthrie(1994)[88]의 연구에서 차별화 전략과 유사한 공격적 전략을 추구하는 기업은 비재무적 정보, 미래지향적 정보, 외부정보, 질적 정보 등의 광범위한 정보를 필요로 하고 있다는 것을 실증분석을 통해 검증하였다.

셋째, FMS수준과 관리회계정보특성 간의 적합성 검증과 관련하여, Blackburn(1988),[89] Miller(1992)[90] 등은 FMS의 수준이 높아지면서 기업은 기존의 회계적 수치나 재무적인 정보보다 실질적으로 비재무적 정보에 더 많은 관심을 가지게 된다고 언급했다. 그리고 Mia와 Chenhall(1994)[91]은 자동화 수준이 높아질수록 비재무적, 외부적,

---

88) Abernethy, M. A and C. H. Guthrie. 1994. An Empirical of the 'Fit' between Strategy and Management System Design", Accounting and Finance pp.49-66.

89) Blackburn, J. D., 1988. The New Manufacturing Environment. Cost Management, Summer.

90) Miller, J, A., "Designing and Implementing a New Cost Management System," Cost Management, Winter, 1992.

91) Mia, L., and Robert H. Chenhall, 1994. The Usefulness of Management

미래정보 지향의 관리회계정보를 추구한다는 것을 밝혀냈다.

지금까지의 양 방향 적합관계를 바탕으로 보면, 차별화 전략을 추구하는 기업은 FMS의 수준이 일반적으로 높고, FMS의 수준이 높은 기업은 일반적으로 비재무적 정보, 외부적 정보, 미래정보를 선호한다. 또한 비재무적 정보와 외부적 정보, 미래정보는 차별화 전략을 추구하는 기업에 적합한 관리회계정보의 특성이다.

이에 따라 다음과 같은 가설을 설정할 수 있을 것이다.

┃가설 1➠ 차별화 전략, 높은 FMS수준, 관리회계정보특성 간의
　　　　　적합성은 생산성과에 유의적인 영향을 미친다.

가설 1.1: 차별화 전략, 높은 FMS수준, 비재무적 정보 간의 적합
　　　　　성은 생산성과에 유의적인 영향을 미친다.

가설 1.2: 차별화 전략, 높은 FMS수준, 미래예측정보 간의 적합성
　　　　　은 생산성과에 유의적인 영향을 미친다.

가설 1.3: 차별화 전략, 높은 FMS수준, 정보적시성 간의 적합성은
　　　　　생산성과에 유의적인 영향을 미친다.

2) 저원가 전략, FMS수준, 관리회계정보특성 간의 적합성

저원가 전략, FMS수준, 관리회계정보의 결합관계가 성과에 미치는 영향을 규명하기 위해 먼저 앞에서 이론적으로 두 변수 간의 적합성을 검증한 후 이들의 적합성을 바탕으로 세 변수 간의 적합성이

Accounting System, Functional Differentiation and Managerial Effectiveness, Accounting, Organization and Society, Vol.19, No.1, pp.1-13.

생산성과에 미치는 영향에 대해 검증하고자 한다.

저원가 전략과 FMS수준 간의 적합성 검증과 관련하여 기업이 대량생산에 의한 규모의 경제를 통한 경쟁력을 확보하기 위해서는 효율성의 극대화를 추구하는 전략을 선택하는 것이 바람직하다. 이러한 전략의 예로 Porter 등의 연구에서 나타나는 저원가 전략이 있다. 또한 Dess & Davis(1984)[92]는 저원가 전략과 관련된 생산방식이 생산설계에 변화가 없거나 생산설계를 최소화하는 장기적 생산형태를 나타낸다고 한다. 그리고 Parthasarthy & Sethi(1993)에 따르면 저원가 전략과 FMS와는 갈등(Conflict)관계에 있으며, 이들은 성과에 부정적인 상호 작용 효과를 나타내고 있다. 즉 저원가 전략을 추구하는 기업의 경우 FMS의 수준은 낮고 원가와 관련된 경쟁수단의 의존도가 높아진다는 것이다. Porter(1985)의 연구에서도 저원가 전략을 추구하는 기업의 경우 생산시스템의 유연성은 차별화 전략보다는 경쟁수단으로서의 중요성이 상대적으로 낮음을 보여 준다.

둘째, 저원가 전략과 관리회계정보특성과 관련하여, 저원가 전략은 원가통제에 초점을 두거나 생산공정에서의 높은 원가 효율성 확보에 초점을 두어야 한다(Porter, 1980, 1985). 또한 저원가 전략을 강조하는 기업에서는 전통적인 재무회계 성과척도가 제조과정의 효율성에 대한 재고를 바탕으로 전략적 목표달성에 기여하고 있다(Shank와 Govindarajan, 1992).

셋째, FMS와 관리회계정보특성 간의 관계를 보면, FMS의 수준이

---

92) Dess, G. G and p.5. Davis. 1984. Porter's(1980) Generic Strategies as Determi−nants of Strategic Group Membership and Organizational Performance. Academy of Management Journal Vol.27. pp.467−488.

낮은 전통적인 생산시스템에서는 기간정보, 효율성에 관한 정보, 표준에 대한 차이정보와 같은 정보를 필요로 하고 있다(Gosse, 1993). 이는 유연화가 낮은 전통적인 생산방식에서 기존의 전통적인 회계정보가 유용했던 것을 고려해 보면 이해할 수 있다.

따라서 위의 저원가 전략과 FMS, FMS와 관리회계정보특성, 저원가 전략과 관리회계정보특성 간의 적합성에 대한 이론적인 검증을 바탕으로 전체를 통합하면, 저원가 전략을 추구하는 기업의 경우 일반적으로 FMS의 수준이 낮다. 그리고 FMS의 수준이 낮은 기업의 경우 전통적인 효율성을 극대화하는 쪽으로 제공되는 재무적 정보를 선호한다. 그러므로 다음과 같은 가설이 수립된다.

▌가설 2➡ 저원가 전략, 낮은 FMS수준, 재무적 정보 간의 적합성이 생산성과에 유의적인 영향을 미친다.

(3) 변수의 조작적 정의

본 연구의 목적을 달성하기 위한 각각의 변수들에 대한 대리변수들에 대한 설명을 각 변수별로 하였다. 이어서 〈표 Ⅲ-1〉에는 각 변수의 항목과 각 변수를 측정하기 위한 조작적 정의에 해당하는 구체적인 항목을 나열하였다. 각 항목에 대한 측정은 7점 측도를 사용하여 측정하였다. 마지막으로 관련 항목을 사용한 기존 연구들을 나열하였다.

1) 전략 유형

본 연구에서는 사업부 수준의 전략에 대한 연구를 목표로 하고 있다. Porter(1980, 1985)는 전략의 유형을 차별화 전략과 저원가 전략으로 크게 나누었다. 본 연구에서 적용한 전략의 유형을 정의하면 다음과 같다.

- 저원가 전략: 저원가생산은 기업에게 제품이나 서비스를 경쟁자보다 낮은 가격으로 판매할 수 있게 해 준다.
- 차별화 전략: 차별화의 원천은 품질, 생산의 유연성, 고객서비스, 신속한 배송, 제품 설계 등의 우위를 포함하고 있다.

2) 유연성 지수

FMS의 측정을 위한 대리변수로 일반적으로 유연성을 적용하고 있다. 윤재한(1993)[93]의 연구에서 전략적 유연성 지수에는 제품유연성 지수, 믹스유연성 지수, 설계변경유연성 지수, 생산량유연성 지수 등과 같은 구성 요인이 있다. 본 연구에서도 윤재한의 전략적 유연성을 적용하기로 한다.

3) 관리회계정보특성

본 연구에서는 관리회계정보특성과 관련하여 재무적 정보, 비재무적 성과정보, 미래예측정보, 그리고 정보적시성을 적용하기로 한다.

---

93) 윤재한. 1993. '생산유연성이 기업성과에 미치는 영향에 관한 실증적 연구', 박사학위논문, 숭실대학교 대학원.

4) 생산성과 변수

성과측정치로는 박준병(1992)[94]의 연구에서 제조성과 중 원가절감을 생산성과 변수로 적용하였다.

5) 적합성 변수

본 연구에서는 Van de ven & Drazin(1985)[95]의 연구에서 시스템 접근법에 의한 적합성을 적용하였다. 이를 위해 다중회귀식에서 삼 방향 상호 작용 항이 유의수준의 범위 내에 존재하면 유의적인 적합성이 존재하는 것으로 판단한다.

다음 〈표 Ⅲ-1〉은 본 연구의 목적을 달성하기 위한 각각의 변수들에 대한 대리변수들을 표로 나타낸 것이다. 변수의 항목과 각 변수를 측정하기 위한 조작적 정의에 해당하는 구체적인 항목을 나열하였다. 각 항목에 대한 측정은 7점 측도를 사용하여 측정하였다. 마지막으로 관련 항목을 사용한 기존 연구들을 나열하였다.

---

94) 박준병, "공장자동화 기술도입의 영향요인에 관한 연구", 연세대학교 박사학위논문. 1992.
95) Drazin, R. and A. H. Van de Ven. 1985. The Concept of Fit in Contingency Theory. Researh in Organizational Behavior: 333－365.

<표 Ⅲ-1> 변수의 조작적 정의

변수명	대리변수	관련 연구
차별화 전략	① 고품질제품 강조 정도(V1.1) ② 독특한 특성의 제품 정도(V1.2) ③ 설계변경, 신제품 신속한 도입 정도(V1.3) ④ 생산량, 제품믹스 변화에 대응하는 신속성 정도 (V1.3) ⑤ 신속한 운송에 대해 강조하는 정도(V1.3) ⑥ 제품운송의 약속이행 정도(V1.3) ⑦ 고객만족의 정도(V1.3)	• Porter(1980, 1985) • Chenhall & Langfield-Smith(1998)
저원가 전략	① 저가제품공급의 강조 정도(V2.1) ② 효과적인 고객지원 정도(V2.2) ③ 제품 유용성에 대해 강조하는 정도(V2.3)	• Porter(1980, 1985) • Chenhall & Langfield -Smith(1998)
FMS 수준	① 제품유연성(V3.1)　　　② 믹스유연성(V3.2) ③ 설계변경유연성(V3.3)　④ 생산량유연성(V3.4)	• 윤재한(1995)
재무적 정보	① 제조 부서의 원가통제를 위해 예산시스템을 지원하는 정도(V4.1) ② 제조부문관리자의 성과평가에 예산정보 활용 정도(V4.2) ③ 제조부문에 관련된 현금흐름정보 지원하는 정도(V4.3) ④ 제조부문의 재무계획수립에 예산정보를 제공하는 정도(V4.4) ⑤ 제조부문에 순현재가치를 이용한 자본예산정제공 정도(V4.5) ⑥ 제조부문에 전부 원가계산제도를 이용한 정보제공정도(V4.6) ⑦ 제조부문에 변동 원가계산제도를 이용한 정보제공 정도(V4.7) ⑧ 제조부문에 CVP분석방법을 통한 정보제공 정도(V4.8) ⑨ 제조부문에 예산차이분석을 통한 정보제공 정도(V4.9)	• Chenhall & Langfield-Smith (1998)

변수명	대리변수	관련 연구
비재무적 정보	- 품질관련정보 ① 불량률의 감소(V5.1) ② 제품성능의 개선(V5.2) ③ 제품품질의 균일성(V5.3) ④ 작업비효율성에 의한 작업폐기물 감소(V5.4) ⑤ 공급자 품질의 향상(V5.5) - 납기관련정보 ① 제품단위 생산시간의 단축(V5.6) ② 주문조달기간의 단축(V5.7) ③ 제품납기의 단축(V5.8) ④ 비생산적 낭비시간의 단축(V5.9)	• 박준병(1992)
미래예측 정보	① 예측정보(V6.1) ② 미래정보(V6.2)	• Chenhall & Morris(1986)
정보적 시성	① 즉시작성보고 빈도(V7.1) ② 주기적 보고 빈도(V7.2) ③ 자동적 작성 보고 빈도(V7.3)	• Chenhall & Morris (1986)
생산 성과	- 원가절감 ① 주력제품의 평균 단위생산원가(V8.1) ② 원재료비의 감소(V8.2) ③ 제조간접비의 감소(V8.3) ④ 생산라인의 재공품 재고의 감소(V8.4) ⑤ 부품 / 반제품 / 제품 이동비용의 감소(V8.5)	• 박준병(1992)
적합성	- 3변수 간의 내적 일관도(삼방향 상호 작용 항)	• Van de ven & Drazin(1985) • Choe(1998)

Ⅳ. 실증분석 및 가설검증

(1) 조사대상기업의 선정 및 표본의 특성

본 연구는 우리나라의 FMS 설비를 갖춘 제조업체를 대상으로 표본을 선정하였다. 본 연구의 모집단은 대우증권에서 발행한 상장회사 서베이(1998)에 수록된 기업을 대상으로 하였으며, 설문은 표본추출된 제조업체를 대상으로 우편조사와 E-mail 조사를 실시하였다.

표본기업들은 건설업을 제외한 19개 업종의 제조업체로 구성되었으며, 표본기업의 특성들을 고루 적용하기 위해 각 업종별로 고루 표본을 추출하였다. 설문에 대한 응답자는 기업의 생산 활동 및 원가관리활동 전반에 대해 충분히 파악할 수 있는 회계관련부서 및 원가관리부서의 책임자나 관리자, 부서 담당자 등을 대상으로 하였다. 설문조사 기간은 1999년 8월 25일부터 9월 15일까지 21일간으로, 리서치 패널회사를 통해 설문작업을 수행하였다. 리서치 패널회사를 통한 설문조사의 경우 회수율을 높일 수 있고 또한 신속한 설문 회수가 가능하다는 장점이 있다. 또한 피응답자들이 사전 동의과정을 거치기 때문에 응답에 대한 신뢰도를 높일 수 있었다. 설문지는 총 152부의 설문지 중 123부를 회수하였고, 설문에 대한 일관성이 없거나 무성의하게 작성한 설문지 23부를 제외하고 100부를 본 연구에 이용하였다.

(2) 측정도구의 신뢰성 및 타당성 분석

1) 신뢰성 분석

본 연구에서 신뢰성 검증을 위해 Cronbach's Alpha Test를 이용하여 검증하였다. 전략유형, FMS수준, 관리회계정보특성의 3차원으로 신뢰성 분석을 실시하였다. 각각의 차원에 대한 세부적인 신뢰성 검증에 대한 내용은 다음 〈표 Ⅳ-1〉과 같다.

다음 〈표 Ⅳ-1〉의 신뢰성 분석결과에 따라 저원가 전략으로 분류하는 항목은 제품유용성 강조(V10)와 고객만족강조(V11)이고, 차별화 전략으로는 고품질제품공급(V1.1), 제품특성강조(V1.3), 설계변경신속대응(V1.5), 제품믹스신속대응(V1.6)으로 분류할 수 있다. 품질·납기정보는 납기소요시간단축에 대한 항목을 제외한 8개의 항목으로 구성되었다. Alpha test 결과를 전체적으로 볼 때, 신뢰성 계수(α계수)는 모두 0.6 이상으로 나타났다. 설문항목의 수가 10개 이하인 경우 α계수가 0.7 이상이면 신뢰도가 상당히 양호하다고 보고 있으며 (Nunnally, 1978),[96] 분석단위가 조직 혹은 부서 단위일 경우에는 α계수가 0.6 정도이면 측정지표의 신뢰성에 큰 문제가 없는 것으로 판단한다(Van de ven & Ferry, 1980).[97] 따라서 본 연구에서 변수를 구성하는 항목들에 대한 측정치들은 유효하게 이용될 수 있음을 알 수 있다.

---

96) Nunally, J. C. 1975. Psychometric Theory(Second Edition). *New York: McGraw—Hill.*

97) Van de Ven, A. H., and R. Ferry. 1980. Measuring and Assessing Organizations, Wiley Interscience.

<표 Ⅳ-1> 변수들에 대한 신뢰성 분석 결과

통계량 변 수	분석 전 항목	분석 후 항목	α 계수	평균	최댓값	최솟값	N
차별화 전략	7	4	0.653	5.540	5.950	5.360	100
저원가 전략	3	2	0.675	5.240	5.370	5.110	100
FMS수준	9	9	0.787	4.960	5.190	4.700	100
재무적 정보	9	9	0.868	4.932	5.160	4.700	100
품질·납기정보	9	8	0.844	4.988	5.170	4.610	100
미래·예측정보	2	2	0.854	4.944	4.959	4.929	98
보고의 형태	4	4	0.798	5.265	5.320	5.160	100
생산성과	4	4	0.819	5.083	5.150	4.980	100

주) 미래·예측정보의 경우 무응답자가 2명으로 총 sample 수는 98개이다.

2) 타당성 분석

본 연구에 사용된 다항목 척도들의 구성타당성 검증을 위하여 요인분석(Factor Analysis)을 실시하였다. 요인분석에서는 Varimax법에 의한 직교 회전에 의하여 요인적재치를 산출하였다. 요인분석의 결과 일반적으로 요인적재치가 0.4 이상을 나타낼 경우 해당 설문항목이 특정 요인으로 묶어진다고 본다(Choe, 1998).[98] 이에 따라 본 연구에서는 요인적재치가 0.4 이상이면서 동시에 두 개의 요인에 같이 적재되는 항목을 제거하였다. 이에 따라 각 변수들에 대한 타당성 분석결과는 다음과 같다.

---

98) Choe, Jong-min, 1998. The Effects of User Participation on the Design of Accounting Information Systems. Information & Management, Vol.34, 185-198.

전략의 유형과 관련하여 Chenhall & Langfield-Smith(1998)의 연구에서 사용한 설문항목들을 적용하여 본 연구를 실시하였다. 이들의 전략에 관한 항목을 적용하여 채택된 6개의 항목, 즉 차별화 전략 4개 항목과 저원가 전략 2개 항목 등 6개의 항목 모두를 포함하여 타당성 분석을 실시하였다.

FMS수준을 측정하기 위한 유연성에 대한 신뢰성 분석 결과, 9개의 항목 모두가 포함되었으므로 이들 모두를 타당성 분석에 포함한다. 그리고 타당성 분석 결과 2개의 성분으로 나눠지고 있다.

〈표 Ⅳ-2〉 변수들에 대한 타당성 분석 결과

차별화 전략	요인적 재값	요인적 재값	제품·믹스유연성	요인적 재값	요인적 재값	생산 성과	요인적 재값
V1.1	0.656		V2.5	.802		V8.1	0.747
V1.3	0.775		V2.4	.710		V8.2	0.842
V1.5	0.754		V2.2	.672		V8.3	0.813
저원가 전략			V2.1	.620		V8.4	0.698
V1.10		0.852	생산량유연성			V8.5	0.769
V1.11		0.854	V2.9		.848		
			V2.8		.790		
			V2.6		.642		
			V2.3		.412		
Eigen value	2.073	1.105	Eigen value	3.011	1.221	Eigen value	3.009
% of Var	41.456	22.091	% of Var	37.642	15.266	% of Var	60.139

위 결과에서 제1요인에 해당되는 부분의 항목들을 제품·믹스유연성으로, 제2요인에 해당되는 부분을 생산량유연성으로 명명한다. 생산성과 항목은 성과를 측정하는 차원으로서 이들 모두를 투입시켜 타당성 분석을 실시하였다. 그 결과 생산성과를 나타내는 항목들은 한 요인으로 묶어지고 있다.

관리회계정보특성에 대한 타당성분석의 경우, 관리회계정보특성에 해당되는 모든 항목(품질정보, 납기정보, 재무적 정보, 미래예측정보, 정보적시성의 항목을 동시에 포함시켰다. 타당성 분석의 결과 최초에는 7개의 성분으로 구분되었으나, 요인적재치가 0.4 이상 나타난 값 중에서 성분이 중복되는 항목을 제거한 결과, 6개의 성분으로 나눌 수 있었다.

〈표 Ⅳ-3〉 관리회계정보특성에 대한 타당성 분석결과

변수	적재값	변수	적재값	변수	적재값	변수	적재값	변수	적재값	변수	적재값
품질정보		예산정보		정보적시성		회계기법		납기정보		미래예측정보	
V5.3	0.811	V4.3	0.783	V7.2	0.845	V4.8	0.843	V5.7	0.796	V6.2	0.877
V5.5	0.799	V4.4	0.754	V7.1	0.820	V4.9	0.744	V5.6	0.761	V6.1	0.817
V5.2	0.742	V4.5	0.750	V7.3	0.693	V4.7	0.724	V5.8	0.728		
V5.4	0.655	V4.2	0.592								
Eigen value	5.565	Eigen value	2.646	Eigen value	1.681	Eigen value	1.363	Eigen value	1.137	Eigen value	1.058
% of Var	29.287	% of Var	13.928	% of Var	8.848	% of Var	7.172	% of Var	5.984	% of Var	5.571

본 연구에서 재무적 정보에 해당하는 변수(V4.1에서 V4.9까지)가 요인분석의 결과 두 개의 요인으로 분리되었다. 이 중에 V4.1과 V4.6은 요인 적재 값이 0.4 미만으로 제거되고, V4.2, V4.3, V4.4, V4.5 변수를 예산정보로, V4.7, V4.8, V4.9 변수를 회계기법으로 정의하여 분석에 적용하였다.

(3) 두 변수 간 적합성 검증

1) 전략유형과 FMS수준 간의 적합성 검증

전략유형과 FMS수준 간의 적합성을 검증하기 위해 Pearson 상관관계분석을 적용하여 검증하였다. 그 결과는 다음 〈표 Ⅳ-4〉에 나타나 있다.

〈표 Ⅳ-4〉 전략유형과 FMS수준 간의 적합성 분석

전략 \ 유연성	제품·믹스유연성	생산량유연성
차별화 전략	0.431**	0.160
저원가 전략	0.273**	0.180

위 〈표 Ⅳ-4〉를 보면 차별화 전략과 제품·믹스유연성 간에는 유의적인 상관관계가 존재하고 있다. 그러나 차별화 전략과 생산량유연성 간에는 유의적인 상관관계가 존재하지 않는다.

저원가 전략과 제품·믹스유연성 간에는 유의적인 상관관계가 존재한다. 그러나 저원가 전략과 생산량유연성 간에는 유의적인 상관관계가 존재하지 않는다.

전략유형과 FMS수준 간의 적합성에 대한 검증을 통해서 전략유형과 FMS수준 중 제품·믹스유연성 간에 적합성이 존재한다는 것을 알 수 있다. 제품·믹스유연성은 신제품을 경제적으로 신속하게 생산해 내는 반응 능력, 또는 시장변화에 대응하는 잠재적 대응능력을 의미한다(Browne, 1984). 한편 Vancil & Lorange(1975)와 Schendel & Hofer(1979) 등의 연구에서 사업부 수준의 전략의 초점은 특정산업이나 특정시장, 제품 부문에서 어떻게 경쟁할 것인가에 맞추고 있다고 한다. 이에 따라 Browne(1984), Vancil & Lorange(1975) 등의 연구를 연결해 보면, 사업부 수준의 전략유형과 제품·믹스유연성이 적합하다는 것을 알 수 있다. 한편 본 연구에서도 실증분석을 통해 전략유형과 제품·믹스유연성 간에 적합성이 존재한다는 것이 실증분석을 통해 검증되었다.

2) 전략의 유형과 관리회계정보특성 간의 적합성 검증

다음은 전략유형과 관리회계정보특성 간의 적합성을 검증하기 위해 Pearson 상관관계분석을 적용하여 검증하였다. 그 결과는 다음 〈표 Ⅳ-5〉에 나타나 있다.

〈표 Ⅳ-5〉 전략유형과 관리회계정보특성 간의 상관관계분석 결과

정보특성 / 전략	회계기법	예산정보	납기정보	품질정보	미래예측정보	정보적시성
차별화 전략	0.153	0.184	0.232*	0.196	0.361**	.037
저원가 전략	0.148	0.128	0.062	0.181	0.179	.275**

위의 〈표 Ⅳ-5〉를 보면 차별화 전략과 납기정보, 미래예측정보 등과 양의 상관관계가 존재한다. 저원가 전략은 정보적시성과 양의 상관관계가 존재하고, 나머지 정보특성들과는 상관관계가 존재하지 않는 것으로 나타났다. 납기정보, 미래예측정보 등은 주로 차별화 전략과 관계가 있는 정보특성들이다.

차별화 전략과 정보적시성에 대한 적합성 분석으로 본 기존연구에서는 차별화 전략과 미래예측정보 간에는 유의적인 상관성이 존재(Abernethy & Gutherie, 1995)하는 것으로 나타났으나 본 연구에서는 적합성이 없는 것으로 나타났다. 즉 차별화 전략을 추구하는 기업에서는 납기정보나 미래예측정보의 제공이 특히 중요하다는 것을 알 수 있다. 이는 차별화 전략을 추구하는 기업은 시장에 대한 정확한 미래 전망을 바탕으로 신속하게 신제품을 시장에 출시하고, 또 고객의 다양한 욕구를 신속하게 만족시켜 주기 위해 납기정보를 강조하기 때문으로 본다.

한편 저원가 전략과 재무적 정보 간의 적합성 분석으로, 기존 연구에서는 저원가 전략을 추구하는 기업은 재무적 정보에 대해 선호도가 높은 것으로 나타났으며, 또한 저원가 전략을 추구하는 기업은 원가절감을 통한 경쟁우위를 확보하려는 경향이 있으므로, 기존의 조직의 효율성 극대화를 통해 전략적 목표를 달성하려고 한다. 그러므로 이러한 조직에서는 재무적 정보가 효과적이라는 것이 기존의 연구인 Simons(1997), Govindarajan(1988)의 연구와 일치하는 결과이다. 그러나 본 연구에서는 저원가 전략과 재무적 정보 간에는 유의적인 상관성이 존재하지 않는 것으로 나타났다. 이에 대한 이유로는 본 연구에서 적용한 재무적 정보를 관리회계실무상의 회계기법, 예산정보 등을 적용하였기 때문에 재무적 정보의 범위가 한정되어 이러한 분석결과가 나타난 것으로 판단할 수 있다.

3) FMS수준과 관리회계정보특성과의 관계분석

FMS수준과 관리회계정보특성 간의 적합성 연구를 위해 Pearson 상관관계분석을 적용하여 검증하였다. 그 결과는 다음 〈표 Ⅳ-6〉에 나타나 있다.

〈표 Ⅳ-6〉 FMS수준과 관리회계정보특성 간의 적합성

정보특성 FMS수준	회계기법	예산정보	납기정보	품질정보	미래예측정보	정보적시성
제품·믹스유연성	.287**	.183	.270**	.392**	.265**	.048
생산량유연성	.443**	.343**	.222*	.323**	.092	.214*

위의 〈표 Ⅳ-6〉을 보면, 제품·믹스유연성과 납기정보와 품질정보 간에는 적합성이 존재하는 것으로 나타났고, 생산량유연성의 경우도 납기정보와 품질정보 모두 적합성이 존재하는 것으로 나타났다. 제품·믹스유연성과 미래예측정보 간에는 유의적인 적합성이 존재하는 것으로 나타났으나, 반면에 생산량유연성과 미래예측정보 간에는 유의적인 적합성이 존재하지 않는 것으로 나타났다. 생산량유연성과 정보적시성 간에 적합성이 존재하고 있으나, 제품·믹스유연성과는 적합성이 존재하지 않는 것으로 나타났다.

위의 두 변수 간의 적합성 연구를 보면, FMS수준은 재무적 정보,

비재무적 정보와 미래예측정보, 정보적시성 등과 적합성을 맺고 있다. 특히 제품·믹스유연성은 신제품을 경제적으로 신속하게 생산해 내는 변화능력, 또는 시장변화에 대응하는 잠재적 대응능력을 의미한다. 시장의 변화에 예의 주시할 필요가 높기 때문에 미래예측정보의 제공이 중요하게 인식되어 제품·믹스유연성과 미래예측정보 간에 적합성이 높은 것으로 나타났다.

한편 생산량유연성은 생산량의 변화에도 불구하고 FMS를 수용할 수 있는 능력, 주어진 부품으로 주문량의 변화에 적응하기 위한 시스템의 능력 등을 의미한다. 그리고 주문량의 변화에 적응하기 위해 주문의 변화에 대한 신속한 대응이 필요하므로 정보적시성이 요구된다. 그러므로 생산량유연성과 정보적시성 간의 적합성이 존재하는 것으로 판단된다.

(4) 세 변수 간 적합성 검증을 통한 가설검정

본 연구의 삼방향 상호 작용효과를 검증하기 위한 변수들은 크게 전략유형, FMS수준, 그리고 관리회계정보특성으로 구분할 수 있다. 전략유형은 크게 차별화 전략과 저원가 전략의 두 가지로 구분된다. FMS수준[99]은 제품·믹스유연성, 생산량유연성의 두 가지로 구분되

---

99) FMS수준은 원래 제품 유연성, 믹스 유연성, 설계변경 유연성, 생산량유연성의 네 가지 유연성으로 구성되었다. 이들을 구성하고 있는 항목들을 요인분석을 실시한 결과 2개의 요인으로 나눠지는데, V2.3, V2.6, V2.8, V2.9 항목을 생산량유연성으로 V2.1, V2.2, V2.4, V2.5 항목을 제품·믹스유연성으로 명명하였다.

었다. 그리고 관리회계정보특성은 여섯 가지로 분류되었다.

삼방향 상호 작용효과를 검증하기 위한 다중회귀식은 다음과 같다.

$$Y = \alpha + \beta_1 INFO_i + \beta_2 STR_i + \beta_3 FMS_1 + \beta_4 FMS_2$$

$$+ \beta_7 \infty O_i \times FMS_2 \beta_9 STR_i + \beta_5 INFO_i \times STR_i$$

$$+ \beta_6 INFO_i \times FMS_1 \times FMS_2 + \beta_8 STRi \times FMS_1$$

$$+ \beta_9 STR_i \times FMS_2 + (\beta_{10} \times \infty Oi \times STR_i \times FMS_1)$$

$$+ (\beta_{11} INFO_i \times STR_i \times FMS_2) + \epsilon \,(식1)$$

Y: 생산성과

INFOi: i 번째 관리회계정보특성

INFO$_1$: 회계기법　　INFO$_2$: 예산정보　　　INFO$_3$: 품질정보

INFO$_4$: 납기정보　　INFO$_5$: 미래예측정보　　INFO$_6$: 정보적시성

STR_i: i 번째 전략 유형

STR_1: 차별화 전략　STR_2: 저원가 전략

FMS_1: 제품·믹스유연성

FMS_2: 생산량유연성　　　α: 상수　　　　　β$_1$~β$_{11}$: 회귀계수

위의 식을 바탕으로 총 12개의 회귀식이 도출되었다. 본 연구에서는 이 중에서 유의한 결과를 나타내는 회귀식에 대한 부분만을 검토하고자 한다. 그리고 회귀분석에서는 상호 작용 항에 대한 회귀계수의 유의확률이 0.10 이하인 항목을 분석에 포함시키는 것이 일반적이지만, 본 연구에서는 유의성이 다소 제한되더라도 한계적 분석을 위하여 유의확률이 0.15 이하인 항목도 분석에 포함시켰다(Ittner & Larcker,

1997).[100]

회귀분석 결과 상호 작용 항의 회귀계수가 성과변수들에 유의적인 영향을 미치는 것으로 나타난 회귀식에 대해서는 단조적(Monotonic), 비단조적(Non monotonic) 증가분석을 추가하여 실시하였다(Schoonhoven, 1981, Choe, 1998). 본 연구에서 적용된 다중회귀식을 관리회계정보 특성에 대하여 미분하면 다음과 같다.

$$\frac{\triangle Y}{\triangle \infty Oi} = \beta_1 + \beta_5 STR + \beta_6 FMS1 + \beta_7 FMS2$$

$$+ \beta_{10} FMS1 \times STR + \beta_{11} FMS2 \times STR \qquad (식2)$$

위의 식에서 FMS에 해당하는 FMS1과 FMS2를 상수로 보아 위의 식을 다음과 같이 정리할 수 있다.

$$\frac{\triangle Y}{\triangle \infty Oi} = (\beta_1 + \beta_6 FMS1 + \beta_7 FMS2)$$

$$+ (\beta_5 + \beta_{10} FMS1 + \beta_{11} FMS2) STR \qquad (식3)$$

(5) 세 변수 간 적합성 검증

1) 차별화 전략, FMS수준, 관리회계정보특성 간의 적합성 검증

다음 〈표 Ⅳ-4〉의 좌측은 차별화 전략, FMS수준, 납기정보 간의 적합성이 생산성과에 미치는 영향을 검증하기 위한 회귀식의 결과이

---

100) Ittner, C. D., & Larcker, D. F. 1997. Quality Strategy, Strategic control Systems, and Organizational Performance., *Accounting, Organization and Society*, 293 – 314.

다. ① × ② × ④는 차별화 전략, FMS수준, 납기정보 간의 적합성을

⟨표 IV-7⟩ 차별화 전략, FMS수준, 관리회계정보특성의 적합성 검증

차별화 전략, FMS수준, 납기정보 간의 적합성			차별화 전략, FMS수준, 미래예측정보 간의 적합성		
변 수	계 수	유의확률	변 수	계수	유의확률
(상수)	−27.510	0.136	(상수)	5.484	0.182
① 납기정보	6.439	0.065	① 미래예측	−0.132	0.711
② 제품·믹스유연성	5.188	0.178	② 제품·믹스유연성	−1.402	0.107
③ 생산량유연성	0.250	0.708	③ 생산량유연성	1.445	0.082
④ 차별화 전략	5.105	0.115	④ 차별화 전략	−0.784	0.492
① × ②	−1.06	0.134[101]	① × ④	0.148	0.338
① × ④	−1.014	0.094[102]	④ × ②	0.399	0.054[103]
④ × ②	−0.944	0.162	④ × ③	−.321	0.092[104]
④ × ③	0.046	0.781	① × ② × ④	−0.028	0.142
① × ② × ④	0.195	0.113	① × ③ × ④	0.0147	0.453
① × ③ × ④	−0.018	0.310			
R^2	0.277		R^2	0.252	
F value	3.402		F value	3.292	
P	0.001		P	0.002	

101) 납기정보에 해당하는 각 항목들은 제품 생산과 관련된 시간들에 대한 내용들로 비생산적 낭비시간을 단축하고자 하는 목적을 가지고 있다. 반면 제품믹스유연성은 신제품도입과 관련된 시간이나 빈도에 대한 정보로 유연성의 확보가 목적이다. 그러므로 이들 두 정보의 상충된 관계는 생산성과를 하락하게 하여 납기정보와 제품믹스유연성이 생산성과에 음의 영향관계로 나타난 것이다.

102) 차별화 전략과 납기정보와 상호 작용 항이 생산성과에 음의 영향으로 나타나는 것은 전략적 목표를 차별화에 두고 있는 기업의 경우 고객의 만족을 최우선 과제로 다양한 고객들의 요구를 수용할 수 있어야 한다. 이를 위해 고품질의 독특한 특성을 가진 제품을 생산하고, 고객들의 요구에 대응하기 위해 제품믹스나 설계변경 등을 통해 전략적

검증하기 위한 삼방향 상호 작용 항을 나타낸 것이다. 표에 의하면 납기정보, 제조 · 믹스유연성, 차별화 전략 간의 삼방향 상호 작용 항의 회귀계수가 생산성과에 유의적인 영향을 미치는 것으로 나타났다.

다음 〈표 Ⅳ-7〉의 우측은 차별화 전략, FMS수준, 미래예측정보 간의 적합성이 생산성과에 미치는 영향을 검증하기 위한 회귀식의 결과이다. 아래의 표에서 ① × ② × ④는 '미래예측정보 × 제품 · 믹스 유연성 × 차별화 전략' 간의 삼방향 상호 작용 항으로 생산성과에 유의적인 영향을 미치는 것으로 나타났다.

이러한 영향유형이 단조적인지 비단조적인지를 파악하기 위해 위의 표의 회귀식들을 바탕으로 (식 3)을 고려하여 각각의 계수를 대입해 보면 다음과 같은 수식을 설정할 수 있다.

$$\frac{\triangle Y}{\triangle 납기정보} = (6.439 - 1.063 FMS_1)$$

$$+ (-1.014 + 0.195 FMS_1 - 0.018 FMS_2) STR_1 \quad (식 4)$$

목적을 달성할 수 있을 것이다. 그러나 만약 차별화 전략을 추진하는 기업의 생산부서의 목표가 제품생산과 관련된 시간단축이라면 전략적 목표와 생산부서의 목표가 상충되어 결국 생산성과가 떨어지게 된다.
103) 차별화 전략의 목적달성을 위해서는 다양한 변화요구를 수용하여 고객만족을 최우선과제로 추진해야 하는데 그를 위해 품질이 높으면서 독특한 특성, 제품믹스, 설계변경 등을 달성해야 하는 데 제품믹스유연성 관련 정보가 제공되면 생산성과가 높게 나타날 것이다.
104) 차별화 전략은 다양성을 강조하여 다양성 속에서 성과를 달성하고자 하는 전략이다. 한편 생산량유연성은 수익성을 고려하여 효율성을 강조하는 유연성이다. 이러한 목표가 서로 상충되게 되어 생산성과에 음의 영향을 미치게 되는 것이다.

$$\frac{\triangle Y}{\triangle 미래예측정보} = (-1.32) + (0.148 - 0.0283 FMS1$$

$$+ 0.0147 FMS2) STR_1 \quad (식5)$$

FMS_1: 제품·믹스유연성 FMS_2: 생산량유연성

STR_1: 차별화 전략

위의 식에서 제품·믹스유연성과 생산량유연성을 상수로 대입하고, 이어서 $\triangle Y / \triangle INFO_i$ 값이 0일 경우의 값을 구하여 이 값이 차별화 전략의 실제 값의 범위 내에 포함되는지 여부에 따라 단조 증가 또는 비단조 증가 여부를 판단하였다. 즉 차별화 전략의 실제 값의 범위 내에 포함되면 비단조적인 증가, 범위 내에 포함되지 않으면 단조 증가한다고 본다.

이에 따라 위의 식을 정리하면 다음과 같다.

① 높은 유연성하의 삼방향 상호 작용 관계를 분석하기 위해 (식 4)에서 제품·믹스유연성과 생산량유연성의 설문항목의 최곳값[105]인 7을 대입하면 다음과 같은 식을 구할 수 있다.

$$\frac{\triangle Y}{\triangle 납기정보} = -1.002 + 0.22248차별화전략 \qquad (식 4.1)$$

$$\frac{\triangle Y}{\triangle 미래예측정보} = -1.32 + 0.0528차별화전략 \qquad (식 5.1)$$

② $\triangle Y / \triangle INFO_i$의 값을 0으로 대입하여 차별화 전략의 값을 구

---

105) 유연성에 대한 최솟값과 최댓값은 설문지상의 최솟값인 1과 최댓값인 7을 대입하였다.

해 낸다.

(식 4.1)에 의한 차별화 전략의 값은 4.504

(식 5.1)에 의한 차별화 전략의 값은 25가 된다.

③ 차별화 전략에 대한 실제측정치의 범위는 3에서 7이다. 그러면 위의 값 중 (식 4.1)의 값인 4.504가 차별화 전략의 실제측정치의 범위에 속한다. 그러나 (식 5.1) 값은 차별화 전략의 실제측정치의 범위에 속하지 않는다. 그러므로 (식 4.1)의 삼방향 상호 작용의 효과가 성과에 미치는 영향은 비단조적(Nomonotonic)으로 증가하고, (식 5.1)은 단조적(monotonic)으로 증가한다는 것을 알 수 있다.

차별화 전략, FMS수준, 납기정보의 삼방향 상호 작용 항이 생산성과에 미치는 영향이 비단조 증가한다는 분석 결과를 도식화한 것이 다음(그림 2)이고, 차별화 전략, FMS수준, 미래예측정보의 삼방향 상호 작용 항이 생산성과에 미치는 영향이 단조 증가하는 분석 결과를 도식화한 것이 다음(그림 3)이다.

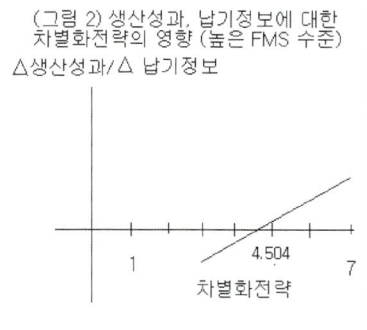

(그림 2) 생산성과, 납기정보에 대한 차별화전략의 영향 (높은 FMS 수준)
△생산성과/△ 납기정보

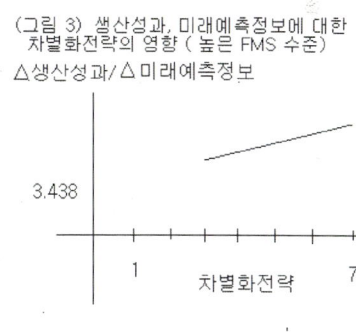

(그림 3) 생산성과, 미래예측정보에 대한 차별화전략의 영향 (높은 FMS 수준)
△생산성과/△ 미래예측정보

위의 (그림 2)에서 납기정보의 경우 차별화 전략의 수준이 4.504 이상일 때 생산성과와 납기정보 간의 관계는 정방향이나, 차별화 전략의 수준이 4.504보다 낮을 때에는 생산성과와 납기정보 간의 관계는 역으로 나타나고 있다. (그림 3)을 보면 단조 증가하는 미래예측정보는 차별화 전략의 수준이 높고, 생산시스템의 수준이 높은 상태에서 높은 미래예측정보의 제공은 성과향상에 유의적인 영향을 미치는 것으로 나타났다.

위의 분석결과 차별화 전략의 수준이 높고, FMS수준이 높은 상태에서 납기정보와 미래예측정보는 생산성과의 향상에 영향을 미치는 것으로 나타났다. 다만 FMS수준이 높은 상태에서 차별화 전략의 수준이 4.504 이상일 때 납기정보의 제공을 늘리면 생산성과도 늘어난다. 그러나 차별화 전략의 수준이 4.504보다 낮은 상태에서는 납기정보의 제공수준을 늘리면 늘릴수록 생산성과는 오히려 낮아진다는 것을 알 수 있다.

다음은 FMS수준이 낮을 때 삼방향 상호 작용관계를 분석하기 위해 (식 4)의 제품·믹스유연성, 생산량유연성에 대한 설문항목의 최솟값인 1을 각각 대입한다. 그 결과 다음과 같은 식들이 도출된다.

$\triangle Y$ / $\triangle$납기정보 = 5.376 − 0.83736 × 차별 (식 4.2)

$\triangle Y$ / $\triangle$미래예측정보 = − 1.32 + 0.1344 × 차별 (식 5.2)

이어서 $\triangle Y$ / $\triangle INFO_i$의 값을 0으로 대입하여 차별화 전략에 대한 값을 구하면 (식 4.2)의 차별화 전략의 값은 6.42이고, (식 5.2)의 차별화 전략의 값은 9.82이다. 차별화 전략에 대한 실제측정치의 범위는 3에서 7이다. 그러면 위의 값 중 (식 4.2)의 값인 6.42는 차별화 전략의 실제측정치의 범위 내에 존재하므로 비단조적으로 증가한 다고 볼 수 있고, (식 5.2)는 단조 증가하는 것으로 볼 수 있다.

(식 4.2)와 (식 5.2)의 분석결과를 도식화한 것이 (그림 4)와 (그림 5)이다.

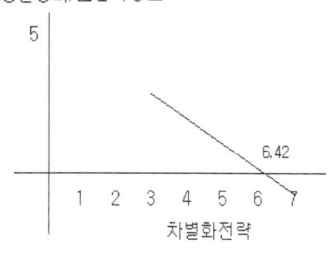

(그림 4) 생산성과와 납기정보의 차별화전략에 대한 영향 (낮은 FMS수준)

△생산성과/△납기정보

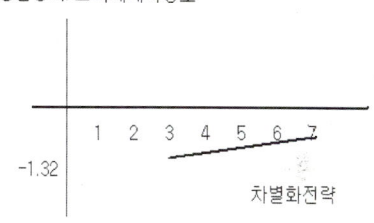

(그림 5) 생산성과와 미래예측정보의 차별화전략에 대한 영향 (낮은 FMS 수준)

△생산성과/△미래예측정보

(그림 4)는 FMS수준의 낮은 상황에서 차별화 전략이 6.42 이상일 때, 생산성과와 납기정보 간의 관계는 역의 방향으로 나타난다. 즉 차별화 전략에 대한 강조를 높게 하면서 FMS수준이 낮은 상태에서 납기정보가 높게 제공되면 될수록 생산성과는 떨어진다. 차별화 전략 은 유연성이 매우 높은 상태에서 채택할 수 있는 전략인데, 생산시스 템의 유연성이 낮다면 전략적 목표를 달성하기 힘들 것이다. 그런 상 태에서 납기정보의 수준을 높이면 생산부문에 지나친 압력으로 작용 하여 결국 생산성과가 떨어지는 것으로 보인다. 한편 차별화 전략의 강조수준이 상대적으로 낮은 경우 생산성과와 납기정보 간의 관계가 정방향으로 나타난다. 즉 차별화 전략의 수준이 낮으며, FMS수준의

낮은 경우, 납기정보가 증가하면 생산성과는 향상된다는 것을 의미한다. 차별화 전략에 대한 강조의 정도가 낮고, FMS수준이 낮은 경우 기존의 규모의 경제를 통한 소품종 대량생산체제를 통해 원가절감을 가져올 수 있을 것이다.

(그림 5)는 낮은 FMS수준에서 차별화 전략을 강조할 때 미래예측정보를 제공하면 할수록 오히려 생산성과가 떨어진다는 것을 의미한다.

지금까지의 연구결과를 가지고 가설검증을 실시해 보면 다음과 같다.[106]

〈표 Ⅳ-8〉을 참고하면 가설 1.1의 경우, 비재무적 정보인 납기정보는 차별화 전략, FMS수준과 상호 작용하여 생산성과에 유의적인 영향을 미치는 것으로 나타났다. 즉 가설 1.1은 부분적으로 지지되고 있다. 따라서 차별화 전략, FMS수준, 납기정보 간의 적합성의 구체적인 영향관계를 보면 다음과 같다.

FMS수준이 높을 때(7을 대입), 차별화 전략을 강조하는 정도가 4.504 이상이면 납기정보가 높으면 높을수록 생산성과가 높아진다. 반면 차별화 전략을 강조하는 수준이 4.504보다 낮으면 납기정보의 제공 정도가 높을수록 생산성과는 떨어진다는 것을 알 수 있다. 이는 차별화 전략의 수준이 높고 FMS수준도 높을 때, 납기정보를 강조하면 할수록 생산성과가 향상된다는 것을 의미한다.

반면, FMS수준이 높은(7을 대입) 수준이지만 차별화 전략에 대한

---

106) 본 연구는 삼방향 상호 작용 항이 성과변수에 미치는 영향을 규명하는 데 목적이 있으므로 다중회귀분석을 통해 삼방향 상호 작용 항의 변수의 유의확률의 수준이 0.15의 범위 내에서 유의적이면 삼방향 상호 작용 항이 성과변수에 유의적인 영향을 미치는 것으로 본다.

강조 수준이 낮은 경우에는 세 변수 간에는 부적합관계가 존재한다. 이 부적합관계는 생산성과를 떨어뜨리는 역할을 한다는 것을 알 수 있다.

한편, FMS수준이 낮고(1을 대입), 차별화 전략의 강조 정도가 6.42 이상일 때 납기정보제공 수준을 높이면 높일수록 생산성과는 떨어지는 것을 알 수 있다. 반면, 차별화 전략의 강조 정도가 6.42 미만까지는 납기정보를 강조하면 할수록 생산성과가 향상된다는 것을 알 수 있다.

〈표 IV-8〉을 참고하면 가설 1.2의 경우, 미래예측정보는 차별화 전략, FMS와 상호 작용하여 생산성과에 유의적인 영향을 미치는 것으로 나타났다. 이에 따라 가설 1.2는 지지되고 있다.

이에 따라 차별화 전략과 FMS수준 그리고 미래예측정보의 세 변수 간 적합성의 구체적인 영향관계를 보면 다음과 같다.

FMS수준이 높고 차별화 전략을 채택하고 있다면, 미래예측정보를 강조하면 할수록 생산성과는 향상된다. 반면 FMS수준이 낮고 차별화 전략을 채택하고 있을 때 미래예측정보의 제공수준을 높이면 높일수록 생산성과는 떨어진다.

차별화 전략, FMS수준, 미래예측정보 간의 적합성이 생산성과에 미치는 영향에 대한 관계를 표로 나타내면 〈표 IV-9〉와 같다.

〈표 IV-9〉 미래예측정보 관련 적합성이 생산성과에 미치는 영향

차별화 전략수준	FMS수준	미래예측정보수준	적합관계	생산성과
고	고	증가	적합	향상
고	저	증가	부적합	감소

〈표 Ⅳ-8〉을 참고하면 가설 1.3의 경우, 정보적시성은 차별화 전략 및 FMS수준과의 적합성을 나타내지 않고 있다. 이에 따라 가설 1.3은 기각되었다.

이에 따라 가설 1은 부분적으로 지지되는 것을 알 수 있다. 그리고 차별화 전략의 수준이 높고 FMS의 수준이 높아질 때 미래예측 정보와 납기정보가 제공되면 생산성과를 향상시킬 수 있다는 것을 알 수 있다.

2) 저원가 전략, FMS수준, 관리회계정보특성 간의 적합성 검증

다음 〈표 Ⅳ-10〉은 저원가 전략·FMS수준·정보특성의 상호 작용에 대한 실증분석 결과들에 대한 표이다.

〈표 Ⅳ-10〉 저원가 전략, FMS수준, 예산정보 간의 적합성

변수	계수	유의확률
(상수)	4.501	0.258
예산정보	0.802	0.260
제품·믹스유연성	0.383	0.657
생산량유연성	−0.221	0.791
저원가 전략	−1.054	0.096
예산 × 제품	−0.255	0.094
예산 × 생산	0.06324	0.608
예산 × 저원	0.07445	0.432
저원 × 제품	0.194	0.028
저원 × 생산	−0.03646	0.700
R^2	0.183	
F value	2.237	
P	0.026	

〈표 Ⅳ-10〉은 생산성과에 대한 저원가 전략·FMS수준·예산정
보107) 간 상호 작용효과를 검증하기 위한 회귀식의 결과이다. 위의
표에서 삼방향 상호 작용 항의 회귀계수가 생산부문성과에 유의적인
영향을 미치지 않는 것으로 나타났다.

다만, 예산정보 × 제품·믹스유연성,108) 저원가 전략 × 제품·믹스유
연성109) 간의 상호 작용 항이 생산성과에 유의적인 영향을 미치는
것으로 나타났다. 그러므로 저원가 전략과 관련된 가설은 기각되었
다. 저원가 전략, FMS수준, 관리회계정보특성의 상호 작용에 대한
실증분석 결과는 저원가 전략, FMS수준, 예산정보 간의 삼방향 상
호 작용 항의 회귀계수는 생산성과에 유의적인 영향을 미치지 않는
것으로 나타나 가설 2는 기각되었다. 가설2가 기각되는 이유는 FMS
의 유연성은 고객의 다양한 요구나 복잡한 시장상황에 대처하기 위
한 생산시스템의 유연성을 의미한다. 한편 저원가 전략은 원가절감
을 통한 가격경쟁력을 통한 경쟁우위를 확보하려는 특성을 가진 전
략유형이다. 그러므로 FMS 유연성과 저원가 전략 간에는 적합한 관

---

107) 재무적 정보에 대해 요인분석을 실시한 결과 2요인으로 분류되었는데,
V4.2, V4.3, V4.4, V4.5 항목은 예산정보로, V4.7, V4.8, V4.9 항목은
회계기법으로 분류되었다.
108) 제조부문에 예산정보의 제공은 제조부문 구성원들에게 원가절감을 최
우선으로 고려하게 된다. 그러므로 제품·믹스유연성과는 상반된 작용
을 통해 생산성과를 저하하게 된다.
109) 저원가 전략은 저가로 제품을 공급하면서 제품의 유용성을 강조하는
전략으로 원가절감에 초점을 맞춘 전략이다. 그러므로 유연성과는 상
반관계를 갖게 되어 생산성과에는 음의 영향관계를 미칠 것으로 본다.
그러나 실제 결과는 양의 영향을 미치는 것으로 나타났는데, 이것은
Parthasarthy & Sethi의 1992년 연구와 1993년 연구가 상반된 결과가
나온 것과 유사한 경우라고 볼 수 있다.

계가 성립되지 않는다(정재진, 2000). 즉 고객의 다양한 요구나 시장 상황의 복잡성에 적합한 전략적 유형은 차별화 전략이 적합한 것으로 나타나므로, 저원가 전략, FMS유형, 관리회계정보특성 간의 상호 작용 항이 존재하지 않는 것으로 판단된다.

(6) 실증분석 결과의 요약

1) 차별화 전략, FMS수준, 관리회계정보특성 간의 상호 작용효과

차별화 전략, FMS수준, 관리회계정보특성 간의 상호 작용 항이 성과에 미치는 영향에 대한 본 연구의 가설과 검증결과를 보면 차별화 전략, FMS수준, 비재무적 정보 간의 적합성이 생산성과에 유의적인 영향을 미친다. 그리고 차별화 전략, FMS수준, 미래예측정보 간의 적합성도 생산성과에 유의적인 영향을 미치는 것이 검증되었다. 이러한 연구결과에 대한 현실적인 의미를 분석해 보면, 다음과 같다.

차별화 전략을 추구하는 기업은 전략목표를 달성하기 위해 고품질의 제품을 공급하고, 제품 특성을 강조하며, 설계를 신속하게 변경하는 것에 초점을 둔다. 이러한 전략 목표달성을 위해 FMS수준은 시장변화에 신속히 대응할 수 있는 제품·믹스유연성을 향상시키는 쪽으로 노력을 기울여야 한다. 이와 같은 전략유형과 FMS수준에서는 유용한 정보로 시장에 대한 추세, 예측정보와 같은 미래예측정보 등이 요구된다. 즉 미래예측정보의 제공은 미래의 시장에 대한 예측으로 가장 경제적인 FMS의 활용을 가져와서 낭비요인을 제거할 수 있게 된다. 이러한 낭비요인의 제거를 통해 원가절감을 가능하게 한다는 것을 의미한다.

또한 차별화 전략을 추구하는 기업의 전략적 목표를 달성하기 위해 제품·믹스유연성의 수준이 높아진 상태에서는 납기정보가 제공되면 생산성과도 높아진다. 즉 납기정보를 제공하는 것은 전략적 목표를 달성하면서 동시에 FMS를 이용하여 보다 빠른 제품의 공급을 실현하여 원가절감을 달성하도록 작용한다는 것을 알 수 있다. 그러므로 차별화 전략을 추구하고 FMS수준이 높은 기업에게 납기정보를 제공하는 것은 제품생산, 주문조달, 납기시간의 단축을 통해 원가절감에 기여한다는 것을 알 수 있다.

2) 저원가 전략, FMS수준, 관리회계정보특성 간의 상호 작용효과

지금까지 저원가 전략과 관련하여 FMS수준, 관리회계정보특성들 간의 상호 작용 항이 생산성과에 유의적인 영향을 미치지 않는 것으로 나타났다. 그러므로 가설 2는 기각되었다. 다만 예산정보와 제품·믹스유연성 간의 상호 작용효과와 저원가 전략과 제품·믹스유연성 간의 상호 작용효과가 존재하는 것으로 나타났다.

Ⅴ. 결 론

본 연구의 목적은 우리나라 제조 기업이 채택하고 있는 전략의 유형, FMS수준, 그리고 관리회계정보특성 간의 적합성이 생산성과에 유의적인 영향을 미치는가를 검증하는 데 있다. 이를 위해 기존의 양 방향 상호 작용효과에 대한 이론을 바탕으로 삼방향 상호 작용 항이 생산성과에 유의적인 영향을 미치는가를 실증분석을 통해 검증하였다.

실증분석결과 가설 1.1과 가설 1.2는 지지되고, 가설 1.3은 기각되었다. 그러므로 가설은 부분적으로 지지되고 있다. 그리고 가설 2는 기각되었는데, 그 이유는 FMS수준은 차별화 전략과 상호 작용효과가 있지만, 저원가 전략과는 상호 작용효과가 없는 것으로 나타났기 때문이다. 전략유형, FMS수준, 관리회계정보특성 간의 적합성이 생산성과에 미치는 영향에 대한 연구에서는 특히 차별화 전략과 FMS수준, 납기정보 간의 적합성 그리고 차별화 전략, FMS수준, 미래예측정보 간의 적합성이 생산성과에 유의적인 영향을 미치는 것을 알 수 있었다.

본 연구가 기존연구와 구별되는 점은 전략유형, FMS수준, 관리회계정보특성의 세 변수 간의 적합성이 생산성과에 미치는 영향에 대한 연구라는 점이다. 본 연구의 결과에 따르면 국내의 제조 기업의 경우, 차별화 전략을 채택하면서 FMS수준을 높이려고 노력하는 기업에 대해서는 납기정보나 미래예측정보의 중요성이 높다. 이러한 정보의 제공수준을 높이면 높일수록 기업의 생산성과는 높게 나타날 것이다. 국내기업의 경우, 저원가 전략과 FMS수준 그리고 관리회계정보특성의 세 변수 간 적합성이 생산성과에 미치는 영향은 존재하지 않는 것으로 나타났다. 다만, 저원가 전략과 제품믹스 유연성 간의 적합성이 생산성과에 유의적인 영향을 미치는 것으로 나타났고, 생산량유연성의 경우 예산정보의 제공을 통해 생산성과를 향상시킬 수 있다는 것을 알 수 있었다.

본 연구는 다음과 같은 한계점을 지니고 있으며, 이는 향후 연구에서 개선하거나 해결해야 할 과제들이다. 첫째, 본 연구에서는 전략을 측정하기 위한 도구를 차별화 전략과 저원가 전략을 나타내는 항목별로 측정하였기 때문에, 차별화 전략과 저원가 전략을 나타내는 항목의 수가 매우 적다. 따라서 차별화 전략과 저원가 전략을 측정하는 도구를 달리하여 추가적인 연구가 필요하다. 둘째, 본 연구에서는 성과의 측정치로 생산성과 중 원가성과를 이용하였는데 다른 성과측정지표를 이용하는 경우에는 본 연구와 다른 결과를 가져올 수도 있을 것이다. 셋째, 본 연구에서 표본은 19개 업종의 제조업체를 통합하여 성과를 측정하였는데 측정한 결과들이 보다 신뢰할 만한 수준이 되기 위해서는 업종별로 구분하여 측정하여 검증하는 것이 보다 타당한 방법으로 볼 수 있으므로 업종별 특성에 따른 연구를 실시할 필요가 있다. 넷째, 표본의 대상을 제조업체의 특정 업종으로 세분하여 업종별 결과를 비교하는 형식의 연구가 병행되면 더 좋은 결과가 나올 것으로 기대한다.

제4부

맺음말

상황이론과 대별되는 이론으로서 시스템이론은 경영 및 조직현상에 대한 이해도는 높였지만, 조직운영과 관련된 해결책을 얻기에는 지나치게 추상이고 복잡한 개념이다. 이에 반해 상황이론은 이론적으로는 다소 정교함이 떨어지지만 실천적 문제해결능력이 높은 이론이다. 상황이론에 따라 조직이나 경영을 보다 현실적으로 변형이 가능하다. 상황접근적 조직론에서는 조직유효성을 높이기 위해서 하위시스템 간의 적합관계, 조직과 환경 간의 적합관계가 모색되어야 한다.

상황이론을 적용한 적합성 연구에는 다양한 방법이 있다. 두 변수 간의 적합성만을 검토하는 선택적 접근법, 두 변수 간의 상호 작용이 성과변수에 미치는 영향관계를 파악하는 상호 작용 접근법, 다양한 상황변수를 고려한 다변수 간의 상호 작용이 성과변수에 미치는 영향관계를 파악하는 시스템접근법 등으로 상황이론의 적합성 개념을 정리할 수 있다. 한편, 상황이론에 따르면 상황을 설명하는 변수가 두 개일 때보다 세 개 이상일 때 상황을 더 잘 파악할 수 있다. 그리고 이를 검정하는 적합성 분석에서도 상호 작용 접근법보다 시스템접근법이 더 설명력이 높은 것으로 나타났다.

이에 따라 지금까지 본 연구는 시스템접근법을 적용하여 세 변수 간의 적합성이 성과변수에 미치는 영향관계를 파악한 세 편의 논문들을 열거하였다. 세 변수 간의 적합성을 규명하기 위해 삼방향 상호 작용 항을 도출하여 다중회귀분석을 적용하여 분석하였다. 세 편의 논문들에 의해 나타난 결과들은 다음과 같다.

본 연구에서는 두 변수 간의 영향관계를 파악하기 위해 구조방정식을 적용한 연구를 실시하였고, 세 변수 간의 영향관계를 파악하기 위해 삼방향 상호 작용효과를 적용하여 다중회귀분석을 실시하였다.

다음은 각 연구들에 대해 연구결과를 요약한 내용이다.

1. 삼방향 상호 작용효과를 적용한 연구

(1) 차별화 전략, 경영혁신, 관리회계정보특성 간의 적합성이 조직성과에 미치는 영향

본 연구의 목적은 우리나라 제조 기업이 채택하고 있는 전략의 유형 중 차별화 전략과 경영혁신, 관리회계정보특성 간의 적합성이 존재하는가? 그 적합성이 조직성과에 유의적인 영향을 미치는가? 그리고 적합성을 구성하는 독립변수들 간의 상호 작용 항의 조합의 차이에 따라 조직성과에 미치는 영향력에 차이가 있는가를 규명하는 데 있다.

두 변수 간 상호 작용 항이 조직성과에 유의적인 영향을 미치는 것으로 나타나 〈가설 1〉, 〈가설 2〉, 〈가설 3〉은 채택되었다. 조직 적응과 변화를 이해하기 위해서는 조직 및 전략 변수들 간 복잡하고 다면적인 구성형태를 파악하기 위한 시스템적 접근법에 의한 적합성이 조직성과에 미치는 영향을 규명하기 위해 세 변수 간 상호 작용 항이 구하여 조직성과에 미치는 영향을 〈가설 4〉를 통해 파악하였다. 그 결과 차별화 전략·경영혁신·관리회계정보특성의 세 변수 간 상호 작용 항은 조직성과에 유의적인 음의 영향을 미치는 것으로 나타났다.

본서의 연구결과에 대해 표로 나타내면 다음과 같다.

〈표 4-11〉 삼방향 상호 작용 항의 성과에 대한 영향관계 정리

결합 관계	독립변수		종속변수	
	관리회계정보특성	차별화 전략	경영혁신	조직성과
①	고	고	고	감소
②	저	일정 수준 이상	고	증가
③	저	일정 수준 이하	고	감소
④	일정 수준 이상	고	고	감소
⑤	일정 수준 이하	고	고	증가
⑥	일정 수준 이상	고	저	증가
⑦	일정 수준 이하	고	저	감소
⑧	고	고	일정 수준 이상	감소
⑨	고	고	일정 수준 이하	증가
⑩	고	저	고	증가

〈표 4-11〉에서 결합관계 ①, ④, ⑧의 경우 세 변수의 수준이 높거나, 일정 수준 이상이면 조직성과는 감소하였다. ②, ⑤, ⑥, ⑨, ⑩의 경우 두 변수의 수준이 높거나, 일정 수준 이상이고, 나머지 한 변수의 수준이 낮을 경우 조직성과는 증가한다. ③, ⑦의 경우 두 변수의 수준이 낮거나, 일정 수준 이하이고, 나머지 한 변수의 수준이 높은 경우 조직성과는 감소한다. 이러한 결과들을 정리하면, 관리회계정보특성, 차별화 전략, 경영혁신의 세 변수 간의 상호 작용

항이 조직성과에 미치는 영향관계 연구의 결과, 세 독립변수가 동시에 높은 수준인 경우에는 오히려 조직성과의 감소를 가져온다. 조직성과의 향상을 위해서는 두 독립변수가 높은 수준이고, 나머지 한 변수가 낮은 수준일 경우 특히 높게 나타난다. 세 변수 중에 높고 낮음에 따라 조직성과에 결정적으로 영향을 미치는 변수는 관리회계정보특성으로 ④에서 ⑦의 결과를 통해 명확하게 파악되고 있다.

(2) 전략유형, FMS수준, 관리회계정보특성의 적합성이 생산 성과에 미치는 영향

본 연구의 목적은 우리나라 제조 기업이 채택하고 있는 전략의 유형, FMS수준, 그리고 관리회계정보특성 간의 적합성이 생산성과에 유의적인 영향을 미치는가를 검증하는 데 있다. 이를 위해 기존의 양방향 상호 작용효과에 대한 이론을 바탕으로 삼방향 상호 작용 항이 생산성과에 유의적인 영향을 미치는가를 실증분석을 통해 검증하였다.

실증분석결과 가설 1.1과 가설 1.2는 지지되고, 가설 1.3은 기각되었다. 그러므로 가설은 부분적으로 지지되고 있다. 그리고 가설 2는 기각되었는데, 그 이유는 FMS수준은 차별화 전략과 상호 작용효과가 있지만, 저원가 전략과는 상호 작용효과가 없는 것으로 나타났기 때문이다. 전략유형, FMS수준, 관리회계정보특성 간의 적합성이 생산성과에 미치는 영향에 대한 연구에서는 특히 차별화 전략과 FMS수준, 납기정보 간의 적합성 그리고 차별화 전략, FMS수준, 미래예측정보 간의 적합성이 생산성과에 유의적인 영향을 미치는 것을 알 수 있었다.

본서의 연구결과에 대해 표로 나타내면 다음과 같다.

차별화 전략수준	FMS수준	미래예측 정보수준	적합관계	생산성과
고	고	증가	적합	향상
고	저	증가	부적합	감소

〈표 Ⅳ-4〉를 참고하면 가설 1.3의 경우, 정보적시성은 차별화 전략 및 FMS수준과의 적합성을 나타내지 않고 있다. 이에 따라 가설 1.3은 기각되었다.

이에 따라 가설 1은 부분적으로 지지되는 것을 알 수 있다. 그리고 차별화 전략의 수준이 높고 FMS의 수준이 높아질 때 미래예측 정보와 납기정보가 제공되면 생산성과를 향상시킬 수 있다는 것을 알 수 있다.

한편 생산성과에 대한 저원가 전략·FMS수준·예산정보 간 상호 작용효과를 검증하기 위한 회귀식의 결과이다. 위의 표에서 삼방향 상호 작용 항의 회귀계수가 생산부문성과에 유의적인 영향을 미치지 않는 것으로 나타났다. 다만, 두 변수 간의 상호 작용 항인 예산정보 × 제품·믹스 유연성, 저원가 전략 × 제품·믹스 유연성 간의 상호 작용 항이 생산성과에 유의적인 영향을 미치는 것으로 나타났다. 그러므로 저원가 전략, FMS수준, 관리회계정보특성의 상호 작용에 대한 실증분석 결과는 저원가 전략, FMS수준, 예산정보 간의 삼방향 상호 작용항의 회귀계수는 생산성과에 유의적인 영향을 미치지 않는 것으로 나타내는 가설 2는 기각되었다. 가설 2가 기각되는 이유는

FMS의 유연성은 고객의 다양한 요구나 복잡한 시장상황에 대처하기 위한 생산시스템의 유연성을 의미한다. 한편 저원가 전략은 원가절감을 통한 가격경쟁력을 통한 경쟁우위를 확보하려는 특성을 가진 전략유형이다. 그러므로 FMS 유연성과 저원가 전략 간에는 적합한 관계가 성립되지 않는다(정재진, 2000). 즉 고객의 다양한 요구나 시장상황의 복잡성에 적합한 전략적 유형은 차별화 전략이 적합한 것으로 나타나므로, 저원가 전략, FMS유형, 관리회계정보특성 간의 상호 작용 항이 존재하지 않는 것으로 판단된다.

(3) 차별화 전략, 유기적 구조, 최고경영자 특성의 적합성이 조직성과에 미치는 영향

본 연구의 목적은 우리나라 제조 기업이 채택하고 있는 전략의 유형 중 차별화 전략, 유기적 구조, 최고경영자 특성 간의 적합성이 존재하는가? 그 적합성이 조직성과에 유의적인 영향을 미치는가? 그리고 적합성을 구성하는 독립변수들 간의 상호 작용 항의 조합의 차이에 따라 조직성과에 미치는 영향력에 차이가 있는가? 등을 규명하는 데 있다. 상호 작용 접근법에 의한 적합성이 조직성과에 미치는 영향관계를 파악하기 위해 두 변수 간의 상호 작용 항을 이용하여 회귀분석을 실시한 결과 차별화 전략과 최고경영자 특성 간의 상호 작용 항이 조직성과에 유의적인 영향을 미치는 것으로 나타났고, 유기적 조직과 최고경영자 특성 간의 상호 작용 항이 조직성과에 유의적인 영향을 미치는 것으로 나타나 〈가설 1〉은 부분적으로 채택되었다. 차별화 전략과 유기적 구조 간의 적합성이 조직성과에 미치는 영향에 대한 〈가설 2〉는 기각되었다. 유기적 구조와 최고경영자 특성 간의 적합성이 조직성과에 미치는 영향에 관련 가설인 〈가설 3〉은 채택되었다. 이는 유기적 구조와 위험감수성향(Tman1) 간의 상호 작용 항과, 유기적 구조와 전문지식 정도(Tman2) 간의 상호 작용 항이 조직성과에 유의적인 영향을 미치는 것으로 나타났다.

본서의 연구결과에 대해 표로 나타내면 다음과 같다.

〈표 4-7〉 적합관계와 조직성과에 대한 영향관계 및 가설의 채택 여부

가설	적합관계	세부가설	영향관계	가설 채택
가설 1	차별화 전략 ↔ 최고경영자 특성			부분 채택
	차별화 전략 ↔ 위험감수성향	가설 1-1	양의영향	채택
	차별화 전략 ↔ 전문지식 정도	가설 1-2	-	기각
가설 2	차별화 전략 ↔ 유기적 구조		-	기각
가설 3	최고경영자특성↔유기적 구조			채택
	위험감수성향 ↔ 유기적 구조	가설 3-1	양의영향	채택
	전문지식 정도 ↔ 유기적 구조	가설 3-2	음의영향	채택
가설 4	차별화 전략 ↔ 유기적 구조 ↔ 최고경영자 특성			채택
	차별화 전략 ↔ 유기적 구조 ↔ 위험감수성향	가설 3-1	음의영향	채택
	차별화 전략 ↔ 유기적 구조 ↔ 전문지식 정도	가설 3-2	양의영향	채택

위의 표에서 〈가설 4〉는 차별화 전략과 유기적 구조, 최고경영자 특성 간의 세 변수 간 상호 작용이 생산성과에 유의적인 영향을 미

치는가를 검증하는 가설이다. 차별화 전략에 대한 비중이 높고, 유기적 구조의 정도가 높으며, 최고경영자의 위험감수성향이 높은 기업은 이들 세 변수의 상호 작용효과로 조직성과에 음의 영향을 미친다. 또 차별화 전략에 대한 비중이 높고, 유기적 구조의 정도가 높으며, 최고경영자의 경험과 전문지식수준이 높은 기업은 이들 세 변수의 상호 작용효과로 조직성과에 양의 영향을 미친다.

본 연구는 상황이론을 적용하여 기업이 실무과정에 직면하게 되는 다양한 문제에 대한 해결책을 제시하고자 하는 의도에서 출발하였다. 상황이론이란 결정론적 접근법과 달리 이론적으로는 다소 정교함이 떨어지더라도 조직운영과 관련된 문제해결능력이 높은 이론이다. 상황이론은 기업이 처하게 되는 다양한 상황을 전제로 기업의 효율성과 높은 성과를 창출하여 경쟁력을 확보하기 위한 바람직한 조직의 형태는 어떠한 것인가를 실증분석을 통해 규명하는 이론이다.

이에 따라 본 연구는 상황이론을 바탕으로 한 적합성 개념을 적용하여 복잡하고 다면적인 기업조직의 성과에 영향을 미치는 변수들 간의 관계를 파악하고, 이들 변수들 간의 조합관계를 통해 조직성과 향상에 기여하는 변수들의 유의적인 결합관계를 도출하여 기업이 처한 상황에서 조직이 형태는 어떠해야 하는가를 규명하고자 하였다. 이는 전략경영의 필요성이 더욱더 강조되는 오늘날 조직성과 향상에 기여하는 다양한 변수들의 합리적인 조합이 무엇보다 필요하기 때문이다. 이에 본 연구가 기업이 처한 실제 상황에서 문제해결을 위한 실마리를 제공하고, 보다 나은 이론 연구에 자그마한 돌다리 역할이나마 할 수 있었으면 하는 마음과 함께 마무리를 짓고자 한다.

· 저자 ·

정재진 · 약 력 ·
경북대학교 회계학과
경북대학교 대학원(경영학 석사)
경북대학교 대학원(경영학 박사)
현재, 동국대학교 경영관광대학 교수

상호작용효과를 적용한 상황적합연구

· 초판 인쇄   2008년 9월 30일
· 초판 발행   2008년 9월 30일

· 지 은 이   정재진
· 펴 낸 이   채종준
· 펴 낸 곳   한국학술정보㈜
               경기도 파주시 교하읍 문발리 513-5
               파주출판문화정보산업단지
               전화   031) 908-3181(대표) · 팩스   031) 908-3189
               홈페이지 http:// www.kstudy.com
               e-mail(출판사업부) publish@kstudy.com
· 등   록   제일산-115호(2000. 6. 19)
· 가   격   22,000원

ISBN   978-89-534-9984-3 93320 (Paper Book)
       978-89-534-9985-0 98320 (e-Book)